QATAR

卡塔尔
一部现代史

[美] 艾伦·J. 弗洛姆赫尔兹（Allen J. Fromherz） 著

赵利通 译

上海社会科学院出版社

致　谢

如果没有我在卡塔尔的同事、学生和导师的支持与激励，我是无法完成本书的。虽然我在卡塔尔只待了一年，但这足以让我感受到卡塔尔人民的热情、好客和友善。我也受到很多努力工作的外国劳动者的激励，他们来自世界各个角落，既有男性，也有女性，他们背井离乡，长途跋涉，使卡塔尔成为一个如此非凡的地方。

必须感谢 I. B. Tauris 出版社的编辑，尤其是莱斯特·克鲁克博士、乔安娜·戈弗雷和塞西尔·劳尔特的耐心与坚持。谢谢伊拉杰·巴盖尔扎德在2008年联系我准备这个项目。谢谢 I. B. Tauris 出版社和乔治城大学出版社联系的匿名评审者给出了诸多有帮助的评论和建议。

感谢我在佐治亚州立大学（位于佐治亚州亚特兰大）的同事和我在俄勒冈的家人鼓励我继续创作。我的祖母洛伊斯也总能给我启发。感谢罗宾、丽贝卡、艾米和艾伦在远方支持我。我还要感谢我那些在亚特兰大的朋友，特别是乔·马克斯韦尔和格伦·福尔克。

我很幸运，能得到导师们和同事们持续的支持，包括达特茅斯学院的吉恩·加斯维特教授、戴尔·艾克尔曼教授和德克·范德维尔教授，科罗拉多大学的布莱恩·卡特罗斯，哈佛大学的吉尼恩·雅各布，伦敦大学亚非学院的休·肯尼迪，卡塔尔大学的史蒂文·莱特、谢赫·密斯纳德和谢赫·宾特·加博尔，乔治城大学的阿米拉·松博尔和迈赫兰·卡姆拉瓦。当然，如果本书中的事实或者解读有误，完全是我的问题。

本书献给我最好的朋友和同事米基·马西斯博士和我们之间美好的回忆。马西斯博士在担任了一年的富布莱特学者后，被任命为卡塔尔大学的副院长。与癌症英勇斗争很久后，她于2011年离世。马西斯将她的生命和无尽的能量投入为美国、卡塔尔和日本文化搭建桥梁方面。她坚定地相信人的友善与理解的力量，让她不只成为卡塔尔和卡塔尔人民的朋友，得到他们的敬爱，被他们视为家人，而且是坚持和爱的力量的典范。她虽然离开了这个世界，但她还有太多未竟的事业。"若主垂恩"，我们将在天堂共享晚宴，分享我们的故事。我听说卡塔尔的每个地方都为你预留着位置。

本书还得到了格尔达·汉高基金会提供的助学金的支持。

萨尼家族统治者与王子

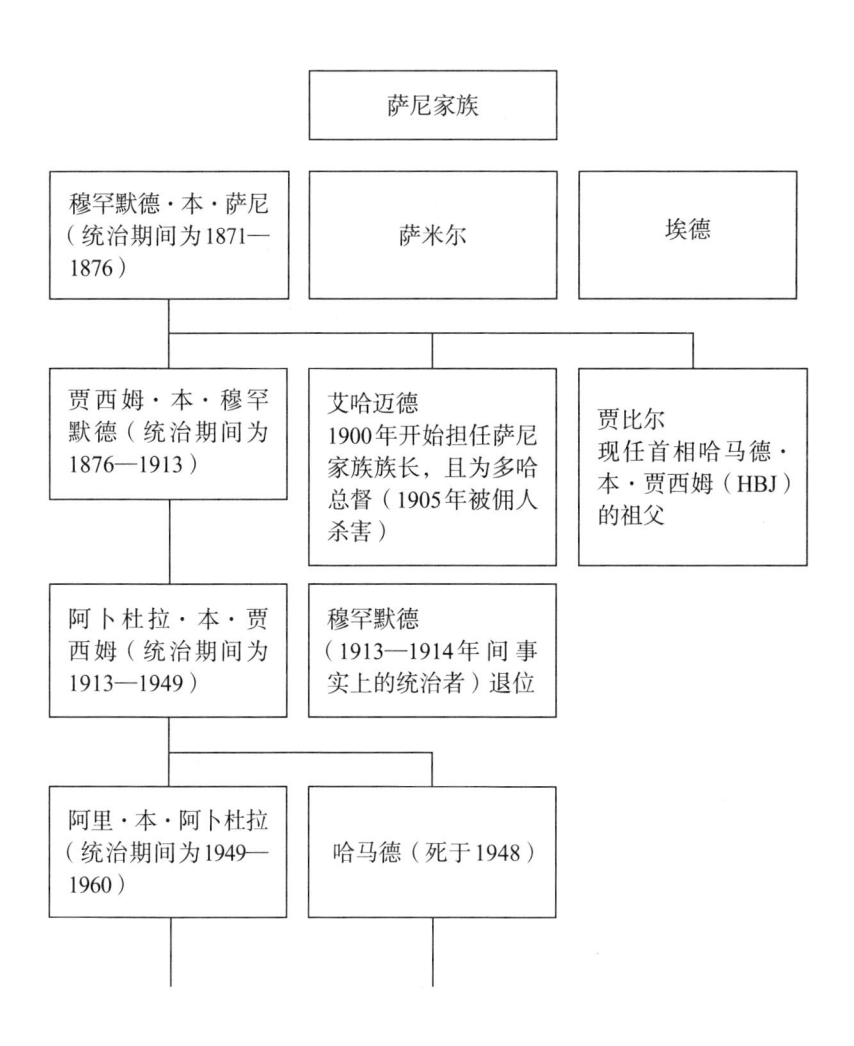

```
                        ┌──────────────┐
                        │   萨尼家族    │
                        └──────┬───────┘
         ┌─────────────────────┼─────────────────────┐
┌──────────────────┐  ┌──────────────┐  ┌──────────────┐
│ 穆罕默德·本·萨尼  │  │    萨米尔     │  │     埃德      │
│（统治期间为1871— │  │              │  │              │
│     1876）       │  │              │  │              │
└────────┬─────────┘  └──────────────┘  └──────┬───────┘
         │                                      │
┌────────┴─────────┐  ┌──────────────┐  ┌──────┴───────┐
│ 贾西姆·本·穆罕   │  │   艾哈迈德    │  │    贾比尔     │
│ 默德（统治期间为  │  │1900年开始担任 │  │现任首相哈马德· │
│   1876—1913）    │  │萨尼家族族长, │  │本·贾西姆（HBJ）│
│                  │  │且为多哈总督   │  │   的祖父      │
│                  │  │（1905年被佣人 │  │              │
│                  │  │   杀害）     │  │              │
└────────┬─────────┘  └──────────────┘  └──────────────┘
         │
┌────────┴─────────┐  ┌──────────────┐
│ 阿卜杜拉·本·贾   │  │   穆罕默德    │
│ 西姆（统治期间为  │  │（1913—1914年间│
│   1913—1949）    │  │ 事实上的统治者）│
│                  │  │    退位       │
└────────┬─────────┘  └──────────────┘
         │
┌────────┴─────────┐  ┌──────────────┐
│ 阿里·本·阿卜杜拉 │  │哈马德（死于1948）│
│（统治期间为1949— │  │              │
│     1960）       │  │              │
└────────┬─────────┘  └──────────────┘
         │
```

```
┌─────────────────┐      ┌─────────────────┐
│ 艾哈迈德·本·阿  │      │ 哈利法·本·哈马德 │
│ 里（统治期间为   │      │（统治期间为1972—│
│ 1960—1972）被废黜│      │ 1995）被废黜    │
└─────────────────┘      └─────────┬───────┘
                                   │
                         ┌─────────┴───────┐
                         │ 哈利法·本·哈马德 │
                         │（1995年至今）   │
                         └─────────┬───────┘
                    ┌──────────────┴──────────────┐
          ┌─────────┴───────┐           ┌─────────┴───────┐
          │ 塔米姆[1]        │           │ 贾西姆（2003年前│
          │（2003年后为法定继│           │ 为法定继承人）  │
          │ 承人）          │           │                 │
          └─────────────────┘           └─────────────────┘
```

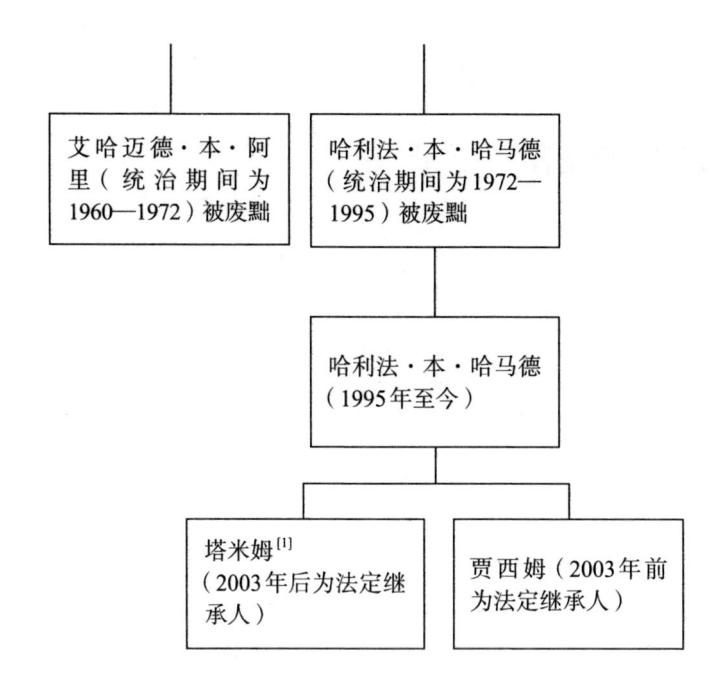

[1] 塔米姆已于2013年继位。——译者注

目 录

致　谢　1

第一章　卡塔尔：现代化的新模型？　1
　一、一位谢赫的后现代主义　13
　二、国外劳工和失范　14
　三、国外人口过多？　16
　四、不变的变化？　20
　五、现代史，还是现代化的历史？　21
　六、批判反思的未来？　25
　七、萨尼家族角度的历史权力　27
　八、变化的出现　31
　九、战略容忍和调停政策　33
　十、卡塔尔的现状　38
　十一、主要论点　44

第二章 卡塔尔：周边地缘 49
一、卡塔尔的地理 50
二、社会分化的内陆地理 53
三、模糊地理的利益与风险 57

第三章 卡塔尔的起源：在"出现"与"创造"之间 59
一、古代历史 61
二、萨尼家族的崛起 65
三、拉赫马·本·贾比尔 70
四、英国创造了萨尼王朝吗？ 73
五、1868年协议 79
六、卡塔尔和奥斯曼 83
七、祖巴拉的问题 86
八、瓦吉巴之战 88
九、奥斯曼影响的结束 90
十、结论：发现石油前萨尼家族成功的原因 90

第四章 创造社会现实
——20世纪的卡塔尔和英国人 92
一、英国在卡塔尔兴趣的增加 93
二、英国-卡塔尔友好条约 94
三、条约的有效性 104
四、石油特许权 107

第五章　谢赫哈利法和独立之谜　111

第六章　谢赫哈马德和卡塔尔的未来　119
　一、政变　121
　二、哈马德时代　123
　三、哈马德统治下的卡塔尔与世界——秘密的金钱外交　124
　四、卡塔尔对媒体的运用　157

第七章　卡塔尔的政治经济学
　　　　——经典的食利国家？　160
　一、从珍珠经济到石油经济——统治的后果　164
　二、石油价格和更广泛的经济情况　174
　三、石油依赖的结束？　177

第八章　埃米尔和卡塔尔权威的行使　179
　一、卡塔尔的权力格局　184
　二、"游牧"部落　201
　三、非洲人（原来的奴隶和自由的非洲人）　203
　四、军队：政变手段　206
　五、民主？　208
　六、国际市场　214
　七、宗教　216
　八、教育措施　218

第九章 结语
　　——改变还是延续? 222

大事年表 232

注　释 239

第一章　卡塔尔：现代化的新模型？

一个人口如此稀少的国家，在这么短的时间内变化这么快，这是极少见的。仅仅几十年，卡塔尔就首开先例，从经济欠发达的国家，一跃成为全世界人均收入最高的国家。老一代卡塔尔人还记得，曾经的卡塔尔一穷二白，这让卡塔尔的崛起更为人瞩目。珍珠价格暴跌，加上二战的侵扰，让海湾地区的传统出口深受其害。但是，即便整个海湾地区都在惨淡维持生活，卡塔尔仍比科威特、巴林或迪拜更加边缘化，经济上更为落后。1940年，英国政治驻扎官如是描写多哈，让我们得以一窥卡塔尔首都在当时的情景：

【多哈】是一个凄惨的小渔村，沿着海岸散落在几英里内，半数以上房舍破烂不堪，连市场[1]中的屋舍都十分简陋，道路上苍蝇乱飞、尘土飞扬，电力短缺，而且当地人要跑到城外两三英里的地方，用皮囊或金属容器从井里取水。[1]

---

[1] 阿拉伯语的英译为suq。

当时的卡塔尔，人口减少到只剩1.6万人。几百年来繁衍不息的村庄，随着部落群迁至周边更加繁荣的海岸，变得空空荡荡。1944年，只有6000名渔民采珠，而大约20年前，这个数字是6万。[2]与今天相比，许多卡塔尔人的生活困窘。但是，比起其他同样贫困的地方，卡塔尔的好处是没有成为战场。

1950年，"饥荒年代"结束。其后15年，有人在访问过多哈后作出了如下评述：

> 城市蔓延伸展，可以看到混凝土建筑、交通灯、环城路和苏打汽水摊；空气调节成为常态；临水区域已被开垦，脏乱情形不复存在；庞大的商人阶级成长起来，社会生活变得传统和"大城市化"。[3]

从20世纪40年代的贫困地区，到1955年"过度壮大的渔村"，到1965年的大城市，再到20世纪70年代壮大的首都，如今，多哈已是全球发展最成功的经济体之一的首都。曾经的卡塔尔人，承受着让人感到窒息的酷热，一度依靠咸水维持生命，并因为珍珠市场的崩溃而食不果腹；如今却居住在装有空调的、气候可控的"温室"中，动辄在五星级宾馆、五星级购物中心间自由往来，甚至还可以去从外国直接引进的五星级大学一饱眼福。卡塔尔的人口呈现爆炸式增长，远远超过了政府的预估。如今，卡塔尔的人口大约为170万，其中80%以上是来自世界各地的外国务工者、佣人，以及人数相对较少（大约为22.5万人）且不易相处（因工作而异）的卡塔尔雇员。作为对比，这个人数（22.5万）大约是美国路易斯安那州的巴吞鲁日或者英格兰的普利茅斯的人口数量。让外国商旅感到不可思议的是，他们在卡塔尔待数周、数月甚至数年，都可能看不到一个卡塔尔人的踪影。经济发展塑造了卡塔尔人的成功，而卡塔尔人在这个经济发展的金字塔上稳居高位。经济腾飞如此迅速、变化发展如此炫目，以至于卡塔尔社会内没有发生变化的地方被人忽视。要认识卡塔尔，不仅要了解这个国家呈现给世界的那种迅速发展变化的外部形象，还要了解这个社会缓慢变迁的内部结构。

就像迪拜最近巧妙地让自己代表了成功的形象，卡塔尔也为外界创造了一个容易"消化"的故事，甚至可以说创造了一个卡塔尔的品牌，宣传本国经济繁荣，机遇遍地，各式观点、各种信念在这里都会受到夹道欢迎。在卡塔尔，人们能够在面向国际开放的渠道中各抒己见，例如BBC的多哈辩论：卡塔尔为阿拉伯世界的自由言论开辟的论坛。[4]卡塔尔严密控制着一些国际媒体输出渠道，例如半岛电视台，并通过这些媒体渠道积极宣传着卡塔尔的对外形象。以这种形象来看，卡塔尔国内几乎没有任何问题。在卡塔尔对外营销的形象中，所有卡塔尔人都接受了埃米尔的统治，并且一直以来都是如此。卡塔尔向外界呈现的形象是其希冀呈现的理想境界：卡塔尔不进行政治活动，在国际事务中甚至并不总是明明白白地站队，卡塔尔关心的只是安全、发展和繁荣。卡塔尔看似有许多对话渠道，用来强化卡塔尔自身的形象和统治卡塔尔的萨尼家族的形象。但是，这种理想化的故事遮掩了更加复杂，同时也十分有趣的当地历史，这个历史就躲藏在五星级宾馆、国际新闻渠道和机场贵宾休息室的下面。卡塔尔人自己没有忘记这个历史，尽管他们自己也在担心，新生一代会不再记得这种定义了卡塔尔文化的生活方式。多哈举办了一些耗资不菲的项目，大力宣扬卡塔尔和伊斯兰文化，而这恰恰证实了卡塔尔对传统文化能否保留忧心忡忡。这些项目包括建设新的卡塔尔国家博物馆和由贝聿铭设计的伊斯兰艺术博物馆，后者已于2008年完工。然而，这些宏大的文化项目是否能够实现传承传统的目的，仍然有待观察。表面看起来，视觉和公共传统正在丢失，让萨尼家族忧心忡忡，但这并不意味着卡塔尔已经与过去完全脱离。事实上，本书的观点是，数十年来定义了卡塔尔生活的传统的深层结构依然保持着顽强的生命力。

卡塔尔人幸运地成为一个经济蓬勃发展的现代国家的公民，享受着寻常人难以企及的财富。没有迹象表明卡塔尔的快速增长及经济繁荣会在近期衰落。海湾地区的其他国家如迪拜，目睹了经济泡沫的破灭，但是卡塔尔的经济仍在飞速扩展。19%的增长率，让卡塔尔成为全球增速最快的经济体。[5] 卡塔尔主要依赖的是长期天然气合同，所以不会像原油那样经历短期的价格波动。但是，尽管今天的卡塔尔人拥有了令人艳羡的财富，目睹自己的国家以令人惊叹的速度发展，但是他们与1940年一无所有的卡塔尔人仍然有许多相同的地方。财富在一些方面让卡塔尔社会改头换面，但是没有深刻到让卡塔尔的经济环境和建成环境发生变革。事实上，在经济现代化过程中，历史悠久的宗族忠诚传统几乎毫发无损。名姓、忠诚和交际网络这些历史植根于过往之中，又在某些方面被人为加强，就像全新闪耀的摩天大楼直插天际一般，深深嵌入在记忆中，对于理解卡塔尔的现状和将来仍然重要。虽然目前的经济成功发生在最近几十年内，虽然那些壮观的、拥有祖母绿外墙的大楼已成为财富和繁荣的象征，但卡塔尔的外在表象仍同样基于其历史特征。有一些地方看起来变化迅速，实际上又什么都没变。

从纳伊姆部落的历史可见一斑。纳伊姆部落在很长时间内都是居于卡塔尔统治地位的萨尼家族谢赫的对手，甚至是敌人。石油经济繁荣前的几十年间，大部分纳伊姆人离开了卡塔尔，离开了他们广阔的畜牧场[1]，而这片畜牧场覆盖了卡塔尔北方大部。20世纪50年代，纳伊姆人回到卡塔尔时，祖先给他们打下的田园依然无恙。实际上，许多纳伊姆人可以说，他们的部落族长应该被合情合理地称呼为埃米尔，因为他在不太久之前，确实曾经是一位埃米尔。[6] 事实上，萨尼家族以及卡塔尔人对内陆地区和卡塔尔国界的主张，其合法性均和他们与贝都因部落（如纳伊姆）的关系有关。尤其，"伊本·沙特（沙特阿拉伯的统治者）将部落地区作为定义国家边界的基础，并认为这一点极为重要"。[7] 在领土争端中，居住在城市中的统治者（如萨尼家族）想方设法，积极吸引贝都因人进入他们的领地并成为公民。

尽管在政府干预下，文化影响发生了变化，通过政府许可取得地产所有权的人数也在增长，但是纳伊姆等部落有其他一些方法来维持内部凝聚力。卡塔尔的非统治部落珍惜他们的过去，即使最"西化"的子孙也需小心地传承这份历史。西方的宗谱已经失去了功能意义，成为互联网上的一种业余爱好，就像是祖先的脸书，但是在卡塔尔，宗谱和世系依然有着现实意义，是社会地位和权利的重要指示器。尽管萨尼家族的一些精英十分希望借助经济发展和现代教育，让人们忘记历史曾赋予自己的权利，但是对这种权利的记

---

[1] 阿拉伯语的英译为dira。

忆如此深刻，让这些精英们的期望最终落空。纳伊姆部落的酋长们仍然拥有一个宝座；在他们自己的部族和社会动力中，他们仍然独立自主。20世纪80年代，用法语写作的人类学家安妮·蒙蒂尼-科兹沃夫斯卡指出，萨尼家族直到近年才在卡塔尔内独占了"埃米尔"的称号。

【直到最近，】群体首领的称号才发生了演化。现在只有一位埃米尔管理着国家。传统意义上的埃米尔是部落或者部落分支的酋长，如今他们身居政府要职，称号已被更名为市政区长或市长[1]，或村长[2]。尽管如此，传统称号并未被他们遗忘。[8]

部落融入国家中，失去了原来的一部分权力，甚至忘记了自己曾经拥有过这项权力，这种模式对于其他卡塔尔部落和世系也很普遍。例如，苏丹部落和阿奈内部落[3]早在萨尼家族之前很早就居住在卡塔尔。在萨尼家族后来居上之前，他们是多哈和沃克拉的酋长，即使到萨尼家族有权授予苏丹部落免税时仍不得不承认这个事实。现代化和快速的经济增长并没有像西方典型的发展模型预估的那样快速摧毁这些记忆或世系，以及卡塔尔自己的文化态度和规范。20世纪40年代的巨大灾难，让今天的发展变得更加为人瞩目，但是卡塔尔并非是流行文学形容的"历史缺失"或者

---

[1] 阿拉伯语的英译为 Rais al-Baladiyya。
[2] 阿拉伯语的英译为 Emir al-Qawm。
[3] al-sudan，为苏丹部落或苏丹家族。al-Ainain，阿文为 العينين，中文应为"阿奈ne"。因最后一个"ne"不好翻译，可译为"阿奈勒"或"阿奈内"部落。该部落国内无人研究过，故无固定用法。——译者注

"文化荒漠"之地。[9]讽刺的是，造访卡塔尔的人似乎要比卡塔尔人自己更加担忧历史根基的缺失。也许移居卡塔尔的外国人期待的是异国风情、冒险的经历和东方化的阿拉伯特征，所以会对现代化的卡塔尔，对那些看上去"西方的"和"与自己国内一样的"地方颇感失望。与之相反，许多卡塔尔人极少表达同样程度的后现代主义忧虑。环境看上去发生了变化，但是对于卡塔尔人而言，许多根本性的人际关系并没有改变。从他们的角度看，尽管建成环境常常看起来是西方的、现代化的，但是许多父辈的社会准则和约束仍然在限制着他们。即便如此，约束和社会准则也始终在发生着变化，只不过比起拔地而起的摩天大楼，它们的速度并没有那么快而已。

问题并不能简单地归结为西方造访者看不到"真实的"卡塔尔，或者绝大部分访问者体会不到卡塔尔人体会的那种难以捉摸的"真实的卡塔尔"。实际上，要解释造访卡塔尔的西方人或者西方化的人们所感受到的那种"不真实感"，要从思辨的社会哲学出发，这些思想脱胎于西方的历史特点，对于西方人来说显而易见，但是并不契合卡塔尔，或者卡塔尔人感受自己国家的方式。首先，许多西方人认为，现代化既令人兴奋，又伴随着痛苦，必然会导致丢失历史，过往的身份也会崩塌。西方的文献和西式思维存在一种根深蒂固的假定：传统和经济现代化之间一定会发生本质上的冲突。[10]这种假定的、"不可避免的"冲突在西方有着生动的体现，并被强加到了中东。按照这种经典理论，传统和现代化的冲突应该已经让卡塔尔成为问题的洪炉，但是事实并非如此。恰恰相反，在明显的现代化当中，仍然存在与过去相同的许多社会结构和谱系安排。卡塔尔是一个稳定的国家，许多政治学家一度预测卡塔尔的衰落，现在却预测卡塔尔的现有政治体制将长期存在。当现代化和传统的力量彼此冲撞时，旧有的政治体制常常第一个消亡。然而，卡塔尔仍然是一个君主制国家，许多社会结构也没有发生变化。如何解释这一点？

答案要在卡塔尔的历史中寻找。只有分析历史，才能解释卡塔尔与西方所经历的现代化的区别。虽然西方关于传统和现代化的哲学观点和社会学观点常常被认为是普遍适用的，或者结构化的，但是在卡塔尔，这些观点并不明显适用。从西方的角度看，卡塔尔应该经历19世纪的社会学家埃米尔·涂尔干所称的"失范"（Anomie）：这是当文化规范过快地变化时出现的一种毁灭性情形。涂尔干认为，当"社会类型依赖的原则与以往的社会迥然不同，以至于只能与以往社会类型的抹除程度成比例地发展时"，就会发生失范。新的经济学原理，即劳动分工，被无限扩张的、有同化力的小国家延续下去，在根本上改变了社会关系。[11] 在后工业化的美国，很容易看到与工作不相关的身份被擦除。工作成为身份。在美国，刚刚认识的人问的前几个问题常常包括这一个：你做什么，在什么地方工作？对美国人来说，这似乎是了解某人最可靠的方式。但是，在很多文化中，你是谁要比你做什么更重要，而"你是谁"是由你继承的、与其他人的关系决定的。事实上，卡塔尔人长长的名字，例如"穆罕默德·本·哈利法·本·艾哈迈德·本……"，反映的是一长串的祖先，而不像西方名字那样只反映一个。从一个人是谁，到一个人做什么，这种身份的转移可能在社会中产生巨大的裂隙。事实上，涂尔干有着法国人典型的优雅，他将这种传统身份的擦除等同于自杀。涂尔干认为，个体上和文化上的"失范自杀"，即文化本质存在的擦除和感觉无所依附的人们的自我毁灭，不只发生在经济衰退击垮社会时，也发生在经济蓬勃发展、面临无限可能性的时候。大部分阿拉伯国家也经历过一种特别致命的失范：现代化不只是对传统价值观的威胁，而且似乎常常源于外部的西方文化，而这种文化常常与侵略性更强的殖民化联系在一起，比卡塔尔经历过的强烈得多。远远不同于阿尔及利亚或刚果那样的殖民地国家，卡塔尔并没有被真正意义上殖民过。

对于阿拉伯世界，这种相对而言缺少失范的情况是新出现的。著名学者和阿拉伯文化研究者G. E. 冯·格鲁内鲍姆在20世纪60年代指出："在西方文明的核心国家之外，世界被一种动荡感折磨着，而造成这种动荡感的，主要是因为几乎不可能轻轻松松适应文化变革。"[12] 50年过去了，现代化已经不再等同于西方化。事实上，中国那种专家治国、"一党执政、全民监督"的模式已经成为另外一种发展模式。对于如何选择现代化文化，卡塔尔和其他海湾国家面对着越来越多的选项。换到今天，格鲁内鲍姆会被批判，因为他将"西方"视为现代化的唯一有意义的核心模式。而且，无论是西方模式，还是中国或者印度模式，现代化并不一定要立即打破涂尔干认为对社会心态至关重要的那些传统纽带。

按照经典的涂尔干模型，卡塔尔本应经历失范的两种形式带来的尤为严厉的打击，因为卡塔尔先在20世纪40年代经历了经济衰退，后来经历了无止境的经济繁荣，在过去十几年间更是飞速发展。但是，失范带来的那种无所依托的感觉，在一些情况下固然是真实的，但是在另外一些情况下却带有欺骗性。在商业现代化的光

9

鲜表面下，尽管受到了经济变化的失范打击，卡塔尔的政治、社会和文化现实仍然根深蒂固。尽管一些历史已被改造成纯洁的国有"遗产"，但是卡塔尔人的社会结构、信仰、根本价值观和做事的动力仍然被历史和社会力量塑造，这些力量由来已久，常常比近来的经济变化更加深刻。

涂尔干的理论对于研究西方工业化和现代化的社会学非常有用，但是不怎么适合卡塔尔。这并不意味着涂尔干的理论存在根本缺陷，而是说，不能用西方那种现代化—传统范式来解释卡塔尔。在涂尔干作品后面的几句话已经可以领会到原因所在：

> 实际上，这里将个体划分为不同群体的时候，根据的不是谱系，而是他们倾力关注的社会活动的特定本质。他们的自然环境不再是出生环境，而是职业环境。标记每个人地位的不再是真实的或者捏造的同宗血缘关系，而是该人履行的职能。[13]

在卡塔尔，虽然发生了巨大的经济变革，但是卡塔尔人仍然根据谱系划分群体，或者根据在很大程度上捏造，但是却被真切感受到的同宗血缘关系。虽然"部落"这个词变得问题多多，因为在西方学界，这个词常常与分类和东方化倾向联系在一起，但是在卡塔尔，建立和遵守"部落"谱系是卡塔尔内部认可的一种社会形式。正如人类学家理查德·塔珀所说，"行政官员——和许多学者——对中东部落仍然持有高度实证主义的观点。他们以为中东的部落是可在地图上标志出来的、固定在一定边界内的群体，部落成员很少变化，并且他们希望有一个准确的术语来进行分类和比较。"[14] 想要将部落划分成易于管理的、没有变化的人类分类，这种想法存在很多问题，而且不能反映卡塔尔的谱系历史和谱系产生的一些传说。必须要避免这种过分简单化的方法。然而，忽视部落本身是一种政治正确的新东方主义；这意味着忽视卡塔尔社会自我认同的主流分类，不管这种分类是不是假想出来的。过度分类的风险要低于忽视卡塔尔社会的主要构成的风险。卡塔尔人的"大部落"或大家庭[1]，不管是不是作为一种实证主义分类，都依然是卡塔尔人的社会地位和前途的根本决定因素。即使宗谱在一些方面是假想出来的，编造出来的，或者在政治上被重新定位，这一点都没有改变。历史学家和部落谈判专家伊本·赫勒敦在北非部落中生活时观察到："来自（共同）祖先的事物存在时，好似（共同祖先）本身依然存在……在时间流逝中，最初的祖先几乎被遗忘。" 15

涂尔干生活在19世纪处于工业化进程的社会中，从这种环境看待世界，使他认为经济变革总是会对谱系产生严重的社会扰乱。但是，对于卡塔尔人来说，虽然工作的必要性，以及劳动在生活中的中心地位都很重要，但是并不具备生存上的紧迫性，因而也就不需要让自己远离谱系这个社会组织的主要基础。与工业化的欧洲和美国相比，财富的拥有并没有打乱实际的、工业化的"工作"，以及这种工作在环境和社会中造成的许多疾患。劳动分工并没有对卡塔尔社会的谱系划分造成威胁，因为劳动实际上并不是一个问题：大部分劳动都由外来人员完成。尽管在20世纪50年代和60年代，有一些卡塔尔人在油田工作，甚至发生了反对萨尼家族的抗议，但

---

[1] 阿拉伯语的英译为qabila。

是这些抗议很快平息，并且规模从来没有大到能够真正威胁卡塔尔的社会和政治关系的传统本质。石油不是一个特别辛苦的行业，也不需要许多卡塔尔人来完成工作。事实上，从参与石油行业早期阶段的少数卡塔尔人身上，执掌统治大权的萨尼家族早就了解了存在暴动和抵抗的风险。[16]国家或者部落提供了资源、工作和前途，国家由萨尼家族谢赫统治着，而部落则聚居在庞大而富裕的家族大院中，它们星星点点，散布在卡塔尔的建成地形上，强化了部落的凝聚力。虽然预计会出现失范，但是实际上几乎恰恰相反。无论是假想的还是真实存在的，部落、谱系和同宗血缘在卡塔尔依然极为强烈；它们仍是人们组织生活的主要方式。

事实上，可以辩称，部落"传统"的影响力，特别是在女性的婚姻、传统服装和期望的社会角色方面，常常呈现增加态势，而没有随着财富积聚和在一个极其富裕却仍然极其依赖谱系的社会中追求可接受的社会地位而降低。类似地，专门供家族和部落使用的空间、建筑和院落在增加，这在贫困时期是无法想象的，且在房产业创造了新的社会和地理形式。20世纪60年代之前，卡塔尔家庭居住在泥砖建造的房屋中，而现在能够居住在家族大院中，有自己的清真寺，自己的一群佣人，还有一个自给自足的体制。财富在卡塔尔精英公民阶级的分布并没有擦除过往，而是放大了历史和谱系的某些方面。只有国外劳工才会体验到劳动分工的失范。这些国外劳工对于有一份工作十分感激，他们大多是单身男性，与故土国家的文化捆绑在一起。但是，即便在这种情况下，失范也通常表现为在国外劳工的祖国，而不是卡塔尔的社会影响（例如，一个女佣在看护一个卡塔尔富人的孩子，而她自己的家庭则被留在了菲律宾）。

初看上去，似乎卡塔尔让自己逃离了现代化可能导致的所有不良影响。

2009年，卡塔尔有超过120万名男性和大约35万名女性。这些男性大部分都是来自南亚、漂泊在卡塔尔的单身男性，或者离开家人的已婚男性。[17]类似地，在卡塔尔生活的非本土女性大多是单身。即使是允许携家带口的西方人士和大使，也很少停留超过一两年的时间，而且他们会把孩子送到专门指定的学校。相较于身边这些外来人口，卡塔尔人不是"漂泊无依的"，他们植根于此，似乎对刚刚开始潜入家族大院的巨大变革的重要性一无所知。后现代主义和对现代化进程的局限所做的批判与反思并不多见。

一、一位谢赫的后现代主义

也许卡塔尔谱系的根本结构在表面上缺少变化，以及卡塔尔政治体制的延续性，可以解释我从卡塔尔的一位颇受尊重的教育领袖那里听到的一句特别有意思，但是也特别费解的表述。谢赫·阿卜杜拉·密斯纳德教授是卡塔尔大学的校长，与埃米尔最宠爱的妻子莫扎关系密切，而莫扎最能体会到卡塔尔年轻一代的感受和希冀。[18] 2008年，我获准采访谢赫·密斯纳德。我问她，卡塔尔面临的最严峻的挑战是什么。谢赫·密斯纳德穿着得体而保守，似乎并不认为需要在服装上表现出自己的财富。她的地位不必细说，不只在她自己的圈子内，在整个卡塔尔都几乎无人不知。在思考我的问题时，她望向远方繁忙的建筑和开发工地，无数的起重机，以及地平线那里蓝色玻璃构成的海洋。良久之后，谢赫·密斯纳德沉思道，她认为卡塔尔最大的问题不是缺水，不是罕见的政治威胁，甚至不是教育,这大大出乎我的意料。她认为,卡塔尔最大的挑战是"缺少后现代主义",在卡塔尔火热的发展面前,"卡塔尔的年轻人没有后现代主义的观念",也没有忧虑感或失范。密斯纳德的担心令人惊讶。它们似乎揭示了卡塔尔发展,同时又没有发展的程度。现代化的过度消费方式往往引起心态变化,但是原油租金,以及国家和埃米尔促成的外部变革,却没有让心态发生根本性的变化。

但是,即便没有明显的失范,现代化的一些影响还是渗入进来。过去几十年间,在富足的卡塔尔人中,肥胖和糖尿病突然成为一个严重的问题,这是石油繁荣之前几乎不存在的疾病。[19]海湾地区的许多造访者和记者都注意到了这个问题,并且有时候近乎冷漠地加以评述。糖尿病是身体由于缺少胰岛素而不能吸收葡萄糖的一种疾病,但是这些观察者似乎认为,糖尿病可以类比为卡塔尔社会结构中存在的深层次的智慧和哲学问题:不能理解和处理现代变革的含义和可能出现的负面后果。问题不在于不能理解变革,而在于固执地不以一种有意义的方式面对变革带来的负面影响。卡塔尔人并不去处理内部问题,反而有时候出现指责国外劳工"现象"的趋势,甚至将全球化的疾患归罪于对国外劳工的依赖,以至于这不再简单的是一个经济问题,而成为逃避、延误和转移现代化的负面后果的一种手段。

二、国外劳工和失范

这在逻辑上纠缠在一起。贫穷而脆弱的国外劳工在被要求吸收变革的失范的同时,也被指责威胁着正统的遗产和文化。[20]海湾合作委员会(Gulf Cooperation Council)是富足的海湾国家的委员会,包括卡塔尔在内。其官员称,"国外劳工比原子弹更加危险"。[21]卡塔尔的谢赫哈马德说过类似的话,不过用语更加外交化一点。他在专门针对卡塔尔人的报告中,指责国外劳工是一系列问题的根源。[22]2009年,他在一次正式演讲中,做了如下表述:

> 完成基础设施建设和提高公共服务的要求,包括教育和保健在内,让我们国家的经济呈现多种形式的资源耗竭,具体表现为消费者价格指数不断升高,工程项目成本增加,以及交付日期推迟。经济中已经出现了许多瓶颈领域,这都是国外劳工人数的猛烈增加引起的。[23]

在这次演讲中,谢赫哈马德把卡塔尔经济的下滑和根本性的结构问题等同于国外劳工人数的增加。按照这种逻辑,应该指责的是国外劳工,而不是政府做出的决策。虽然通过指责外来人口来为政府决定的经济决策和房地产决策找替罪羊,谢赫哈马德在卡塔尔人中得到了政治支持,但是国外劳工确实在卡塔尔产生了一些根本性的,甚至关系生存的问题。事实上,与国外劳工的冲突深深印刻在卡塔尔的现代史中。虽然如今没有人认为卡塔尔人会去参与体力劳动,但是在20世纪50年代,大部分石油工人都是卡塔尔人。来自阿曼的佐法尔人和巴基斯坦人,以要求更低工资的方式从卡塔尔人那里抢走了工作,因此爆发了卡塔尔人针对佐法尔人和巴基斯坦人的几场罢工。指出国外劳工的"问题"在卡塔尔是有历史的。[24]

然而,对于导致国外劳工人数增长的国内政策和结构倾斜,卡塔尔国内并没有太多批评。的确,在卡塔尔,现代化的"代价"就是国外劳工文化的存在。但是,对于掌握权力和从卡塔尔经济获得利益而言,这种国外劳工文化一直处在附属地位。海湾公民和他们的政府并不认为,他们自己也促成了某些决策,导致国外劳工文化出现,随之而来的就是把这种文化融合到卡塔尔社会的挑战。引发这种内省的动机并不存在。对国外劳工的担忧其实放错了地方,但是对于精英阶级十分有用,因为这种担忧转移了卡塔尔人的注意力,让他们忽视了政府在让卡塔尔人诚实地、自愿地深刻拥抱现代化上的失败,或者用宏观经济的用语来讲,政府没有成功地让人民更有"市场吸引力"。这种失败与卡塔尔的体制有着直接关系,尽管对外宣称自由,但是卡塔尔的体制拒绝国内人士积极参与到国家统治上。卡塔尔最新的关注点是在教育城(Education City)为卡塔尔创造世界一流的教育,其目的不是创造一个更庞大的统治阶级,让占统治地位的萨尼家族收获批评。相反,教育被视为一种手段,用来创造受市场青睐的国际技能;教育关注的是让卡塔尔与外部世界联系起来,而不是卡塔尔国内的治理和社会问题。对"卡塔尔化"所做的各种尝试,以及强制卡塔尔人在专家职位上有一定数量,这种种举措收效甚微,从长期来看,不会比用通胀的货币解决价格问题的效果更好。事实上,增加对卡塔尔公民的劳动的依赖性,而不是国外劳工阶级,是不是符合埃米尔及其家族的长期利益尚不可定,因为国外劳工作为谢赫的"客人",最终命运掌握在政府的手中。

三、国外人口过多?

虽然本书将解释卡塔尔的历史,以及萨尼家族在石油繁荣和国外人口流入之前的崛起,但是卡塔尔目前的人口统计状态始终应该作为背景。虽然可以说本书恰当的、唯一的关注点是萨尼家族精英阶级异乎寻常的崛起，以及他们吸收了卡塔尔的部落制度，但是不属于这个精英阶级的卡塔尔人，以及并非卡塔尔人，但在过去50年间创造了卡塔尔众多基础设施的人们的广阔历史不应该被忽视。如果不能理解国外劳工在卡塔尔的历史，就不能彻底理解卡塔尔的现代史。作为卡塔尔发展中最明显的困境，国外劳工社区及其与卡塔尔人交互的历史理应在本篇简介中予以比较详细的介绍。

国外劳工困境对于卡塔尔尤为严重。虽然在发现石油之前很久，卡塔尔就依赖于进口基本的食物和补给品，但是在20世纪30年代，只有一个南亚人居住在卡塔尔：一位来自俾路支的理发师。[25] 因为英国人有权力干涉殖民地的臣民，其他所有南亚人都被驱逐出境。如今，南亚人占据了卡塔尔人口中最大的一部分。在1939年，有39%的卡塔尔人口被视为"外国人"，他们主要来自非洲。大部分非洲住民最早是奴隶，后来成为部落的名誉成员，并采用了旧主人的姓氏。当时，唯一一群真正独立的外国人是5000名波斯商人。卡塔尔人明显居于社会统治地位，从事各个经济层面的基本工作。波斯人和非洲人都是历史原因产生的国外人口；在几个世纪的时间中，卡塔尔人已经熟悉了这两个群体，并与之进行交易。而他们也很好地融入了居于统治地位的阿拉伯卡塔尔人社会，似乎并没有引发任何重大的文化和身份危机。

第二次世界大战和珍珠价格下跌引发的"饥荒年代"使得国外人口数量显著减少，甚至卡塔尔人也开始外逃。相较之下，巴林的劳工传统更加稳固，可追溯到1932年石油被发现，而外国劳工流入卡塔尔在20世纪60年代晚期才真正开始。[26] 不过，到了20世纪70年代末，国外劳工的人数迅速增长。卡塔尔出现了严重的住房短缺。谢赫哈利法的工业化项目只是加重了对国外劳工的需求。类似的情况如今依然存在。即便是为了培训卡塔尔人，使他们适合全球经济的高端行业而建立的教育城，也需要从美国和欧洲引进大量专业人才。卡塔尔的食物供应有90%来自海外，这个事实反映了对外部世界的依赖，而这种依赖已经让卡塔尔的政治精英食不甘味。埃米尔哈马德·萨尼称："我们在2008年创建了卡塔尔国家食品安全项目，旨在通过实现自给自足的原则，降低卡塔尔对食物进口的依赖。"[27]即使卡塔尔将全部沙漠地区用于耕种，也无法实现自给自足，但是这种理想当然会让卡塔尔的精英公民受用，尤其是因为第二次世界大战后发生的"饥荒年份"仍然留在人们的记忆中。近来对食品安全的投入与卡塔尔化如出一辙，都是为了增加劳动者中卡塔尔人的数量。

卡塔尔如今面临的劳动力挑战，部分原因是在分配式"食利"经济中，收入来自自然资源，而不是税收，导致卡塔尔人没有什么动力来选择或被迫选择充满失范风险的现代化。不能直面现代化，这既是结构性的，是高度依赖租金的经济体的文化的一部分，又是意识上的，有时候表现为恐慌，最终又会消退，就像冰川沉入水中。[28]近来，卡塔尔家庭雇用来自沙特阿拉伯的穆斯林妇女作为女佣成为丑闻，揭露了这种焦虑感的本质。这些抗议者的担心不在国外劳工身上，而在于某一天自己也会成为这样的劳工。对国外劳工文化根深蒂固的恐惧，反映了对长期欠下失范债务的恐惧，这种债务是现代化弊端的债务，而对于"食利"经济或者资源出口经济中经济发展是否合理的担忧进一步加重了这种债务。沙特阿拉伯人是卡塔尔的近亲，如果他们都沉陷到这种程度，那么在可怕的未来，卡塔尔人又能逃脱吗？对沙特阿拉伯女佣这种概念的狂怒，正说明了他们的担忧，因为当时有报道称，斯里兰卡女佣遭受了严重的人权侵害，却没有得到卡塔尔人这样的重视。畏惧沙特阿拉伯女佣的另外一个原因是担心她们传统的"黑魔法"的威力——他们并不认为非阿拉伯女佣有这种魔力，这是外部投射的焦虑感的另外一个表现。[29]

尽管传递了一些不真诚的反对国外劳工的信息，并做了一些尝试来转移公众对于体制失败的注意力，但是海湾地区的君主制国家已经开始重新评估未来。萨尼家族的教育举措，以及卡塔尔化劳动力的尝试，虽然在一定程度上没有成功，但是说明他们似乎已经意识到，解决卡塔尔人在全球竞争力不足这个问题，唯一的希望只能是教育和雇用卡塔尔的年轻人，而不是为西方产品创造更多消费者。尽管如此，除非批判性思维在整个卡塔尔扩散并得到培育，在教育举措（如埃米尔的妻子莫扎主管的卡塔尔教育基金会）上投入的数百亿资金不一定能见到效果。纯粹记忆，甚至掌握外国语言或熟知关于世界的各种事实都起不到批判性思维的作用，但是要产生这种改变，需要做的远不止在"西式"教育机构上进行投入，让外国人和萨尼家族精英的子女使用。甚至教育城扩张后，许多不是精英的卡塔尔人仍然在卡塔尔大学接受教育，而这里很大程度上还在使用传统方法。

虽然涂尔干将失范与现代化的破坏性趋势联系在一起，但是失范也有积极的一面：对社会现状的消极方面的内部批判。缺少后现代主义和社会失范，随之而来的就是缺少自我反省，以及缺乏对不受约束的发展所产生的后果的一种基本担忧。虽然也有例外，但是大部分卡塔尔年轻人和美国年轻人一样，受到无穷无尽的各种模糊的、令人迷惑的西方趋势的冲击，但是在自己的身份上，他们令人讶异地，甚至令人不安地保持镇定。他们不认为自己国家外在的现代化和发展是不正常的，或者"在上帝计划之外"。事实上，2007—2008年我在卡塔尔大学做教授时，班级中有许多卡塔尔学生对我说，他们支持埃米尔，是因为他允许快速发展，超出了他们自己的想象。可能正是这种态度，说明了失范还没有在卡塔尔扎根。

四、不变的变化？

卡塔尔的基础设施和建成环境发生了巨大变化，但是卡塔尔公民的基本社会环境却变化甚微。并不是说卡塔尔的社会没有发生变化，而是这些变化没有重大到改变卡塔尔社会目前的治理和任人唯亲的体制。要预测卡塔尔的根本变化——不管是不是愿意发生，最好的指示器可能并不是石油价格巨变，或者萨尼家族内部出现政治变动。最好的巨变指示器可能是卡塔尔形成智力传统，对"现代化"在卡塔尔社会的特定表现表达出反对意见。卡塔尔现代化的表层效果对外来人员来说引人注目，但是对于卡塔尔人深层的文化、社会和政治现实来说仍然不那么重要。只有当这种表层效果最终渗透到仍在流行的新传统主义的根源，当年轻一代终于形成了真正的后现代主义观时，可能根本性的政治变革才会在卡塔尔发生。所谓真正的后现代主义观，不只使用现代化来鼓励外在变化，而且支持内部社会结构的彻底变革。要真正起到作用，这种后现代主义不能是只会指责的后现代主义，也不能投射到国外来客身上，而只能是内省的后现代主义。也许只有这样，牢固而合乎逻辑的批判之船才能在社会或政治变革的海洋上扬帆。虽然如此，下一节将会讲到，卡塔尔的历史和未来并不只是根深蒂固的现状的延续：尽管萨尼家族精英仍在继续集权，但是卡塔尔依然容易受到盛行的社会范式变化的影响。

五、现代史，还是现代化的历史？

本书首先分析了卡塔尔和卡塔尔人面对现代化时做出的不同寻常的反应。西方理论家和社会学家将忧虑感和失范与快速现代化联系起来，但是卡塔尔人并没有走这条典型的道路，而是保留着传统，或者至少构造了新传统的身份概念。巨大财富以及对庞大的国外劳工群体的依赖，让卡塔尔避开了现代化的后果，能够维持文化和内化的正统性的一个泡沫。所有卡塔尔男人在卡塔尔无时无刻不穿着传统的长袍，并不是风尚的原因。他们行走在西式空间中，接受着西方的影响，同时维持着谱系和家庭作为自己命运的主要决定因素。埃米尔和他的政府让文化和正统性的这些新传统神话持续存在，允许创造出卡塔尔人的一种公民贵族感觉，而他们却缓慢而稳定地从现代化之前的传统精英那里蚕食权力，将按谱系划分权力的制度取代为权力集中的中央集权国家，令萨尼家族的延续变得牢不可破，令其存在变得似乎理所当然。

关于卡塔尔历史的许多著作本身都是制造文化传统的成果。对关于卡塔尔的文献进行全面研究，会发现一些由卡塔尔政府和外交部赞助的，甚至根本是它们提供资金和发表的研究。[30] 这些光鲜的出版物和年度报告对社会问题和政治差异一笔带过，展现了一个心满意足的、富足的社会，一个对所有人都友好的国家。即便罗斯玛丽·赛义德·扎赫兰的著作《卡塔尔的建立》[31]做了精心研究，可称标准参考，在许多方面都很有用，受到高度尊敬，但是她在书中还是不加批判地赞扬了萨尼家族，并多次预测卡塔尔毫无疑问拥有"光明未来"。其他介绍卡塔尔的图书还包括旅游指南，甚至儿童图书。对于卡塔尔，并不是所有著作都缺乏严谨的学者研究态度，例如吉尔·克里斯特尔介绍卡塔尔和科威特的商人和谢赫的著作就提供了深刻的信息，[32]但是，这些研究并不是仅仅关注卡塔尔。介绍卡塔尔的著作不多，这令人惊讶，考虑到卡塔尔在区域性和全球性的影响力在加大，更令人不可思议。迪拜的影响力已经引起广泛注意，却已有衰退的迹象，但卡塔尔则不同，其影响力不是昙花一现，而是基于丰富的资源储藏和经济潜力。关于阿拉伯的著作如雨后春笋，但几乎都只关注独立前的时间段。正如位于卡塔尔的半岛卫星电视台只能报道其他政权，对卡塔尔自身却不能多加指责，关于卡塔尔国家历史的著作以及如何把这个历史展现给世界，几乎完全由国家和执行委员会[1]控制。甚至来自19世纪的形象，如悬挂在新建的伊斯兰艺术博物馆墙壁上的19世纪的画作，都被欣然接受为对充满传奇的过往历史的档案性质的描绘，而在文化批评界的英雄们（如爱德华·赛义德）看来，这些形象呈现出明显的东方主义。[33]

卡塔尔并不只是用海量的光鲜出版物来庆祝净化的、受控的遗

---

[1] 阿拉伯语的英译为 Emiri Diwan。迪万，伊斯兰国家—政府机构，早期管理财政和户籍，马穆鲁克王朝时职能延伸到外交和军事。此处应直接翻译成"迪万"，Diwan，或Divan，伊斯兰国家常见的高级行政机构，其行政职能因国而异，有主管财政，有主管军事（如摩洛哥的迪万·阿拉夫即为战争部）。在卡塔尔，迪万由埃米尔、王子和首相组成的高级机构，类似于内阁或部长理事会。——译者注

产。卡塔尔在贾西姆的诞辰进行举国庆祝,这清楚地表明,国家就是萨尼家族,萨尼家族就是国家。国家主义在本质上是基于历史主张的一个"现代"概念,君主制在本质上是一个"传统"概念,是改革和权力的中心,这二者被结合了起来。

当卡塔尔的历史揭示出萨尼家族在19世纪登上权力顶峰的颇具机遇性的本质时,就更令人惊奇了。事实上,卡塔尔近几十年来的"现代化"所意味的并不是抛弃传统,而是对传统和历史建立新的主张。卡塔尔所经历的现代化在很多方面不同于西方多数资本主义国家,因为这些西方国家经历了更漫长的工业化、国家支持的教育、专业化、劳动分工过程,并且关注在内部的变化上。

米歇尔·福柯和波德莱尔是经常被引用的西方现代性理论家。他们认为,现代性的典型体验首先应该以扰乱感和间断感为特征:

> (对于福柯来说,现代性)是与传统脱离,是一种新奇感,是面对转瞬即逝的时刻的眩晕感。这正是波德莱尔在定义现代性时似乎要表达的——他把现代性定义为"短暂的、转瞬即逝的、带有偶然性的"。但是,对他来说,现代性并不在于认识到并接受这种持续发生的运动;相反,现代性在于接受关于这种运动的特定态度;这种有意而为的、固执的态度在于重新捕捉到一些永恒的东西,这些东西不在现时之前,不在现时之后,而在现时内。现代性不同于时尚,因为时尚只不过是让人怀疑时间的流逝;现代性是一种态度,让人能够领会现时的"宏大"方面。现代性并不是敏锐感受转瞬即逝的现时的一种现象,而是让现时变得"宏大"的一种意志。[34]

卡塔尔人是全世界经济最发达、技术最先进的一个富足社会的公民，称他们没有经历过福柯定义并流传下来的西方意义上的"现代化"，似乎耸人听闻，但这正是本书主张的观点。卡塔尔的"宏大"所关联的不是"现在"，因为这个"现在"是国外劳工主导并建立的；其关联的是"现在之前"——也即过往的历史，但是这个历史被重构成为国家化的历史时刻，已经不可更改地与萨尼家族的统治权力，以及卡塔尔公民享受现代物质主义好处的权利关联在一起，一切都为重构的新传统身份服务。即使文化、遗产和传统被高度颂扬，部落谱系成为代表的象征形式的基础，它们在此同时被缓慢地侵蚀，权力也被剥夺，很大程度上独立的埃米尔们慢慢变成了公民，公民变成了依赖国家的臣民。虽然发生过对中央集权国家的严重抗议，例如1963年阿卜杜拉·密斯纳德为反对部落首领的权力被削弱而进行的著名抗议，但是卡塔尔人在很大程度上还是默默接受了自己的传统政治权力被削弱，只因为国家允许他们保持对自己内部事务的控制。在一些方面（不是全部），伊斯兰世界的趋势反映了卡塔尔现代化发展的故事。

在对伊斯兰现代化的研究中，莱昂纳德·宾德提出了一种看法，即伊斯兰本身是一种屏障现代主义后果的方式。采用伊斯兰文化来与现代性的文化代价做斗争，是中东和北非的一种现象特征：

> 至少，从拿破仑入侵时代，从屠戮禁卫军时代，从印度兵叛变时代，西方试图告诉伊斯兰，在告别传统向前发展的过程中，必须付出什么样的代价。从那个时候开始，虽然做出回应

的穆斯林人数在增加，但是仍然有极多的穆斯林坚称不一定要付出这么严重的文化代价。这里有两个重要的问题，而不是一个。首先，伊斯兰是否对现代化和发展构成了巨大的障碍。其次，伊斯兰是否提出了一种与西方发展理论描述的社会秩序截然不同的，甚至可能更好的社会秩序。第一个问题认为，伊斯兰可能是发展的障碍，第二个问题认为西方可能是伊斯兰世界发展的障碍。第一个问题从一般意义上识别伊斯兰和传统，而第二个问题则拒绝接受西方化是唯一的现代化形式。[35]

理论上，莱昂纳德·宾德的论述适用于卡塔尔、卡塔尔人以及居住在卡塔尔的任何社会等级、任何国籍的穆斯林。但是，对于卡塔尔的具体历史来说，重要的不是存在现代性和传统的难题，而是这个难题如何投射出来，以及其根本的挑战如何得到满足或者没有满足。宾德的泛化叙述并没有全面描述卡塔尔的特定体验。这种体验不只在于伊斯兰自身，而且是对卡塔尔历史、公民身份和谱系责任形成的独特的、新国家化的一种概念，这种概念在面对现代性时得到了保留，甚至在一些地方得到了加强。

六、批判反思的未来？

虽然卡塔尔人的财富令人艳羡，但是推迟现代性带来的"眩晕感"，并不是没有代价的。卡塔尔人并不一定很快就需要还上欠变化的债，而令人感觉自在的新传统主义的浪潮也不会继续上涨。但是顶峰终会到来，无论是石油需求发生革命性的变化，还是埃米尔权力的过度集中导致卡塔尔社会出现根本性的割裂，甚或是无法估量的外部力量（在海湾地区，这种可能性总是很大）所引发的。卡塔尔人终有一天要从躲藏的地方走出来，不只走到全世界的会议室中，还会走到"现在"的幽深、恐怖而宏大的路上。到了那个时候，卡塔尔人将开始反思自己的历史，不是从国家和埃米尔的角度，而是从自我实现的角度来书写这个历史。

卡塔尔人没有全面体会现代性，还意味着缺少批判历史，至少缺少批判的，声称"客观、不带偏见的"现代形式的历史，这种形式已经主宰了西方的历史研究。目前缺少关于卡塔尔历史的著作，并不是因为历史对于卡塔尔不重要，事实恰恰相反。卡塔尔人近来对卡塔尔的批判历史没有什么著述，是因为在卡塔尔，历史是十分敏感的话题，是对繁荣现状的质询和挑战。在卡塔尔这样的社会中，舒适的、传统的假想已被数十亿资产和数十万国外佣人稳固保护并延续下去，现代意义上的历史，即受过专业训练的历史学家使用基于消息源的学术方法所追求的综合叙述，看起来只是在扰乱他们的假想。反过来，卡塔尔社会内部对卡塔尔人身份的主张所形成的多种历史，能够在官方构造的一种明确支持埃米尔的非冲突性历史下共存。

当卡塔尔人开始书写一种批判的现代历史时，即不是"官方"历史，而是打开卡塔尔社会内部大门的历史时，我作为卡塔尔的一名客人和观察者，在本书中写下的内容将在另外一种角度得到审视。正如哲学家海德格尔在《形而上学导论》中所写：

人要做自己，必须不断思考、熟知历史、自在自为。人之"自在"意味着：必须将"自我"外显而成的"自在"转换为历史形式并融入其中。[36]

对历史和新传统假定进行批判性审视可能最终意味着新的、后现代的卡塔尔自我诞生。接下来我们介绍关于卡塔尔起源的一些核心的历史传说，以及这些传说如何以模糊历史的方式来支持卡塔尔目前的权力结构和社会结构。

七、萨尼家族角度的历史权力

萨尼家族王朝是在阿联酋、科威特和巴林王朝之后建立的。[37] 在发现石油之前，萨尼家族真正控制的只有多哈（或贝达）周围的区域，当时的多哈是一座大约有1.2万名居民的城市。巴林控制着祖巴拉，其他重要的部落（纳伊姆和本·阿里）控制着北部的大部分土地和沃克拉，唯一的另外一个重要的城市居民点。可以说，萨尼家族，特别是埃米尔哈马德·本·哈利法·本·萨尼眼下的权力，在英国干预前并没有历史先例作为根基。因此，卡塔尔的历史就变得高度的符号化，其重要意义就在于构造这种先例。英国和奥斯曼政权有关卡塔尔历史的文件都想合法化萨尼家族的统治，忽视或者贬低其他部落的主张，他们支持的说法是卡塔尔的崛起与萨尼家族的崛起彼此之间是完完全全相互依赖的关系。扎赫兰写道："一个（萨尼家族）的崛起，宣告着另一个（卡塔尔）的独立。"[38] 尽管如此，这种彼此依赖的说法是一种君主历史观点的表述，忽视了卡塔尔和卡塔尔人更加复杂的历史。学者J.E.彼得森的评论恰如其分：

> 直到近来（相对而言的近来），无论是从结构、职能还是与公民的关系的角度看，阿拉伯半岛上的国家都是极小的

(minimalist)。在农村地区，部落是个体存在的核心：在很多方面，部落形成了一种在政治上、经济上和社会上自我包含的实体。对更大的国家结构的效忠是短暂的，要么是被武力强迫，要么是出于短期的自身利益的考虑。[39]

然而，对于卡塔尔和萨尼家族，尤为引人注目但却出人意料的是，虽然内部和外部都存在对其政权的威胁和挑战，但是萨尼家族和卡塔尔仍然保持了独立，而其他阿拉伯国家，例如阿西尔、杰拜勒舍迈尔、焦夫，以及组成阿联酋（UAE）的迪拜、沙迦和阿布扎比，被吸收到了更大的国家和联邦政治结构中。1968年英国决定退出海湾地区以后，卡塔尔提议建立一个更庞大的阿拉伯酋长国联邦，由一个委员会统治，考虑到这一点，卡塔尔如今的独立状态就更令人惊奇了。卡塔尔与其他酋长国不同，并没有欢迎英国人的撤离，而是担心自己会被邻国政权统治。卡塔尔呼吁建立联邦，并且当时的法定继承人哈利法·萨尼被选为联邦首相之后，卡塔尔人立刻变得焦躁起来。巴林、阿联酋和卡塔尔无法就联邦宪法的细节达成一致。卡塔尔推选多哈作为联邦首都，但是被拒绝了。可以说内在的卓异主义，以及维护卡塔尔利益的想法，让卡塔尔成立联邦的热情发生了巨变。[40]实际上，回过头看，卡塔尔的卓异主义可被看作是幸运降临，或者确认了君主主义者的说法。尽管卡塔尔的独立和主权是环境的结果，因萨尼家族自己领导和发起的谈判的破裂而发生，但是如今，随着卡塔尔形成自己的经济影响力和外交威望，有了独立存在的自信，这种独立状态已被完全拥护和赞扬。在这种表述中，萨尼家族确保了卡塔尔的独立和成功。除此之外，有另外一种表述角度。虽然获得关于卡塔尔人，而不只是萨尼家族的历史的资料十分困难，但是我仍然要强调这另外的一种角度，即卡塔尔的历史也是权力妥协的结果，是卡塔尔的国际势力和君主家庭之间不断进行的隐匿、有时候不那么隐匿的内部对话的结果。

然而，随着现代化和国家权力的增加，这种没有从萨尼家族角度出发的历史已经随着王朝式的、以萨尼家族为中心的叙述的产生而被稳稳地推离视线中心。然而，这并不意味着萨尼家族和过去一样脆弱。事实上，本书的观点是，在重写卡塔尔产生的历史，以及长期掌权方面，萨尼家族处在比以往任何时候都更为有利的位置。唯一真正的风险不是权力的分散，而是权力过度集中到埃米尔及其近亲的手中，变得头重脚轻。本书后面的部分会重点讨论这种可能性。现在，则将概述萨尼家族取得成功的历史原因。

王朝通过家庭和部落联系传递知识和经验。现代化的君主制国家，如卡塔尔，相较于正在发展中的民主制国家有一些优势，它们不只能够做出长期决策，而且能够利用延续性和历史合法性来避免风险和快速把握机会。由于这个原因，在19世纪珍珠繁荣和崩溃——所谓的"饥荒年份"是过度依赖珍珠的结果——期间掌权的大部分王朝和部落，如今仍然大权在握，经历着石油繁荣和未来可能发生的石油崩溃。海湾地区的小君主制国家的存活和繁荣不是历史偶然，而是有着深刻根基的长期历史趋势的结果。最重要的是，这是海湾国家对于邻国和超级大国采取主动的、精明的外交手段的结果，这种手段在利益相关方之间取得了平衡。在整个现代历史中，海湾地区的部落更看重实用的独立性，而不是意识形态，例如它们就采取了一种比沙特阿拉伯更加灵活的"轻度瓦哈比主义"。

而自从美国在海湾地区的统治力增加以来，它们也采取了一种尊重部落传统和界限的轻度民主。现代评论家常常对海湾国家在外交政策上明目张胆的自相矛盾感到困惑：它们允许美国中央司令部建立基地，同时用资金支持着极其受欢迎的、持批判态度的半岛卫星电视台频道和反战会议。但是，对于海湾地区或者卡塔尔这样的国家来说，这种自相矛盾并不新鲜，因为在这里，奥斯曼、英国、沙特阿拉伯和伊朗都在争夺对卡塔尔半岛的影响力。卡塔尔半岛突出到波斯湾的浅水域，就像一个引爆点，是一个战略平衡的位置。海湾国家擅长的就是不完全听从于任何意识形态或者强权，而正是这一点，让卡塔尔能够以轻量级的地位重拳出击。

普通造访者，甚至海湾地区的外国居民，很容易忽视历史。现代化的西方便利设施随处可见，让人觉得卡塔尔似乎没有历史，或者其历史大部分都被现代发展所擦除或者重新发明。西方造访者习惯了在建筑结构和书面文件中看历史，但是卡塔尔和海湾国家的阿拉伯居民和公民则透过深厚而漫长的口述传统的透镜来观察自己的身份，这种口述的传统在高度发展的技术媒体中仍然被颂扬着，在当地的电视媒体上，诗歌比赛是最受欢迎的节目之一。

虽然阿拉伯公民深深地感谢自己的丰富历史和身份，但是对于庞大的非海湾国家的居民，或者居住在该地区、帮助大部分海湾经济运作的国外劳工，当地的历史似乎无关紧要。当80%的人口是在1980年以后来到这里时，历史怎么能够解释社会和经济趋势？当庞大的公司和项目由外国人管理、创造和出售时，谁在真正控制着国家的资产？不过，可以清晰地看到，统治海湾地区的部落及其盟友仍然决定重要的决策。在卡塔尔肯定是如此。对经济成功，是自由放任的，但是对于本地事务，金钱并不能影响部落的"马吉利斯"[1]和埃米尔的"迪万"[2]。无论西方人的全球金融资源多么丰富，也无法进入这个圈子。通货膨胀可能超过14%，伊朗和伊拉克可能引发新的风险，一些投资项目可能不如其他项目成功，甚至统治部落内部可能精心策划着一些宫廷政变，但是这些弱点不会从根本上改变卡塔尔和卡塔尔人植根在历史中的政治和社会体制。虽然统治者个人的命运可能被间或出现的政变和其他威胁所改变，但是君主制的基本制度仍然十分强健。萨尼家族及其最亲密的盟友已经看过了英国、沙特阿拉伯、阿曼和奥斯曼帝国的兴起和衰落。

八、变化的出现

虽然本书的重点在于社会、文化和历史的延续，但是变化的重要性，尤其是近几十年来的巨变，绝不会被忽视。卡塔尔已经迅速地从一个高度传统的小部落社会，一个由于20世纪三四十年代珍珠价格崩溃而处于落后状态的社会，转变为了一个生机勃勃的现代国家，其目前的人均收入比卢森堡更高。[41] 卡塔尔最令人惊讶的变化就发生在过去10年间。多哈海滨大道是从波斯湾回收的一块植被茂密的新月形土地。沿着这块土地驱车前行时，无法不注意到一栋又一栋摩天大楼在一度荒芜的土地上高耸入云。本书在记录卡塔尔从传统变化到现代的过程时，不只将描述天际线或者经济增长或

---

[1] 阿拉伯语的英译为majlis，为传统的半民主的议会。"马吉利斯"，部落理事会，并非议会。原书中说它是"半民主的"，是因为它是基于伊斯兰舒拉准则而来的，是部落长老协商解决各种事务的民间自治制度。阿拉伯的部落或家族，可以类似为中国现代化以前的大世家或门阀。马吉利斯就是门阀的长者理事会。
[2] 阿拉伯语的英译为Diwan。迪万，如前述，它不是议会，而是一种政府机构。

数字的变化，还将描述部落安排的相对缓慢但仍然深刻的变化。大部分人在访问卡塔尔时，看到的是高度现代化的外表，但是支撑这个外表的，是这些主要由部落做出的安排。

部落联盟依然很重要，卡塔尔部落内部依然实行自治，并且这些部落与埃米尔的权力相互制约，多哈最初严格按照部落关系聚居，就是最明显的证明。哈利法部落居住在马地那·哈利法一区和二区，哈贾尔居住在一个哈贾尔村落，苏拉提居住在苏拉提地区。在关于卡塔尔的奠基性的人类学研究中，蒙蒂尼-科兹沃夫斯卡描述了这些部落分界。[42] 在城市内的每个部落村落中，无论村落多小，都会有一个清真寺和一个马吉利斯。马吉利斯既指部落理事会本身，也指部落理事会开会的地方，在那里，部落内有资格的男人们在这里决定部落内部的事务，以及与其他部落之间的关系。

在中东的现代化的部落社会中，比如卡塔尔，明显没有足够的公众声音表达出对于民主治理的愿望，这一直让政治学家和在该地区工作的非政府组织感到费解。近来有许多集中举措，通过建立常设选举委员会以及正式进行地区选举，来提高民主参与度。但是，即使这些改革，也并没有像它们最初看起来那样实现权力的分散：可能这在某种程度上是让政府正式实现对部落自治地区的控制。[43] 马吉利斯制度实行的是私下的谈判和咨询，另一方面，在许多卡塔尔人眼中，西方民主的议会和国会只是在夸夸其谈，这二者之间的对比是再大不过了。[44] 沙漠和三角帆渔业构建起的古老联盟和血脉联系，以及这些联盟部落间的权力交换和权力平衡，并没有因为泥屋突然被混凝土建筑取代而被摧毁，或因骆驼被无处不在的丰田兰德酷路泽取代而消亡。西化的、现代化的、制度化的社会并不会立刻生根，即使这种社会确实非常奢华。"家天下"是一种主要以一个人的家庭和部落关系作为考虑因素的体制，对于获得令人垂涎的主管职位，这种体制仍然与教育程度和技能水平一样重要。部落非常秘密地保管着他们的档案和信息，因为这些信息可能产生严重的政治后果。由于这个原因，全面地呈现卡塔尔部落的社会历史是极其困难的，但是，本书对于卡塔尔社会中传统和现代趋势的交汇所面临的最重要的问题做了一个调查。卡塔尔的这种内部的部落制度施加了许多限制，而萨尼家族能够在这种制度下维持并扩大自己的权力，主要的方式之一是将目光延伸到国外，通过灵活地理解外交政策来发展与其他国家的关系。

九、战略容忍和调停政策

与流行的观念以及海湾国家的历史被书写的方式相反，卡塔尔的历史并不简单地是石油的历史，也是石油财富如何用来在内部和外部投射影响力的历史。石油和天然气主导着卡塔尔的经济，卡塔尔人，特别是卡塔尔的王室对于如何处置丰富的自然财富，做出了特殊的决定。在很多方面，当代卡塔尔可被描述为石油食利国家，而并不存在任何形式的真正的税收。统治者谢赫哈马德·本·哈利法·萨尼并不需要依赖于卡塔尔公民的收入，因为他个人的收入以10亿计，不过萨尼家族确实要依赖公民中的精英以及公民共有的一种历史感，以稳固自己的合法地位。但是，卡塔尔与典型的食利国家不同。在典型的食利国家中，统治者利用石油财富来安抚和控制，而卡塔尔的统治者则利用石油财富来鼓励和推动卡塔尔的传统部落走向全球化，以及改造主要西方化的机构。在沙特阿拉伯，统治家族的改革者们受到自己与瓦哈比乌里玛[1]的联盟的束缚，而卡塔尔的统治者则能够试验各种开放的、有挑战性的教育、媒体和外交措施，包括埃米尔的妻子莫扎创建的教育城，改革卡塔尔大学的尝试，对极受欢迎的半岛电视网络的赞助，为多哈的第一个大型基督教堂提供资金支持，以及建设阿斯拜尔体育村，旨在训练卡塔尔最有能力的运动员，让他们在2006年的亚运会上为卡塔尔出战，以及让卡塔尔处在一个有利的位置来竞争2016年奥运会。卡塔尔近来最令人惊叹的成就是被选为2022年FIFA世界杯的主办国。但是，这样的成就常常是有代价的，特别是结果如此让竞争对手出乎意料的时候。虽然面临着120华氏度高温的挑战，以及如何为来自世界各地的球迷们提供舒适住宿条件的问题，但是卡塔尔成功地表明，其财富和基础设施计划（包括建设空调设备完善的体育场馆）会抵消在阿拉伯沙漠中举办世界杯的劣势。近来有一些对于贿赂的指控，且有人声称卡塔尔可能利用其庞大的财富来影响FIFA，即世界杯理事会的决定。伦敦的《星期日泰晤士报》发表了一篇揭露文章，德国则正式呼吁进行调查，尽管卡塔尔一再否认自己施加了不当的影响。[45] 卡塔尔最近取消了世界杯的空调计划，而且可能把世界杯安排到冬季进行。不管怎样，卡塔尔被选为主办国是一项重大的胜利。这不只将是卡塔尔的第一个盛大的、世界级的体育赛事，也将是阿拉伯世界第一次举办世界杯。这让卡塔尔登上了一个荣耀的位置，在阿拉伯世界的流行观念中尤其如此。对于阿拉伯世界和北非的许多人来说，足球是一项特别令人痴迷的运动。看到盛

---

[1] 阿拉伯语的英译为ulama。乌里玛，宗教学者，他们在伊斯兰学和伊斯兰教法实践中有重要作用。

大的足球赛事在卡塔尔举办，会让他们坚定地认为卡塔尔不只在成为新闻和外交的中心，也在成为更广大的、讲阿拉伯语的世界社区的中心。对于埃米尔的儿子，也是卡塔尔申办委员会的主席，谢赫穆罕默德·本·哈马德·本·哈利法·萨尼来说，这肯定是一个胜利。

虽然发生了一些挫折，例如对申办2022年世界杯的争议，但是卡塔尔可能在外交上是最为精明的。当美国离开沙特阿拉伯后，需要一个基地来进行针对伊拉克的军事行动。沙特阿拉伯认为自己是拥有两座神圣清真寺的神圣土地，所以让美国军队驻扎在沙特阿拉伯的土地上激怒了许多沙特阿拉伯人。但是，在阿拉伯半岛上，美国仍然需要有一个基地。卡塔尔提供了走出困境的途径。谢赫哈马德在距离多哈大约20英里的地方，划出了一块土地作为庞大的乌达德空军基地，即中央司令部（CENTCOM）的总部。其1.5万英尺的跑道是该地区最长的跑道。[46]然而，与此同时，卡塔尔在短暂地成为联合国安理会非常任理事国时，强烈反对制裁伊朗。与邻国不同，卡塔尔允许建立以色列商务办事处，尽管自己向以黎冲突中家园被炸毁的黎巴嫩家庭给出了大量捐赠。尽管该办事处在2009年被关闭，但是这些针对以色列的有历史意义的友好姿态在该地区是绝无仅有的。[47]近来，卡塔尔的喷气机加入了NATO（北大西洋公约组织）和阿拉伯国家联盟针对利比亚的穆阿迈尔·卡扎菲上校的轰炸。卡塔尔可能比其他任何阿拉伯国家都更加强烈地支持卡扎菲的反对者，并销售反对者们提供的石油。[48]

谢赫哈马德·本·哈利法于1995年即位。同年，半岛电视台成立。自此之后，卡塔尔成为广播被压抑的声音的平台，在其他阿拉伯和伊斯兰国家被视为非法且会被惩罚的辩论和讨论，在这里不只允许，甚至常常得到鼓励。一些美国外交官强烈指责半岛电视台的新闻偏见，就像他们指责阿盟专制政权（尤其是沙特阿拉伯）下的媒体一样。事实上，学者艾哈迈德·赛义夫指出，半岛电视台的主任及其许多关键员工是隶属穆斯林兄弟会的，这让一些人认为"半岛电视台为穆斯林兄弟会提供了一个开放的、畅通的平台"。[49] 尽管主任可能存在偏见，并且在理解穆斯林兄弟会及其反对专制政权和新帝国主义的活动的庞大收看人群中，这种偏见可能提升半岛电视台的受欢迎程度，但是半岛电视台不必担心赢利问题。与依靠私人资金支持和广告收入的商业广播机构（如CNN）不同，半岛电视台本质上是由国家提供资金支持的，只是形式上采用了由国有控股卡塔尔天然气公司提供资金支持。不过，半岛电视台只是争议的冰山一角而已。

卡塔尔收留着阿拉伯和伊斯兰宗教及政治光谱的几乎各个角落的流亡者和叛变者。谢赫·尤素夫·卡拉达维[1]可能是最受欢迎的、电视宣传最多的穆斯林宗教学者，却被英国拒绝入境；萨阿德·埃丁·易卜拉欣因为强烈地支持民主改革而在埃及被囚禁和折磨，但是他们二人在多哈却能够如鱼得水，并得到了卡塔尔政府至少是以间接方式提供的支持。虽然卡塔尔当下的文化、宗教和政治观点声音嘈杂，似乎混乱无序，但是在针对观念和变化的这种手段背后，是一种有意而为的方法。虽然对于大多数国家来说，没有消息就是

---

[1] 谢赫·尤素夫·卡拉达维是当代最著名的穆斯林兄弟会理论家，他的"中间主义"思潮曾感染了一代埃及人。2011年埃及革命爆发后，卡拉达维曾回到埃及，参加了开罗解放广场的和平示威。——译者注

好消息，但是对于卡塔尔来说，几乎任何消息都是好消息，只要呈现此消息的环境表现出了卡塔尔的巨大影响力即可。如果埃米尔愿意，可以立即关闭或者密切监控和操纵这个意见论坛，得到其他阿拉伯领导人，甚至一些仍然持有非常保守的观念的卡塔尔人的赞扬和支持。但是，除了本书将要讨论的一些有启示作用的例外情况以外，他并没有这么做。看来埃米尔和他的妻子莫扎已经认识到，思想、创造力和智力发明是现代中东最没有得到利用的资源。卡塔尔将自己定位为中东独立思想的论坛，而不只是像迪拜模式那样追求物质利益，这当然不是无私的行为，出于自发的爱心和对言论自由的一种理想化的信念。要悄悄引导决定阿拉伯和伊斯兰世界的未来的思想，可能没有比拥有这些思想的表达平台更好的方法了。从这个意义上，以及其他一些意义上来讲，卡塔尔的人口虽然刚刚超过170万，并且其中只有大约20%是卡塔尔人，但是其在地区和国际上发出的声音要比其规模大得多。奇怪的是，埃米尔自己常常表现出一种谦逊的或者冷淡的态度，不希望让自己与这个多样化的国家形象的一些项目和方面等同起来。原因很明显。埃米尔希望让自己的难以接近成为一种资产，在自己和不可避免会出现的争议之间提供一个缓冲区。

虽然卡塔尔的成功有其动力和理由，但是很明显，卡塔尔似乎严重倾向于现代和未来。对于许多第一次访问卡塔尔的人来说，卡塔尔就像一块白板，没有历史的束缚，满是机会、项目和观点。但是，在另外一个没有多少人认识到、没有那么耀眼、也没有多少人理解的一面，卡塔尔的历史则使其具备丰富的颜色和质地。本书意在讲述卡塔尔的两个面孔：站在中东最复杂的变革和发展前沿的一个国家，以及骄傲地扎根在部落过往和传统的一个国家。

十、卡塔尔的现状

在为上述假设提供论据支持以及详细审视卡塔尔的过去之前，先来介绍如今卡塔尔社会和政治的一些复杂、奇特和多样的特征。通过审视卡塔尔的现状，就更容易审视卡塔尔近期的成功和所面临挑战的历史根源。

首先，萨尼家族统治着卡塔尔。本书将会讲到，最初并不是这样。在19世纪中期之前，巴林和其他强大的邻国常常控制卡塔尔。谢赫哈马德·本·哈利法·萨尼目前是萨尼家族的首领，从官方来讲，他拥有绝对的权力。近来有人试图建立一条继承法，但是传统上，最大的儿子或选定的儿子并不一定自动成为继承人。继承和家族内部的争端可能是检验统治者权力最重要的指标。检验统治者权力的另外一种值得注意的社会经济指标是与王室没有关系的商人（如德尔维什家族、曼奈家族和法丹家族）的财富和影响力。德尔维什家族和法丹家族最初来自波斯。[50]

尽管存在这些检验，卡塔尔的统治者谢赫哈马德还是采取了一种独立的统治风格，并试图提升卡塔尔和萨尼家族在国际舞台的存在感。当他在1995年掌权时，被认为是海湾国家的第一位新一代谢赫和统治者。谢赫哈马德被认为是"少壮派"（Young Turk），他通过灵活的外交政策，影响到该地区广泛的政治利益，旨在为卡塔尔寻求一种独立的、自给自足的角色。在意识到GCC没有什么作用后，并且为了让卡塔尔不受沙特阿拉伯的遏制，他选择了自己的道路，尽管这条道路常常让邻国感到惊慌。

其次，根据卡塔尔统计局的统计，在2007年，大约7/8的劳动者不是卡塔尔人。[51]大部分劳动者是来自南亚的二三十岁的男人。[52]作为国外劳工来到卡塔尔的女性人数要低得多，导致产生了一个由无定性的年轻男性构成的群体。国外劳工的问题在卡塔尔似乎特别严重，因为相比于其他海湾国家，更少的卡塔尔人愿意从事非管理性质的工作。

再次，大部分卡塔尔人是逊尼瓦哈比派。有少部分什叶派人口，主要来自巴林和伊朗。在沙特阿拉伯，什叶派少数族群常常受到压迫；在巴林，逊尼派国王统治着占据人口大多数的什叶派人口。但是在卡塔尔，什叶派和逊尼派之间并没有同样程度的明显的宗教敌意。

另外，石油和天然气是卡塔尔的主要出口产品。石油和天然气收入的重新分配使卡塔尔人成为全世界最富足的人群之一。不同于海湾地区的邻国，如巴林的失业率可能高达15%，沙特阿拉伯的石油财富不再能够保证年轻一代的工作与发展机会，卡塔尔的资源如此丰富，人口相对来说又是这么少，所以不会很快面临困扰其邻国的悄悄发生的问题。海湾地区的专家加里·西克列举了海湾国家面临的7个迫近的、可能危及生存的问题，几乎都与石油收入有关：预算不确定性、公共部门的主导地位、国外劳工的主导地位、失业、收入不足、缺乏公众参与以及没有问责。[53]可以说，尽管卡塔尔也面临着几乎所有这些问题，它们以不同的方式呈现，但是却做好了充分的准备来处理这些问题。在卡塔尔这样的国家中，计算出的预算远低于预期的石油和天然气价格，而且近海岸还有数万亿加仑的天然气储藏，所以预算不确定性、收入不足和失业在卡塔尔并不算是问题。如果卡塔尔的总人口按目前的速度增长，收入可能会成为一个问题，但是也要到几十年后。国外劳工的确主导了卡塔尔经济的几乎每个方面。但即便如此，卡塔尔预计的天然气收入大到足以支撑这么大的国外劳工阶级。卡塔尔人的教育程度已经有了巨大提升，而在教育资源上的巨大投入可能足以防止国外劳工的竞争所产生的最坏后果。最后，问责和政治参与似乎并不是特别严重的问题：虽然有一些关于抗议和对体制不满的报道，但是看起来埃米尔还是明显受欢迎的。依赖天然气和石油收入肯定为卡塔尔制造了一些挑战，但是这些挑战不像在卡塔尔的海湾邻国那样严重。有一系列报道，包括卡塔尔自己的中央银行发布的报告，指出石油在卡塔尔的经济中扮演着过分的角色。但即便如此，庞大的石油出口让卡塔尔能够超过科威特，成为海湾地区的第三大经济体，仅次于沙特阿拉伯和阿联酋。[54]

公民身份是另外一个问题。虽然卡塔尔的国民人口相对来说是同质的，但是卡塔尔的国民身份并不一定已经完全建立。由于存在如此巨大的财富，公民身份、国籍和国民身份是容易引起争论的问题。尽管如此，卡塔尔社会不像其他海湾国家一样严重分化，例如在巴林，主流人口是什叶派，而统治者是逊尼派。除了少数不太重要的例外情况，卡塔尔人口主要是逊尼瓦哈比派穆斯林，族群上属于阿拉伯人，这就降低了因为宗教和族群原因组织起来的公开对立。巴林麦纳麦街头经常发生的抗议，在卡塔尔却看不到。

在外交政策上，卡塔尔面对着挑战，也享受了成功。卡塔尔与西方和现代性有着复杂的关系，尽管卡塔尔希望看起来并非如此。在官方的角度，卡塔尔是美国甚至自己原来的殖民保护国英国的重要支持者。虽然卡塔尔和阿拉伯移民之间仍然讲阿拉伯语,但是在商业和开发中,英语是事实上的标准语言。卡塔尔人和媒体(半岛电视台)则没有那么支持西方盎格鲁-撒克逊国家的政府。尽管如此,大部分卡塔尔人,尤其是年轻一代,已经全力拥抱了西方的文化和消费观。由于没有任何已经得到发展或者成熟的后现代主义、环境主义和其他复杂的解药来抵御西方的放纵,伊斯兰传统常常成为一个出口,用来宣泄对于西方消费主义、过度发展和"新的不一定更好"的意识的负面作用的忧虑感。虽然政府断然否认存在恐怖分子的问题,称2005年针对某英语剧院的爆炸事件是一个疯子的行为,但是政府的某些要员是同情宗教激进分子的。据未经证实的CIA前特工罗伯特·贝尔和梅丽莎·博伊尔·马勒的说法,卡塔尔政府的高阶官员和王室的一些成员庇护着一些关键的基地特工,包括2001年9月11日针对世贸中心大楼的恐怖袭击的幕后黑手哈立德·谢赫·穆罕默德。[55]虽然无法知道这些报道的真实性,或者这些声明背后的动机,但是它们揭示了一些观察家持有的一种观点:萨尼家族内部可能存在巨大分歧,而外部很难甚至根本看不到这些分歧。事实上,担任政府职位的许多王室成员在过去与埃米尔的关系确实起起伏伏,王室与政府——这个政府在很多方面是王室成员增选的渠道——在卡塔尔与西方的关系上的分歧,可能是对如今埃米尔的地位和未来埃米尔的职位最迫近的威胁。要知道,他的大部分前任都是通过家族内部的政变掌权的,一些谢赫,即萨尼家族的成员,也可能通过政变来剧烈改变卡塔尔目前总体上倾向西方的一种立场。如果沙特阿拉伯王室的一位偏保守的成员,例如王储纳伊夫·本·阿卜杜勒-阿齐兹在利雅得掌权,这种政变就更容易发生。

尽管如此，卡塔尔人关注的问题，要比他们对西方式发展做出的反应可能影响卡塔尔政策的方式更加深刻。西方报道最多的是恐怖主义和激进主义，但是它们肯定不是卡塔尔国内最普遍或者最难处理的问题。卡塔尔人与全世界的穆斯林一样，遭遇了学者阿里·阿拉维所谓的精神衰退，这种衰退"抛弃了他们的道德平衡，为他们可能很明媚、很平和的未来蒙上了阴影。"[56]

然而，因为人口较少，卡塔尔避开了许多这样的阴霾。人口少有几个优势。卡塔尔人可能不再像20世纪60年代那样彼此熟识，因为在当时，机场员工认识全国的每个人，所以根本没有必要使用护照。不过，卡塔尔人仍然有强烈的概莫能外的团结精神，面对外部威胁时尤其如此。卡塔尔社会在很大程度上依然是围绕着部落谱系组织的。虽然部落的权力相对于几十年前有所降低，但是并没有随着现代发展而消失。他们已经适应了现代的生存方式。虽然部落马吉利斯在政治上没有过去那么重要，但仍然居于社会生活的中心。地区甚或国家级别的大部分决策是通过传统的部落方法，即讨论和共识[1]来做出的。虽然存在正式的制度，并且这些制度仍在增强，但是掌握秘密的非正式交际网和"家天下"行为（常常，但并非总是以部落谱系为基础），是成功的关键。而且，相比邻国沙特阿拉伯，卡塔尔人在家庭和社会规范上更加灵活。

与邻国沙特阿拉伯的女性的境遇相比，卡塔尔女性在社会中拥有着自由和重要的角色。最重要的符号就是谢哈莫扎·宾特·纳赛

---

[1] 阿拉伯语的英译为shura。舒拉，阿语中为"协商"的意思。阿拉伯很多政治组织的全国代表大会称为"舒拉大会"或"舒拉委员会"，如埃及穆斯林兄弟会的核心机构，500人"舒拉委员会"。

尔·密斯纳德的身份。莫扎是谢赫哈马德最为公众熟知的妻子,在某些国际圈子中,她的声望可能超过了自己的丈夫。在许多方面,可以说莫扎和谢赫哈马德构成了一个双君主制,莫扎从没有公开质疑埃米尔的权力,自己也被授予了很大程度的自由,通过资金实力雄厚的卡塔尔基金会实施自己对于文化和教育发展的观点。谢赫哈马德能够通过莫扎支持媒体自由等一些举措,同时让自己远离这种举措带来的风险。虽然莫扎是现代卡塔尔女性最杰出的典范,但是其实除了石油和金融行业以外,卡塔尔的女性在政府和社会的几乎各个层面都很显赫。相比男性,卡塔尔的女性接受了越来越好的教育和培训。

利用这诸多优势,卡塔尔遵循了一种隐秘的、利用财富和关系网络的外交政策。卡塔尔的统治者将国家定位为中东和世界上各种冲突的一个中立的调停者。其庞大的投资局和能够提供的回报,以及外交部长机智的谈判能力,让卡塔尔取得了异乎寻常的成功。卡塔尔的精英为辩论、社会自由、创造性和宗教宽容创造了一个开放的环境,只要这些辩论不是与卡塔尔或者精英们的决策直接有关就没有问题。但是,这些举措有许多受到了卡塔尔社会中的传统元素的挑战,而且很少有论坛直接针对卡塔尔社会自己面临的挑战。卡塔尔是一个看起来外交导向的社会,向整个世界展现了一种统一的一面。然而,即使有时候难以观察到,在这个表面下,确实存在着内部派系和与埃米尔政策的严重分歧。

最后,卡塔尔将潜在的地理劣势转变成优势。虽然卡塔尔位于逊尼瓦哈比派沙特阿拉伯和什叶派伊朗之间,但是避免了被纳入沙特阿拉伯,以及伊朗对其近海岸天然气和石油储藏的公开威胁。尽管1992年在边疆小镇哈夫斯发生了冲突，但是与沙特阿拉伯的边界紧张局势在很大程度上已经缓解。由于美国空军力量保证能够摧毁任何海军行动，伊朗入侵或者搞破坏的可能性也极低。这并不意味着卡塔尔人很天真。维基解密在2010年11月28日公布的一份秘密电报描述了卡塔尔总理哈马德·本·贾西姆和美国能源部副部长之间的一次会面。总理说，"如果要描述来自伊朗的威胁，可以说我们也可能发生自己的卡特里娜台风"。[57]他向自己的这位美国听众这样描绘伊朗与卡塔尔的关系，"他们欺骗我们，我们也欺骗他们。"[58]尽管如此，一般把卡塔尔视为中东地区不断发生的冲突中的一个安稳的小岛，而作为所有强权之间的潜在合作伙伴，卡塔尔也让这一点为己所用。

十一、主要论点

总之，本书分为三个重要主题，试图解释卡塔尔的政治和社会体制不同寻常的力量和坚持，以及潜在的争议点。

首先，掌权的萨尼家族，尤其是与埃米尔及其受宠的妻子莫扎关系密切的内部圈子，利用历史传说和历史遗产来维护自己的统治。美国人类学家戴尔·艾克尔曼指出，海湾地区的社会有一个"寻求公众的过去"。[59]卡塔尔人和掌权家族之间存在一个历史性的非书面契约。虽然政变的可能性始终存在，但是只要萨尼家族能够维持这种与其他卡塔尔部落的未书面写下的契约，并预防非本土人口的任何有组织的异议，丧失权力的可能性就很低。尽管如此，部落关系和团结正在逐渐被国家团结所取代，即便埃米尔继续在积极地偏向自己最亲近的亲属。以前，埃米尔只是统治着一块独立土地的大部落的领导人。卡塔尔曾经有许多埃米尔，而不只是萨尼家族埃米尔，也曾经有许多谢赫，而不只是萨尼家族的成员。萨尼家族积极地将传统的部落领导角色变得官僚化，通过逐渐改革卡塔尔人的身份和传统，让地区领导和代表接受政府薪水，并安抚对资源分配的异议。遗产和历史被神话，以支持萨尼家族的统治和现状。正是通过表面看起来保存卡塔尔人的遗产和构建卡塔尔人身份的传说，萨尼家族，尤其是埃米尔的合法性得到了保证。被认为真正的卡塔尔人是有资格投票的，这些人的凝聚力以及对萨尼家族的忠诚，只能通过详尽研究卡塔尔的历史和历史神话才能比较完整地解释。学者胡安·科尔指出，"传统"始终是一种社会构造，现代环境中的"传统"实际上是早期文字或教义的核心，被包装到了未被承认的一组创新中。[60]

其次，调停是卡塔尔成功的关键。卡塔尔和萨尼家族依赖于调停以及外国强权的平衡，而不是任何明确的国内强权，来首先维持自己的独立，近期则是提升自己在地区的外交影响力。部落间冲突的调停者[1]是古老的阿拉伯传统的一部分。先知穆罕默德自己就以能够解决麦地那的冲突而知名。卡塔尔处在强权之间的一个战略空间中，同时仍然小到能够保持灵活。卡塔尔和谢赫哈马德通过协调外国强权和声音之间的争议，以及卡塔尔社会内部的争议，积极寻求着权力和声望。卡塔尔利用地区强权之间的隔阂，让自己成为一个中立的玩家和基地。事实上，卡塔尔明显的中立性，其在政治、公众和智力领域的各边周旋（从马哈茂德·艾哈迈德-内贾德到乔

---

[1] 阿拉伯语的英译为hakam。

治·W.布什，从谢赫·尤素夫·卡拉达维到诗人阿多尼斯·易卜拉欣），是其培养自己的战略利益的一种方式，也体现了卡塔尔想投射出比自己的少量人口更大的影响力和权威。虽然被公开批评的情况很罕见，但是只有当卡塔尔政权自身被批评或者被要求表达明确立场——这种情况越来越多见——时，卡塔尔及其王室的利益才会透露出来。例如，在作为联合国安理会非常任理事国期间，卡塔尔常常反对美国的倡议，尽管美国是支持其候选身份的。由于不了解卡塔尔的历史或其广泛的战略利益，许多人对卡塔尔在安理会的立场感到惊讶。在冷战期间，卡塔尔迅速转变了效忠对象，允许莫斯科建立大使馆，并且当很明显，美国只会向卡塔尔的邻国巴林——当时卡塔尔与巴林存在边界争端——提供毒刺导弹时，卡塔尔也购买了毒刺导弹。显然，卡塔尔并没有完全信任美国做出的保护承诺。当然，谢赫哈马德作为卡塔尔社会内部的调停者，这个角色有意保持得更加隐蔽，不为人知。尽管如此，埃米尔与其父亲谢赫哈利法一样，让自己成为终极调停者，有些颠覆了地区酋长和部落理事会的传统角色。

谢赫哈马德作为调停者，其角色近来面临着新的挑战，因为脸书和推特一代将埃米尔和萨尼家族作为目标。作为更广阔的"阿拉伯之春"的一部分，这个群体指责埃米尔及其妻子与以色列和美国的关系太密切。然而，到底有多少关注者是卡塔尔人，多少是卡塔尔帮助推翻的埃及和卡扎菲政权的失落的忠诚者，并无法判别。例如，脸书页面"2011年反抗哈马德·本·哈利法的卡塔尔革命"许诺要举行大规模抗议，还包含了一些YouTube视频，声称是抗议者与卡塔尔警戒部队之间发生的激烈冲突。另外，还包含了谢赫哈马德与以色列官员会面的照片。该网页质疑:"为什么半岛电视台不发布这些照片?"[61]目前,该网页的关注者大约有5000人。[62]脸书上的这类抗议页面大多都有宗教保守的倾向。另外,网络上散布着各种可疑的报道和留言,说军官们企图发动政变推翻埃米尔,并从法国迎回埃米尔正在流亡的哥哥阿卜杜勒-阿齐兹·本·哈利法,使其取代埃米尔的位置。按照这些报道的说法,政变的主要原因之一是莫扎作为统治者的妻子,其着装被认为太过开放,行为太公开化。[63]但是,应该注意到,虽然反对埃米尔和莫扎的脸书页面有大量支持者,却有更多的人支持莫扎。她的脸书页面显示有5.1万名关注者。[64]

然而,尽管脸书一代在传统身份的另一边建立了联系来支持或者抗议埃米尔,本书的第三个主要论点是,在卡塔尔的国内政治舞台上,部落和谱系仍然很重要。几乎所有对卡塔尔的描述都集中在萨尼家族的个人统治或者卡塔尔的经济发展上,或者在有限的程度上关注近来中央管控的"民主化"尝试。用经典的人类学术语来说,卡塔尔已经从传统的、分散控制手段统治的松散国家,转变成为单一制国家,权力得到了集中。但是,这种转变并不绝对或者说完全。事实上,不只是萨尼家族,还有苏丹、纳伊姆、巴尼·哈贾尔、阿提亚和其他几个重要的家族或部落在各种层面上对卡塔尔施加着影响。民主化的过渡按照着已经确立的部落边界和身份进行。部落马吉利斯仍然不只决定着个人事务,也决定着国内的公正问题,埃米尔自己也接受卡塔尔公民和部落领袖的申诉。近期的地区选举的分区就几乎完全是按照多哈和卡塔尔的古老部落分区划分的。另外,研究显示,绝大多数卡塔尔人会投票支持自己部落的候选人。[65]虽然集中权力很有诱惑力，但是只有维持所有卡塔尔人的支持，包括萨尼家族的众多、有时候彼此争斗的分支，埃米尔才能有效地实施统治。除了萨尼家族内部的操纵和政治之外，还必须理解并考虑来自非统治部落的异议以及这些部落内部的政治。

上面的三个主题几乎没有提到石油财富和经济，这可能让读者感到奇怪。其实这是有意为之。卡塔尔社会并不简单的是一个空旷的容器，用来容纳石油和发展。相反，有一组复杂的、真实的历史和社会影响构成了卡塔尔社会如今的特殊情况。并不是说石油不重要；相反，应该把石油看作一种特征和一个催化剂，而不是主要的、独立的原因。在分析卡塔尔的特定文化和历史环境时，将会讨论和分析石油、天然气及其影响。不过，我们首先要讨论卡塔尔的地理特征，以揭示在发现石油之前，卡塔尔有些不确定的处境。

第二章　卡塔尔：周边地缘

　　对于卡塔尔，外交从来不简单的是一个可选项，自始至终都是不得不为之。卡塔尔脆弱的地理位置要求这个国家必须寻求外交和谈判。卡塔尔位于潜在的帝国和强权构成的一个三角形的中点，其南面是阿曼，东面是伊朗，西面是大阿拉伯半岛，而在其北面，更加富足、人口更多的巴林始终想使卡塔尔成为自己的傀儡，所以卡塔尔和卡塔尔人一直要做出战略决策来保护自己脆弱但是可以实现的独立。在国家权力和主权完全集中到萨尼家族——整个20世纪都在进行的过程——之前，卡塔尔半岛是一个与多国接壤的地方——更强大、人口更多和更有影响力的邻国在这里解决冲突、实施阴谋和实现野心。卡塔尔是进入巴林的一个通道，也是阿拉伯半岛和海湾中部之间的一个潜在的桥梁，因而成为野心勃勃的统治者、殖民者和邻国的战略基地，他们在很大程度上忽视了卡塔尔半岛真正的居住者，直到后来，卡塔尔人开始抵抗外部力量的干涉，让自己登上历史舞台，创造了独立的政治地理。

　　最早的历史记录表明，卡塔尔对于让地区强权彼此对抗有着丰富的经验。卡塔尔脆弱的地理位置及其引发的固执的独立感，意味着卡塔尔人厌恶激进的、绝对的政治和宗教意识形态，因为接受它们可能让卡塔尔完全陷入某个邻国的领域。关于海湾地区的历史，可以提出许多引人注目的问题，其中一个一定是为什么小小的、按照现代化之前的海湾标准来说都很贫穷的卡塔尔采珠人群没有被完全吸收到邻近的、强大得多的国家、帝国和联邦。卡塔尔常常面临着消亡的威胁。1916年，当沙特家族的阿卜杜勒-阿齐兹控制了哈萨，并准备吞没卡塔尔时，巴林的英国政治驻扎官冷漠地说，"我觉得如果卡塔尔作为一个独立的实体消失了，会很令人遗憾。"[1]然而，出乎所有人意料，卡塔尔并没有消亡，而是熬过了极端的挑战，其面对的考验和挑战有时候甚至比其地理环境更加恶劣。从本章讨论卡塔尔的地理环境开始，本书将展示卡塔尔如何维持其非凡的，甚至可以说令人难以置信的自治。

一、卡塔尔的地理

卡塔尔的土地不断被极端的地理条件雕塑着。卡塔尔的卫星图揭示了荒凉干燥的地形，一条从东南指向西北的斜线划开了大地——这是强烈的北风[1]蚀刻出的沙尘带。北风在夏末出现，把灰尘扬满酷暑的天空。虽然在卡塔尔北部有少量可耕种土地，而且多次有人尝试沙漠农业，但是卡塔尔只有5%的土地可用于畜牧。据估计，可耕种土地占卡塔尔土地面积的3%。虽然19世纪有一些报道称，卡塔尔的降雨量超过了周边地区，但是这些雨水不足以支持大规模的农业生产。[2]1988年，超过1.3万英亩的卡塔尔土地被耕

---

[1] 阿拉伯语的英译为shamal。

种，即使还没有发生近期爆炸性的人口增长，也只能让20%的人口生存下来。未耕种且无人居住的土地也并不是全无价值。大量的石膏、石灰石和黏壤土，可用于混凝土的生产和出口。在卡塔尔半岛被烈日灼烧过的土地上，发现了大约6.3万吨天青石，可用在电子工业中。[3]

令人压抑的酷热一直存在，势头毫不减弱，以至于传统卡塔尔社会的日常行动和文化习惯，以及其建筑风格（包括著名的带雉堞的风洞大厦，已成为该地区的象征），都围绕着避热降温。气温是卡塔尔生活的一大部分，确定每天的炎热度成为重要的政治和经济活动，由政府密切监管。卡塔尔的劳动部尝试过强制休息和为国外劳工提供遮阳场所，但是常常失败。[4]

12月到2月是卡塔尔的冬天，能够从35℃—50℃的气温得到两三个月的喘息时间。卡塔尔也会下雨，但下雨常常会导致更多的问题，比如洪涝，交通事故的数量也会达到高峰。卡塔尔的城市在建设时并没有考虑雨量，道路排水系统几乎可以说不存在。事实上，只有在殷殷期盼的雨水或者狂风中，大自然才会让人感受到自己的存在，带着报复短暂回归，提醒居住在空调屋子中、享受着舒适生活的现代多哈居民，不要忘记这个凶猛的存在。沙砾变成泥浆，泥浆变成泥潭，挡风玻璃上覆盖了一层不透明的膜。不过，倾盆大雨后，土地似乎能够畅快呼吸；即使零星小雨过后，沙漠中的草和风信子也会露头。卡塔尔唯一一片较大的内陆水域是咸水湾豪尔·乌达德，这是1000年前流经阿拉伯半岛的一条河流被沙砾覆盖的河口。

北部的红树林和湿地为传统的房屋建造提供了急需的木材，如今依然是自然避难所。偶尔长出的沙漠灌木为活跃的剑羚和阿拉伯羚羊提供了营养；剑羚是白羚羊的一种，具有长长的角，锋利到能够刺穿硬木做的门。阿拉伯羚羊是小型的、柔弱的羚羊，有少量的水就能够生存。濒危的大羚羊是卡塔尔的国家象征，具有令人惊叹的能力，能够在沙漠中穿越几百英里来追逐雨水。保护大羚羊已经成为整个国家的一种执念。

卡塔尔周围的海湾大多很浅，有着丰富的海蛇、珊瑚和色彩鲜艳的海蛞蝓。这些物种的适应性特别强，能够抵御水温的巨大变化——由于海水很浅，冬天的水温在11℃左右，到了夏天则能够高达40℃。还有大群的海牛以海草为生，一些海龟则在海岸上筑巢。卡塔尔浅浅的、温暖的水域的环境多样而丰富，有一些海洋生命还未被发现或者鉴定。[5]2008年，大约存在1955个已知物种，其中有955种是海洋动物。波斯湾浅浅的、盐度超高的海水为采珠船队追逐的牡蛎和珍珠提供了优质的栖息地，这是石油繁荣之前，卡塔尔有永久居住人口的几个原因之一。虽然卡塔尔的面积大约是4247平方英里，但是卡塔尔的大部分历史都发生在559英里的海岸线上。

以东海岸中间位置的一个宽阔海湾为中心，多哈及其郊区赖扬、卢赛尔和沃克拉构成了卡塔尔最大的人口聚居区。距离波光闪闪的蓝绿色波斯湾的远近程度，是决定首都附近土地价格的重要因素。多哈最贫困的地区是所谓的"工业城"，这里一排排密密麻麻的简易房为卡塔尔不断增长的南亚移民提供了遮风挡雨之所。贫困区远离滨海大道和富裕的海滨，在那里，五星级宾馆彼此竞争，似乎要点亮夜晚的天空。卡塔尔的第二大城市是豪尔，一个购物和石油中心。多哈北部大约50英里的地方是拉斯拉凡工业城,这里有全世界最大的液化天然气设施之一,也是海豚天然气管道项目的起点。天然气管道的目标是铺设从拉斯拉凡到阿联酋的塔维拉的天然气管道,绕过沙特阿拉伯为阿联酋提供天然气。这个项目在沙特人的反对声中实行。尽管管道已经铺设,沙特人还是声称水下管道经过了沙特阿拉伯的领土。[6]杜汉虽然是对于石油和工业十分重要的一个城市,但却是西海岸唯一的大型人口中心,自从萨尼家族在多哈建立政权,卡塔尔也有了自己独立的身份后,这个地区已被长久忽视。通过面向东部,多哈避免了西部的阿拉伯半岛和北部的巴林的干预。虽然卡塔尔有零散的农场和水井,而且卡塔尔人也喜欢不时地带着猎鹰进入沙漠捕猎,但是唯一人口较多的内陆地区是乌达德空军基地,美国中央司令部的总部。[7]

石油的发现并没有剧烈改变卡塔尔聚居区外在的海洋特征。直到最近,卡塔尔的内陆才开始有大型居民点。走出居民点和有可灌溉水源的地区,立刻回到了沙漠。发育不良的矮灌木林和沙漠草可能从干燥的地表挤出头来。仅有的一些枣树林和花园,一度也被穿过卡塔尔半岛的少数游牧部落激烈地争夺着。

二、社会分化的内陆地理

如今的卡塔尔不再受限于自然地理的明显约束,而是进入了一个后地理时代。从海底抽出的石油和天然气已经改变了卡塔尔的地理,创造出了一种人为的人文地理和气候。由于陆地上的气候令人难以忍受,卡塔尔社会原来几乎完全是靠海为生。阿联酋、阿曼和沙特阿拉伯等海湾国家有着巨大的内陆人口、绿洲和居民点,但是卡塔尔则不同，大部分卡塔尔人一直居住在沿海岸线的地方，内陆并没有永久居民点。[8]但是，这并不意味着贝都因人在卡塔尔的社会历史中不是一个重要因素。贝都因人和哈达尔[1]（定居村民的后代）之间的社会分化依然很强；一些卡塔尔人依然和过去一样骄傲，在多哈的一些地方，他们拒绝购买自己认为是哈达尔的产品。虽然许多哈达尔也常常进行半游牧式的放牧活动，甚至一些贝都因人有时候也会去采珠，但是区别在于卡塔尔部落的自我认同。不管日常活动做些什么，贝都因人依然骄傲地认为自己独立于村落的族长，不是客户，而是畜牧场的高贵统治者，雇佣者只有让他们保持荣誉，才能购买他们的忠心。约翰·戈登·洛里默是印度总督寇松的政治监督官，在20世纪初随着总督游历了海湾地区，他在《波斯湾秘密地名词典》中写道：

> 北部的这些纳伊姆人，一些已经成为采珠人，但是大部分人仍然过着田园生活，依靠牲畜维持生活。巴林的谢赫和多哈的萨尼家族谢赫把北部纳伊姆的贝都因人作为雇佣兵，当采珠船队出海的时候，保护这些谢赫领地的任务就主要落到了这些人的身上……[9]

几个世纪以来，居住在内陆的阿拉伯贝都因人随着季节迁徙，在雨后的卡塔尔地区进行放牧。事实上，"卡塔尔"这个词翻译过来的意思就是"牧场"。[10]这种迁徙虽然在数量上要比其他地区少，

---

[1] 阿拉伯语的英译为hadar。

但也不应该被低估。[11]

有两个主要的贝都因群体在卡塔尔牧区[1]游牧：纳伊姆和他们的近亲穆拉。纳伊姆和穆拉分属两个不同的大方言和文化群体：穆拉-阿吉曼和曼西尔-哈瓦杰（巴尼·哈贾尔）哈立德-纳伊姆文化群。马里-阿治曼被认为是在150年前，从阿拉伯半岛中部来到了海湾地区。[12]纳伊姆一直与巴林和哈利法王朝[2]保持齐心，但是他们的近亲则未必如此。事实上，纳伊姆人在卡塔尔和巴林之间进行着一种可说是独一无二的季节性海洋迁徙，这是一种奇特的人类学现象，因为人们常常认为阿拉伯贝都因人只在陆地上迁徙。卡塔尔的两个贝都因群体都常常借助珍珠市场获取自己的利益，当渔船出海时收取保护金。他们时时让村落的族长感到忧心，同时又能提供雇佣兵保护。有几个萨尼家族埃米尔依靠贝都因人来维持权力和对家族内部对手的权威。20世纪70年代从英国独立后，海湾国家激烈地争夺着贝都因人的公民权。如今，居住在城市中的卡塔尔人仍然会庆祝贝都因人的遗产和文化，表明了贝都因人对卡塔尔产生的持久影响。人类学家罗杰·韦伯斯特在1987年探讨卡塔尔贝都因人的专题论文中写道：

> 贝都因人是本土阿拉伯文化和技艺的"水库"。在沿海城市，阿拉伯传统被涌入的外籍人和快节奏的发展稀释掉了，这里的富裕家庭便利用贝都因"水库"……讽刺的是，对于不

---

[1] 阿拉伯语的英译为dirab，指有权利放牧的地区。
[2] 一般而言，这儿翻译成哈里发王朝，但逻辑上又不对。根据上下文，它应特指的是哈利法·本·哈马德的王朝，即卡塔尔萨尼王朝。——译者注

断发展的工业社会的需要，传统的沙漠生活变得越来越无关紧要，却因为其象征意义和情感意义而被高度重视，至少在传统精英的眼中如此。因此，置于骆驼、猎鹰、诗歌和狩猎技能的价值被提升到与其实际的经济用途完全不成比例的水平。[13]

因此，贝都因人对于城市精英的潜在有用性，以及潜在的威胁性依然存在。就像萨尼家族在发现石油之前利用贝都因雇佣兵来维持自己对敌对家族和部落的政治控制，他们现在利用贝都因人和采珠的生活方式（见第七章）来支撑"遗产"身份。即便如此，贝都因人的忠诚是善变的；他们与卡塔尔的邻国（包括始终是个威胁的沙特阿拉伯）的善变的关系让人感到不安，即使石油的发现创造出了一种崭新的现代地理现实。

海水淡化、开发和疏浚工作已经创造出了崭新的地理现实，将卡塔尔的大部分现代居民与过去面对的地理挑战隔离开。在卡塔尔，夏天的气温可以高达50℃，并且雨水极其稀少，所以如果不在基础设施和规划上进行巨大投入，如果不创造一种新的地理现实，卡塔尔是无法支持目前这种人口的指数级增长的。随着卡塔尔人剧烈地改变周围环境，创造出新的地理，将自己以不可逆转的方式与世界其余地方连接起来，出现了新的问题，并且仍将继续出现新的问题。这些新的地理现实创造出来是为了增强卡塔尔，但是讽刺的是，它们有可能威胁卡塔尔人骄傲的历史独立感。全球化地理让多哈能够在一夜间生出堕落的热带花园，但也可能引发另外一种地理，让卡塔尔的少数人群无法承受，产生强硬的、普遍的宗教或帝国主义意识形态，而它们已经让许多弱小的、独立的国家走向灭亡。尽管如此，目前看起来卡塔尔人，尤其是统治阶级中的卡塔尔人并没有丢失他们的历史特征，即灵活外交、实用主义和忍耐，同时混合了坚定的独立感。

卡塔尔贫瘠的内陆，基本上就是波斯湾的一块干燥的、抬升的部分，对于卡塔尔作为一个国家的命运有着明显的影响。20世纪之前，对于卡塔尔的地理，人们知之甚少，以至于19世纪的地图家们常常把卡塔尔描绘成一个岛屿，而不是半岛，或者把卡塔尔降格为阿拉伯半岛东海岸伸出的一个小部分。西方地理学家常常错误地认为卡塔尔是巴林的一部分，例如，他们会把卡塔尔叫作"巴兰"（Bahran）。贝都因部落利用少量的自然泉水以及偶尔的降雨和矮树丛勉强度日。但是，卡塔尔一直拥有着隐藏的财富，最初是在海洋中采收的一桶桶珍珠，后来则是在地下和近海岸发现的石油。卡塔尔伸出到可能是地球上政治最不稳定的水域，这种地缘政治环境也使其成为极为重要的战略盟友。

三、模糊地理的利益与风险

卡塔尔的地理十分模糊，并不算是一个岛屿。559英里的海岸线，让卡塔尔有着岛屿的大部分优势，却没有与世隔绝的风险。在整个历史上，地理环境让卡塔尔和卡塔尔人能够与外界有足够的隔离，从而能够躲避强权，在需要的时候逃离视线，但是又没有隔离到被遗忘的程度。虽然早期的地图制作者将卡塔尔描绘为一个岛屿并不正确，但是有一块短短的、可防御的土地将卡塔尔连接到沙特阿拉伯，然后连接到阿布扎比，让卡塔尔人能够像岛民一样生活。连接卡塔尔和沙特阿拉伯的这块窄窄的土地自然成为边界争议的焦点。例如，虽然卡塔尔目前声称与阿联酋没有交界，但是阿联酋声称卡塔尔的南部边界有20英里为自己所有。沙特阿拉伯一直企图确立自己对卡塔尔南部边界的所有权。

现代之前，卡塔尔半岛的少数居民可能乐于继续维持自己的村庄生活方式，在波斯湾上捕鱼和采珠。卡塔尔并不是适合建立帝国或者区域性国家的地方。在历史上的多个时刻，大部分土生土长的卡塔尔人（指最早定居的部落，如苏丹、马阿德希德和巴尼·哈立德）希望不被打扰。尽管如此，卡塔尔的地理形势让这个国家十分矛盾，既与邻国在地理上分离且保持独立，同时也有潜力与地区和世界上的重大事件密切产生联系。

在发现石油和天然气之前，除了地理位置之外，卡塔尔的战略地位并不是特别重要。由于伸出到波斯湾，卡塔尔的地理位置使其成为海湾地区的强权国家——沙特阿拉伯、阿曼、波斯和巴林——的争议和权力斗争的中心。在19世纪，卡塔尔轻度的地理隔离使其既不远离大事件，又能够成为几乎完美的避难场所，所以吸引了各个国家和部落的流亡者，他们把卡塔尔作为英国人口中的"海盗行径"或者周边谢赫和埃米尔之间争权夺利的基地。如今的卡塔尔依然利用自己的地理位置作为手段，这个地理位置既是一种财产，又是一种风险。

第三章　卡塔尔的起源：在"出现"与"创造"之间

卡塔尔是世界上最不符合常识的政治实体之一。周边聚集了强大的、奉行扩张主义的邻国，自己伸出到几个世纪以来动荡不安的海湾水域，让卡塔尔拥有了海湾国家最奇特的建国经历。卡塔尔的萨尼家族政权与其他海湾国家掌权已久的统治家族不同，例如科威特的萨巴赫或者阿布扎比的扎耶德家族，这些家族早在英国统治这个地区之前，就在这里拥有了一贯的、尽管可能局限在当地的政治存在，但是萨尼家族则相对而言很年轻。本章后面将详细讨论穆罕默德·本·萨尼和英国在1868年签订的条约，这是卡塔尔的谢赫第一次得到正式认可。直到此条约建立了萨尼家族的中心地位，卡塔尔半岛缺少一个有凝聚力的独立中心。只有当19世纪中期，多哈（贝达）被选定为萨尼家族也许不算大的总部并开始发展时，这个独立的中心才出现。在18世纪的大部分时间和19世纪早期，北部的祖巴拉是卡塔尔半岛上的主要城市，但是，这个城市被视为巴林的附属。土生土长的卡塔尔村民早在1638年就建立了祖巴拉，但是当1765年科威特乌图布部落的哈里发和扎拉希马氏族迁徙到这里后，穆埃尔城堡和一个重要的贸易区才开始建立。1783年，巴林占领了祖巴拉，后来直接进行控制，在很大程度上不顾及周边的卡塔尔居民。[1]祖巴拉以外的小定居点的村民和族长有时候会彼此合作，抵抗巴林对卡塔尔半岛的扩张，但是并没有某个家族或者"卡塔尔谢赫"领导他们。但是，说卡塔尔完全是英国人为创造出来的，或者将萨尼家族政权的建立完全归功于英国人和奥斯曼人，其实并不准确，尽管萨尼家族和卡塔尔人确实利用了英国人的认可。英国起到的作用很容易被夸大。一位中东人类学的学者写道：

> ……认识到西方的力量和文化霸权，并不需要拒绝承认可以构造关于中东文化的普遍比较论点，也不需要由于通过西方的视角看待中东社会，而否认中东社会真正的历史和文化模式。[2]

虽然卡塔尔的政治连贯性对于英国很重要，但是英国人并没有只手创造卡塔尔。萨尼家族的崛起比该地区的其他统治家族更晚，但是其自身是一个重要因素，决定了自己能够成功控制卡塔尔，并通过武力或者外交让外国强权确信卡塔尔需要保持政治独立，以及萨尼家族需要统治卡塔尔，这个事实无法贬低。英国保护关系的专家詹姆斯·昂利认为，英国的保护"并不是强加的……英国在很大程度上符合了当地对于保护者的责任和权利的期望。"[3] 与在海湾地区远离大城市中心外围的地方居住的其他少量人口一样，卡塔尔人早就向邻国强权，如巴林和西边的沙特统治者阿卜杜勒-阿齐兹·本·沙特支付了保护金[1]，同时维持着事实上的独立状态。英国

---

[1] 阿拉伯语的英译为 khuwa。

只是这个易受帝国扩张影响的地区最新出现的强权。因此，不应该把卡塔尔看作英国人的创造，或者在很大程度上通过萨尼家族和卡塔尔人民的努力而出现的国家，相反，外部和内部元素共同作用，塑造了卡塔尔异乎寻常的崛起，在一块大部分空旷、贫瘠的土地产生了一个连贯的政治实体，最终在1916年正式签订了英国与卡塔尔友好条约，正式确认了英国对卡塔尔的保护。在非官方的美国统治权下，这种"保护"仍然以事实存在的方式继续存在。与对英国一样，出于必要，卡塔尔和萨尼家族与美国维持着密切的关系，尽管自身稳定地提升着独立的政治、外交和经济资本，他们仍将美国视为地区最重要的玩家。这种经济上的多样性有着深刻的文化根源，甚至可以在卡塔尔的古代历史中看到。

一、古代历史

虽然在卡塔尔还没有发现旧石器时代有人定居的具体证据，但是人类居住在卡塔尔半岛的最早证据依然十分古老。20世纪50年代，丹麦考古学家声称发现了一些石制工具，可追溯到超过5万年前。不过，1976年开始，一个法国团队开始对这些结果提出异议。使用碳定年法，他们发现的工具和人工制品不早于公元前6000年。[4] 2007年，丹麦和卡塔尔考古学家有了重大发现，他们发现的箭头可追溯到令人惊讶的70万年前。一位丹麦考古学家称："这些工具不只是阿拉伯半岛南部最古老的人类遗迹，也是全世界最古老的人类遗迹之一。"[5] 尽管对于卡塔尔的遥远过去存在这些争议，但是看起来卡塔尔一直有人居住，尽管人数可能不多。由于陆上资源很少，卡塔尔人自古以来就依赖着海洋和贸易。

卡塔尔，甚至整个海湾地区自古以来一直是美索不达米亚和印度次大陆之间的仓库和贸易链条。卡塔尔与公元前2450—公元前1700年间以巴林为中心的古代迪尔蒙文明有着联系。事实上，卡塔尔考古项目近期在胡尔沙基克进行的考古发掘就发现了迪尔蒙柏柏尔陶器。迪尔蒙为古代印度河流域文明和古代巴比伦之间提供了一个必要的贸易链条。迪尔蒙商人在海湾和印度洋之间来回行驶，用石油、银器、树脂和铜器进行贸易。

比阿特丽斯·德·卡尔迪，全世界年纪最大的、仍在工作的考古学家，为卡塔尔与印度河的古代联系提供了进一步的证据。比阿特丽斯·德·卡尔迪不只在卡塔尔工作，还在巴基斯坦的俾路支工作，在这里，她发现了灰色陶器上雕刻着各色图案，与丹麦考察队在卡塔尔发现的陶器相似。在拉斯阿巴鲁克，她和一个丹麦团队发现了公元前5000年来自美索不达米亚的乌贝德陶器。不屈不挠的比阿特丽斯·德·卡尔迪在拉斯阿巴鲁克发现了青铜器时代的带红色条纹的柏柏尔陶器，确认了卡塔尔是全世界最早的文明之间的一个垫脚石。[6]虽然如今很难想象卡塔尔是一个苍翠的原野，但是曾经有一段时期，这里的野草长到齐膝高。在史前遗址发现的工具展示了巨大淡水湖的证据。在公元前8000到公元前4000年，阿拉伯半岛的降水量剧增，让沙漠能够草木丛生。一些学者甚至声称，河流在阿拉伯半岛到处流淌，包括《创世记》中提到的比逊河。在卡塔尔，发现了用来准备野生谷物的石灰岩器皿。虽然以采珠为生的卡塔尔的社会历史肯定相对稳定，但是也有一些重要的、历史性的变动，例如伊斯兰的到来。

根据卡塔尔的传说，先知穆罕默德的使者阿拉·哈德拉米在公元628年被遣往卡塔尔和巴林。阿拉伯的部落被伊斯兰教打动，并且认识到新信仰带来的商业好处和征服，于是很快就转为信仰伊斯兰教。不过，有一些阿拉伯人仍然作为聂斯托利派，或者坚守拜火教或当地的宗教信仰长达几个世纪。虽然关于这段时期的信息很模糊，但是卡塔尔的一些定居人口很可能并没有立即转为信仰伊斯兰教。7世纪的一位重要的圣徒和潜修者，卡塔尔的艾萨克，成为叙利亚教会的领袖。[7]

尽管在过去两千年来，环境逐渐回归干燥，但是充满生机的珍珠贸易持续了几个世纪。近来在印度尼西亚的勿里洞海岸附近发现的阿拉伯三角帆船载满了大约6万件金器、银器、珍贵的钴和洁白的9世纪唐朝陶器，证明了在巴格达和唐朝中国的首都西安之间存在繁忙的海上贸易路线。装有非洲香木和阿拔斯王朝巴格达的精美纺织品和货物的船只从巴士拉出发，途经波斯湾，沿途在巴林、卡塔尔、伊朗和阿曼的港口停留，然后搭着季风驶向印度和中国。至今，阿拉伯三角帆船仍然在波斯湾和印度洋之间来回行驶。三角帆船是用非洲硬木和印度柚木建造的，并用椰皮纤维而不是钉子连接起来。在卡塔尔发现了中国的瓷器、西非的钱币，甚至泰国的硬币，陈列在卡塔尔北部的祖巴拉博物馆进行展览，它们说明了三角帆船在驶往印度洋的途中经常在卡塔尔的港口停留。卡塔尔海岸的胡韦拉是18世纪主要的采珠港口之一。卡塔尔东北部新建了一个堤道，旨在促进与巴林的贸易。在这个堤道附近，安德鲁·彼得森博士近期进行了发掘，揭示了20世纪之前，卡塔尔内令人吃惊的贸易量。这里活跃的定居点是按照部落家庭组织的。在定居点的大量遗迹中，有一些炮弹，证明了对于卡塔尔村民劫掠过往船只的枣子和食物供应的行为，存在一些报复。事实上，食物短缺常常是卡塔尔村民劫掠过往船只的原因，并不只是对获得物质财富的渴望。尽管现代船运网络十分可靠，卡塔尔仍然对其"食物安全"忧心忡忡。[8]

英国东印度公司的崛起，以及1622年葡萄牙人被逐出霍尔木兹海峡，开启了英国在该地区的商业参与甚至是公开的政治参与。一条经过叙利亚沙漠的新贸易路线将地中海与波斯湾和印度连接起来，提高了海湾地区在18世纪作为商业区的重要性。虽然荷兰人短暂地占领过波斯湾，但是他们的兴趣很快集中到了远东的亚洲市场。拿破仑在1798年入侵埃及，使英国人重新将注意力集中到了波斯湾。作为法国的殖民对手，英国想要确保通往印度的路线是安全的，而在这条路线上，法国也有主张。1798年，英国人成功获得了阿曼马斯喀特王朝的伊玛目的唯一支持，该伊玛目在整个海湾地区，包括卡塔尔在内，都有影响力。拿破仑的倒台，让英国能够放松对波斯湾的控制，法国人偶尔仍会骚扰英国人，企图赢得当地谢赫的支持。英国的海上统治力很容易镇压这些活动。拿破仑倒台后，对于英国人在其贸易通道上的活动来说，唯一真正的威胁是海盗和敌对谢赫之间的海战。这促使英国建立了停战（trucial）制度，即条约制度，包括1820年的全面和平条约和1853年的永久停战条约，这种体制本质上试图把海湾地区不稳定的社会模式组织起来，确认特定的埃米尔为指定的部分地区承担责任，即使这种责任更多的像是虚构作品而不是现实。奥斯曼帝国苏丹阿卜杜勒·哈米德在19世纪70年代试图集中权力，增加土耳其在海湾地区的陆上影响力，让事情更加复杂化。不过，企图围绕指定的、具有独立主权感的谢赫，让海湾地区变得稳定起来的尝试一直在进行，直到距离

1820年签署第一个停战协定几乎一个世纪以后才真正确立。在过去20年间,决定性的、合法的、被认可的边界才开始稳定。

二、萨尼家族的崛起

卡塔尔从巴林分离出来,成为独立的谢赫领地,并不是必然会发生的事件。1820年与波斯湾的阿拉伯部落签订了全面和平条约之后不久,麦克劳德上尉在关于波斯湾的报告中把小镇贝达(后来的多哈)描述为"受巴林管辖"。虽然卡塔尔被"阿奈内部落的一个叫作布赫·本·朱卜兰的谢赫统治着,其他所有谢赫都已经放弃了这个地方",但他简单地假设巴林控制着卡塔尔,尽管卡塔尔和巴林之间的交流似乎并不是特别明显。例如,"这里的人们似乎不怎么知道(1820年与英国人签订的)条约的条件,也没有旗子或者名册,而只有通过巴林的谢赫取得的一只船……"在萨尼家族崛起之前,英国人并没有意识到贝达的独立,而对这种意识推波助澜的,是麦克劳德的这个观点:"因为他们完全服从巴林,我认为没有必要过于详细地说明(卡塔尔)这个主题。"[9]尽管如此,麦克劳德上尉可能误读了贝达居民的忠诚,甚至"完全服从"巴林当局对于贝达居民意味着什么。事实上,就在两年前的1821年,英国船只以从事海盗活动为由轰炸了贝达,尽管这个小镇的居民明显不了解签订的条约。

不管怎样,布赫·本·朱卜兰无疑知道,作为被密切监控的巴林的独立前哨,能够收获巨大的利益。卡塔尔多次作为争夺巴林谢赫领地的人们解决争端的地方,而沙特王国的瓦哈比统治者则常常进行干预,因为保持巴林作为藩国使其能够得到利益——巴林定期向瓦哈比统治者进贡。例如，巴林的阿卜杜拉·本·哈利法的弟弟穆罕默德·本·哈利法利用卡塔尔海岸，"以便将其居民的船运资源收为己用，并与其同事（沙特氏族）保持开放的交流。"卡塔尔人利用巴林兄弟之间的争端来推进自己的事业：他们"坚定地支持穆罕默德·本·哈利法的事业，并使其在富韦里特（一个卡塔尔村落）扎下根基。"[10] 卡塔尔族长伊萨·本·塔里夫特别擅长召集和组织卡塔尔人。而另一方面，萨尼家族的崛起似乎让人难以想象，因为在19世纪50年代之前，关于卡塔尔人参与巴林和沙特氏族的政治斗争的描述中，很少提及萨尼家族。

事实上，在萨尼家族崛起之前，伊萨·本·塔里夫是英国人青睐的族长。他在1843年搬迁到贝达，这被视为：

> 一个在各个方面都被认为十分令人满意的安排，使他接受限制，并将那个（极难靠近的）港口交给了一个真心希望平定海盗活动的族长，对于他的决心，各方信心十足——他的意愿与贝达原来的谢赫萨勒明·本·纳赛尔·苏丹（苏丹的族长）全然不同……[11]

如果不是英国在当时进行干预，在多哈最古老的居民当中，最终成为卡塔尔统治者的本会是苏丹家族。事实上，直到最近，苏丹家族行使的非凡的权利和特权，他们在（例如）采珠业的免税权，才在现代卡塔尔中，萨尼家族庞大的财富和权力比较下相形失色。

尽管与萨尼家族关系不太遥远的家族中也出现了一代又一代的族长，但是直到19世纪中期，英国人承认了谢赫穆罕默德·本·萨尼后，卡塔尔才开始作为一个独立的政治实体出现。虽然英国人在不同的时间倾向于承认和支持以前的谢赫，例如伊萨·本·塔里夫，但是穆罕默德·本·萨尼更深刻地认识到需要屈服于英国人的要求，并尊重他们对于"海盗行为"的惩罚措施，尽管这些海盗行为并不在他的直接控制内。同时，他也学会了不完全听从英国人的指挥。如果不是穆罕默德·本·萨尼的领导，以及他灵活地对外国强权的干预进行外交操纵，卡塔尔很可能已经成为巴林王国甚至科威特的一部分。不止如此，甚至巴林也并不一直是卡塔尔最严重的威胁。有几个时期，看起来海湾地区所有的小酋长国都会被西边的沙特部落或者东边的波斯所吞噬。有几个大得多的国家本可轻松地同时吃下卡塔尔和巴林。1844年，上尉肯博尔在给孟买的英国政府的报告中写道：

> 小而富饶的巴林岛似乎在不同时刻强烈引发了多个国家的渴望。沙……在两个不同的场合表现出了想要占领这个地方的意愿；阿曼马斯喀特的伊玛目早就渴望着拥有这块肥沃的土地；现在我们发现土耳其当局在密谋劝说谢赫穆罕默德·本·哈利法（巴林哈利法家族的领袖）放弃独立，改为向奥斯曼高门效忠。[12]

虽然在卡塔尔半岛上有定居的捕鱼部落村庄，例如苏丹和巴尼·哈立德（一个强大的阿拉伯部落，1680年从奥斯曼独立），但是当海湾地区的官员和孟买的英国政府的代理人汇编卡塔尔半岛的第一份详细的英国记录时，统治卡塔尔半岛的是哈利法家族的流放者。例如，上尉肯博尔在1844年汇编了他对"阿拉伯乌图布部落"的研究，强调哈利法家族在海湾北部的统治，但是没怎么提到至少从16世纪开始就居住在祖巴拉和卡塔尔的居民们，例如纳伊姆部落、巴尼·哈贾尔贝都因人和马阿德哈。哈利法是阿拉伯乌图布分支（来自阿拉伯半岛中部的一个部落大联盟）的一个特别有冒险精神和信奉机会主义的家族。他们在18世纪从阿拉伯半岛迁徙到科威特。从科威特，他们拓展了贸易、渔业和海盗活动，在1783年控制了巴林岛，并把卡塔尔北部的小村落祖巴拉发展成为一个商业和贸易定居点。只有当19世纪下半叶，萨尼家族统治卡塔尔并使其作为一个独立的谢赫领地后，卡塔尔的贸易和联系才会朝向多哈和南部平衡。

哈利法和他们在祖巴拉的大定居点偏向北部，偏向于哈利法在科威特的大本营和更加富足、人口更多的巴林岛。从祖巴拉穿过一条相对短的水路，即浅浅的巴林湾，很容易抵达巴林。多达5000名商人、采珠人和商人居住在祖巴拉，在当时的这个地区，这是非常多的人口。然而，尽管一度是卡塔尔半岛上真正的城市定居点，如今祖巴拉几乎成为废墟，而原本相比祖巴拉而言只是小村庄的多哈，却成为光彩四射的大城市，这证明了萨尼家族坚持从巴林和哈利法独立取得了最终的成功。到19世纪末，萨尼家族已经建立了自己在卡塔尔半岛的权威，多哈的人口达到1.2万。到了1908年，祖巴拉和多哈西海岸的巴林村落基本上已被废弃。然而，在18世纪晚期和19世纪早期，萨尼家族从巴林独立出来并不是必然要发生的事情。即使在本世纪，巴林的哈利法和卡塔尔的萨尼家族之间的敌对也没有完全消除。卡塔尔的西海岸的哈瓦尔群岛少有人迹，但是拥有丰富的天然气和石油储藏，成为巴林和卡塔尔之间的争议点，几乎演变成严重的军事冲突，直到20世纪90年代国际法庭做出了更加有利巴林的裁决后才硝烟散去，但这是巴林和卡塔尔之间依然存在的紧张情绪的一个主要的例子。

尽管卡塔尔最终坚持其作为主权国家的状态，从巴林独立出来，其人口和政权迁徙到多哈，但是巴林的影响依然持续存在且非常重要。通过与萨尼家族联姻，哈利法可能依然是卡塔尔在权力和影响力上仅次于萨尼家族的部落。巴林人，包括什叶派和逊尼派，从石油收入和发展衰落开始迁徙到卡塔尔。哈利法统治下的祖巴拉是一个自由贸易区，由于不受关税影响，产生了一个庞大的商业社区。当萨尼家族试图在多哈创造和鼓励贸易时，遵循了祖巴拉的前例。作为共同文化和历史联系的象征，巴林的国旗是亮红色和白色背景被锯齿隔开，而卡塔尔的国旗则是褐红色和白色背景被相同的锯齿图案隔开，二者几乎难以区分；选择这两种颜色是因为英国要求他们的船只升起红色和白色的旗帜来表明自己是"友好的"。在停战海岸，并不是所有谢赫都乐于听从英国人对于旗帜的要求。在卡塔尔海岸活动的谢赫拉赫马·本·贾比尔对于旗帜的含义尤其持怀疑态度。在1823年关于"波斯湾事务"的报告中，英国的麦克劳德上尉相当狡猾地评论道：

> 我观察到，这位谢赫似乎认为，使用绥靖旗帜意味着与我国政府建立更加密切的关系，更加依赖于我国政府，尽管事实并非如此。于是，我找到机会向他解释，旗帜是阿拉伯的旗帜，而不是英国的旗帜；但是，与我们签署条约的那些部落同

意用一条白边圈住红色旗帜来区分自己,白色本身就是和平的象征,代表他们放弃海盗活动。[13]

在麦克劳德上尉看来,停战的所有谢赫都有可能从事海盗活动,需要被"绥靖"。在拉赫马·本·贾比尔看来,英国的干预和接受英国条约不只意味着绥靖,还意味着臣服。

三、拉赫马·本·贾比尔

拉赫马·本·贾比尔是那一代骄傲的、独立的冒险者中最后的一位。他是19世纪把卡塔尔作为前哨的造反者中最著名的一位。在很多方面,祖巴拉接近哈利法政权的中心,但是没有接近到让祖巴拉和卡塔尔避免被掌权的哈利法谢赫的兄弟和表兄弟们作为理想的叛变基地。卡塔尔要比相对隔绝的巴林岛大得多,也难以控制得多,冒险者和海盗也利用这里实现自己的目的,例如巧妙地利用了哈利法分歧的拉赫马·本·贾比尔。在这些方面,传奇的拉赫马·本·贾比尔是穆罕默德·本·萨尼的先驱者,而穆罕默德·本·萨尼就是建立了萨尼家族对卡塔尔半岛统治地位的那个人。然而,穆罕默德至少有兴趣在陆地上建立一个长久的权力基地,拉赫马则以海盗活动为生,直到英国增加对波斯湾的巡防,使海盗活动不再可行。如果英国是一个以陆地为主的帝国,如果保证巴士拉和孟买之间的海运安全对于英国不是战略需要,可能拉赫马及其后代会成为卡塔尔半岛及其水域的统治者。拉赫马是乌图布的贾拉西马分支的成员,在卡塔尔的基地与巴林和巴林航运作战。

虽然他的攻击从不是直接针对英国人的,但是英国政府不能忍受在他们到印度的关键路线上发生破坏和骚乱。拉赫马被迫签署了1820年的全面和平条约,与1824年巴林的统治者阿卜杜拉·本·艾哈迈德·哈利法和解,并终止海盗活动,他的主要收入来源。条约的第一条规定,"作为本条约的签约方,阿拉伯人将永久停止陆上和海上的劫掠行为。"另外,第四条有些像家长管制小孩一样规定,"绥靖的部落……不得彼此攻击。"[14]签署此条约基本上将巴林和卡塔尔放到了停战系统下,只要谢赫们能够维持水上的和平,这种体制让他们能够自己处理自己的事务。

虽然这个条约被誉为成功的"范本",但是墨迹还未干透,条约就被违反了。第二年,巴林和拉赫马之间再次爆发了战争。海盗拉赫马,一个至今在卡塔尔传说中仍然能够听到的名字,在这个注重荣耀和反抗的文化中以灿烂谢幕结束了统治。1826年,他被巴尼·哈立德和巴尼·哈利法的联合军击败。巴尼·哈立德是卡塔尔村落的渔民,他们并没有从拉赫马的劫掠中获利多少,而且厌倦了与巴林的战争造成的破坏(与之相比,萨尼家族则与巴尼·哈立德建立了密切的同盟关系)。作为波斯湾海上最后一个极为成功的谢赫,拉赫马清楚自己的遗产,决定宁死不降。巴林的英国政治驻扎官上校斯坦纳斯用戏剧化的场景描述了垂暮且双目已盲的拉赫马和他的儿子的最后时刻:

> ……拉赫马看到自己的部属在身边快速倒下,于是集结剩下的士兵,命令他们与敌人肉搏。拥抱之后,他的小儿子持着火把冲向弹药库,弹药库立刻爆炸,把他的船冲击成碎片,引燃了一艘巴林人的船,使其也遭受了相同的命运。

尽管沙迦的统治者和《阿拉伯海盗之谜》的作者苏丹穆罕默德·贾西米拒绝承认海湾地区存在海盗活动，认为袭击只是该地区反对英国控制的一种形式，但是他也承认拉赫马·本·贾比尔是一名"海盗"。[15]尽管如此，由于脱离了任何实际有效的政治控制，并且没有大量的人口居住，卡塔尔是海盗活动的一个非常有效的基地，似乎对于想要将其作为基地的任何谢赫或掌权人物都是开放的。

虽然海上袭击并没有完全停止，但是拉赫马的爆炸性死亡是一个时代的终结。大规模的、有组织的海盗活动不再是威胁，而对于桀骜不驯、魅力非凡的领导人来说，袭击也变得越来越不可取。居住在卡塔尔半岛，但是不一定参与了海盗活动的卡塔尔人常常被归罪，并且因为海盗们的活动而被牵连，遭受英国船只报复性的轰炸。在卡塔尔的早期历史中，萨尼家族埃米尔有时候会被要求为利用卡塔尔领土实施的袭击行为进行赔偿，尽管他在多哈以外几乎没有有效的控制，更不用说控制偶尔利用卡塔尔海岸线的空旷地带袭击贸易船只，从中获利的盖沃西姆和其他部落了。尽管如此，将卡塔尔作为方便的基地进行连续袭击，就像拉赫马控制时那样，已经不再可行了。拉赫马的死亡和英国海军的统治让卡塔尔转向内陆发展。卡塔尔的"统治者"已经不再能够有效地将其战略位置用作滩头堡。

英国海军统治成为新的政治现实，让贫瘠而少有人烟的土地变得比以往任何时候更加重要。有了英国人在海上巡逻以后，在内陆上能够维持自己权威的那些谢赫开始如鱼得水，以前的权力体制被翻转了过来，因为在以前，更加乐意，并且更加有能力从海洋中取得资源的部落及其领袖才能够繁荣发展。在第一次世界大战之前，几乎所有在孟买的英国代理人都将波斯湾的大部分地区视为混乱的地区，在前往印度的路上要尽快通过。开罗的英国代理人对于阿拉伯内部事务的重要性常常有着更加敏锐的理解，但是可能没有完全意识到英国在这个次大陆上的利益的经济重要性和影响，并且他们的决定几乎总是被孟买否决。孟买对海湾事务的这种控制，以及对海湾地区及其部落的重要性的无视，让萨尼家族有了足够的空间，不只从英国，还从贪婪的邻国那里坚持脆弱的独立。

四、英国创造了萨尼王朝吗？

英国似乎并没有欣然投入海湾事务中。英国代理人坦率地承认对"阿拉伯的海盗酋长"的"内部事务"不感兴趣。事实上，这种不干涉主义被"广泛地命令成为政府政策的第一原则……"。[16]1868年签订了一个重要的协议，确立了萨尼家族在卡塔尔的基本权威。三年后的1871年，英国外交大臣亲自宣布了官方对于海湾地区不感兴趣的态度：

> 绝不应该忘记，方方面面看，我们在波斯湾的立场是在政策的基础上确定的。其在条约中的根基非常脆弱。[17]

事实上，虽然对于签署条约的那些谢赫，英国人提出了严苛的要求，并进行了威胁，但是总体而言，他们也承认海湾地区的社会和政治结构，以及内部边界是反复不定的。"因此，要分别确定每个部落实际拥有的，或者声称拥有的土地的界限，没有现在的信息是无法做到的……"许多英国代理人都看不起"海盗滋生的海岸"的居民们。正是"确信英国政府的力量无坚不摧……让他们能够听命于英国政府的意志，阻断他们的海盗行为……"[18]英国很快认识到，存在所谓的"海盗活动"的主要原因之一是氏族想要从部落中脱离出来。

> 部落的某个分支，有时候人数达到数百人，想要逃离严苛的税赋和压迫，或者希望让自己拥有更大的豁免权或者优势，所以从自己合法且被认可的族长的权威和领土逃离到另外一个族长的领土，或者在其他某个地点定居并建立城堡，声称并维持独立，并不是罕见的……

事实上，正是19世纪早期海湾社会的这种易变性和不断变化的动态，让英国人最终觉得无法忍受。为了将海湾地区的"合法"族长"组织起来"，英国寻找能够与之做生意，且能够保证船运和贸易安全的族长。虽然一些卡塔尔的谢赫试图对抗英国人的权威（例如拒绝向英国人支付罚金的伊萨·本·塔里夫），而依赖于内部的同盟和荣耀法则，但是最终，英国海军的强大力量，以及英国人对所作所为最符合英国利益的那些族长的支持，让这些反抗者最终被征服。尽管英国人并没有创造出让萨尼家族登上权力顶峰的具体条件，但是卡塔尔君主制的出现表现出了英国帝国政策的总体需要。

在很多方面，19世纪早中期的卡塔尔是海湾地区部落领土和关系的多变性的极端展现。海湾地区其他部分的谢赫根基已固，广为人知，但是卡塔尔的君主制则在一块处女地上萌芽。新生的卡塔尔君主制不同于其他更加传统的伊斯兰君主制，例如在摩洛哥，君主家庭已经统治了几个世纪,而在奥斯曼中东部的大部,则由常常世袭的省督或奥斯曼总督统治。在1868年穆罕默德·本·萨尼和英国上校佩利签署条约之前,卡塔尔根本没有已知的君主制或者王朝继承的传统。

虽然在19世纪60年代,萨尼家族仍然只是"在同等地位中拥有优先权",但是仅仅几十年前,"在同等地位中拥有优先权"或者某个部落酋长和部落被提升到高于半岛上其他部落的地位,这种做法还并不常见。当时的卡塔尔主要是心怀不满的氏族或部落分支能够定居的土地,并且他们能够在这里找到一个独立的基地,继续从事采珠活动,而对于拉赫马来说,则是能够从事海盗活动。没有哪个部落能够声称自己统治了卡塔尔半岛,没有哪个酋长能够合理地声称自己代表了卡塔尔。即使到了20世纪,萨尼家族谢赫也只从多哈及其邻近地区的采珠人那里取得收入;其他谢赫控制着沃克拉的收入,而北部村落的收入只够向贝都因部落支付保护费。事实上,萨尼家族谢赫阻止在他的土地上袭击船运的能力十分有限,尽管英国人让他对"海盗"活动负责。[19]当然,村落有族长,但是他们对于自己定居点内的部落没有什么控制能力。感到不满的部落可以收拾行囊,离开这里,然后在其他地区定居,就像沃克拉的居民那样。沃克拉是19世纪40年代,阿奈内的荣誉被挑战之后出现的一个全新的定居点。根据一个调查,整个:

> 沃克拉小镇并不存在……后来被现在的族长阿里·本·纳赛尔建立。他和他的部落(卜艾吉曼)原来居住在贝达,但是由于惹怒了乌图布谢赫(巴林),他自己和他的追随者的住所

被那位谢赫摧毁，并考虑强迫他们迁徙到巴林。为了避免这种侮辱性的安排，阿里·本·纳赛尔和他的部落占领了目前居住的地点，杰拜勒沃克拉山脚下。[20]

事实上，19世纪卡塔尔房屋的建筑结构反映出了这种不定性。房屋是用芦苇、棕榈叶和泥巴建成的，很容易在其他地方重新建造。石制结构几乎不存在。大部分补给品和基本的食物都必须进口。水常常是咸水，而且水量有限，或者难以取水，使女性有时候要走几英里才能到达能够汲取饮用水的水井。对于19世纪早期的卡塔尔，一个令人奇怪的地方不是人口稀少，而是为什么居然有大型的定居点存在。巴林、伦格、阿曼和阿联酋的商业机会比多哈或卡塔尔多得多。但是，由于没有谁能够真正主张整个卡塔尔的土地，使得卡塔尔能够作为一个自由贸易的市场，吸引愿意冒着穿过半岛暗礁的风险来逃避税赋的商人。人们留在这里的主要原因和古代一样，是因为卡塔尔的近海岸有着丰富的珍珠资源。事实上，卡塔尔的大部分采珠人都是生来自由的，这在海湾地区可以说独一无二。至少50%的卡塔尔人口直接从事采珠工作，在海湾地区的比例最高。[21]过度依赖一种资源的风险很高。珍珠市场的衰落和变化会严重破坏村落，或者很容易让村落成为废墟。几乎所有供给品都需要进口，导致基本食物和必需品的价格高昂。

在19世纪50年代穆罕默德·本·萨尼巩固自己的地位之前，有其他几个部落和著名人物是贝达（多哈）的领袖。即使英国人也在几份报告中承认，萨尼家族并不总是被认作卡塔尔的代表。J.洛里默是印度总督寇松在游历海湾地区时的助理政治监督官，他在没有公开的《波斯湾秘密地名词典》中指出,英国政府完全认识到,萨尼家族并不总是掌控一切。[22]他写道:"到1868年,萨尼家族在卡塔尔取得了强大的影响力,对于他如何做到这一点,我们一无所知……"[23]不同于海湾地区的其他埃米尔,如科威特的萨巴赫家族据称已经统治了几代,阿联酋的部落也是如此,但是根据洛里默的说法,萨尼家族对于权力并没有深厚的历史主张。虽然洛里默的叙述并不总是完全可信的,而且很明显,他的叙述受到自己对于英国在该地区的帝国利益的解读的影响,但是有大量证据说明萨尼家族并没有真正行使权威,甚至在19世纪早期之前,萨尼家族谢赫并没有影响力巨大的角色。相反,卡塔尔的政治似乎非常多变。在1868年,英国人承认萨尼家族在卡塔尔和贝达(后来的多哈)的权威之前,统治极其不固定,围绕着不同的、组织松散的本地部落,在不同的谢赫和不同的家族之间变化着。一个部落变得比另一个部落更加有势力的内在原因似乎并不在于宗教关系或者是否是先知的后代,例如萨尼家族就是塔米姆,而且没有来自先知的家族,而是在于能力,并且很多时候也在于某个族长的个人魅力。权威似乎也并非源自部落在半岛上的居住时间更长。

事实上,如果卡塔尔由谁统治仅仅由哪个部落在这里连续居住的时间最长决定,那么权力将被正当地赋予穆塞莱姆家族,而不是萨尼家族。关于相当有权势的"卡塔尔谢赫",最早的记录之一来自奥斯曼。吉科里亚·库尔顺写道,"在1555年,有一位穆罕默德·本·苏丹·贝尼·穆塞莱姆(穆塞莱姆部落)是卡塔尔的谢赫,总部在胡韦拉",并居住在卡塔尔。在乌图布到来之前,穆塞莱姆部落控制着祖巴拉。他们甚至在巴尼·哈立德之前就居住在卡塔尔。[24]小镇胡韦拉现在是尘封的、被遗弃的废墟，但是在18世纪、19世纪之交，它比贝达更加重要。按照卡塔尔的第二个萨尼家族埃米尔，谢赫贾西姆·本·萨尼描述的萨尼家族历史，现任埃米尔的祖先直到18世纪50年代才从吉布林绿洲，后来又从科威特迁徙到卡塔尔。[25]除了在卡塔尔半岛比较知名以外，他们似乎并没有更特殊的地方，也没有成为历史记录的主题或者出现在英国船长的调查日志中。到了19世纪20年代，穆塞莱姆部落的人数被反超了。卡塔尔半岛的主要居住者是库瓦里部落（从属萨尼家族的一个部落）。但是，"由于没有任何中央当局，这些海边小镇和村落由本地谢赫治理着"。[26]在1850年之前，作为萨尼家族政权未来的首都和主要关注点的贝达（多哈），只有大约400名居民，不过游牧部落（如梅纳希尔）经常光顾这里。在采珠季，人口会膨胀到1200人。[27]

波斯湾的英国政治驻扎官上尉麦克劳德在1823年访问了贝达，发现管理贝达的是阿奈内家族的谢赫，而不是萨尼家族。被视为多哈代表的是卡塔尔的阿奈内酋长，而不是行踪少有人知的萨尼家族酋长。阿奈内帮助英国人调查卡塔尔海岸，如果他们要求脱离巴林或者能够说服英国人他们是独立的，本可以得到英国人的承认。袭击者拉赫马·本·贾比尔在被捕之前，是卡塔尔半岛上最有权势的人之一，也不是萨尼家族的成员。贝达之外，卡塔尔被任何最有能力有效控制土地的人统治着。1835年，小渔村胡韦拉的村民在伊萨·本·塔里夫的带领下，反抗巴林的权威，"开启了与沙特的瓦哈比统治者的联络"。[28]

直到1862年，贝达、多哈和多哈萨吉尔（彼此相邻的三个独立的定居点，后来组成了现代的多哈）才在穆罕默德·本·萨尼和一个巴林总督名义上的权威下联合起来。这群村落的人口数从几十人增加到了大约5000人。[29]这个巴林总督是哈利法家族的成员，娶了穆罕默德·本·萨尼的女儿。但是，到了1867年，穆罕默德·本·萨尼和巴林总督之间的关系破裂了。当穆罕默德出色的儿子贾西姆被囚禁到巴林后，一个巴林舰队在1867年摧毁了多哈大部。虽然看起来巴林和他们的阿布扎比盟友把沃克拉和多哈"抹去了"，但是萨尼家族和几个杰出的卡塔尔人最终决定直接对抗巴林。[30]

五、1868年协议

巴林和卡塔尔之间的冲突所引发的破坏让上校佩利十分困扰，他正式申斥巴林酋长违反自己的承诺，参与了未经授权的作战。他要求所有的争议都交由布什尔的英国政治驻扎官解决。上校佩利还在1868年与穆罕默德·本·萨尼谈妥了一个协定，也许可以说是一个正式的"条约"，这是英国人第一次承认卡塔尔的独立主权。这个协定更像是一个清单而不是条约，规定了穆罕默德·本·萨尼的责任，限制了他的选择，是穆罕默德·本·萨尼的一个承诺清单，英国人方面并没有真正的义务，但是尽管如此，这仍代表着英国人正式承认了他的能力，以及控制卡塔尔部落及为这些部落承担责任的权威。事实上，在2001年，巴林还声称这个协定并不足以支持卡塔尔正式独立的主张，因为协定要求穆罕默德·本·萨尼像以前一样维持与巴林的关系，而只是把任何异议交由政治驻扎官处理。[31]尽管如此，1868年的协定具有很重要的意义。虽然这并不是

"英国官员第一次与卡塔尔有交易",因为早在多年前,英国人就试图就海盗问题与苏韦迪酋长谈判,但是"代表了卡塔尔政治演化的一个里程碑"。它"暗含着"承认卡塔尔从巴林独立出来。[32]虽然为了加强1868年协定的影响而做了各种各样的努力,但是直到第一次世界大战时,英国才与卡塔尔签署了更加正式的条约。下面是穆罕默德·本·萨尼所做声明的内容,由他和上校刘易斯·佩利在1868年9月18日盖章:

> 我,卡塔尔人穆罕默德·本·萨尼,由耶和华见证,在此庄严地承诺执行由我与中校佩利,亦即波斯湾英国政治驻扎官,双方同意的以下条款。
>
> 1. 我承诺返回多哈并和平地居住在该港口。(穆罕默德·本·萨尼此前从多哈迁徙到卡塔尔北部的豪尔哈桑,以指挥针对巴林总督的作战。)
>
> 2. 我承诺,在任何时候,不以任何借口在海上进行有敌意的活动;当发生争议或者误解时,将寻求政治驻扎官帮助解决。
>
> 3. 我承诺绝不会帮助穆罕默德·本·哈利法,或者以任何方式与其建立联系。
>
> 4. 如果穆罕默德·本·哈利法落入我的手中,我准备把他交给政治驻扎官。
>
> 5. 我承诺与巴林酋长谢赫阿里·本·哈利法维持之前与巴林谢赫(在与穆罕默德·本·哈利法争夺巴林统治权的争议中获胜)存在的所有关系,当对于任何问题存在异议时,无论是货币支付还是其他问题,都应该交由政治驻扎官处理。[33]

这个有些简单的声明是卡塔尔的奠基文档,也是穆罕默德·本·萨尼维持与巴林的关系的最后承诺,具有超乎寻常的重要性。2001年,一份国际法庭报告在对巴林和卡塔尔的各种领土争端做出裁决时引用了这份文档,证明了其重要性。[34]在对卡塔尔和巴林的边界争端做出的判决中,法庭在第133段给出结论:

> (1868年)的协定承认卡塔尔的酋长与巴林的酋长具有平等的地位,而不在任何上下级关系中隶属于他,卡塔尔的任何领土也不受其管辖。巴林在本诉讼中给出的相反主张,没有得到1868年的两个主要协定(其中一个协定确定卡塔尔谢赫需要通过巴林进贡;见尾注32引用的上校佩利给孟买的报告的附录)的内容支持,也没有得到与它们的结论相关的文件和情境的支持……

尽管如此,需要2001年的一个国际法庭的判决来确定1868年声明的完整意义,这个事实说明了卡塔尔的实际主权的模糊意义。

比起穆罕默德·本·萨尼宣布的这些具体的承诺以及它们对于卡塔尔主权的意义,可能更加重要的是,对于卡塔尔国内政治发展和1868年后萨尼家族看似不可避免的崛起,它们意味着什么。事实上,上校佩利并没有单独要求其他卡塔尔谢赫同意协定,而是"致函给卡塔尔的所有族长,告知他们所做的安排,并警告他们,未来破坏海上和平的行为将招致严重后果。"上校佩利宣告称,"预计卡塔尔的所有谢赫和部落不会骚扰他(穆罕默德·本·萨尼)和他的部落。"此外，他明确保证了萨尼家族的最高权威的稳定性，称"如果有人不遵守，或者以任何方式破坏海上和平，将受到与巴林的谢赫穆罕默德·本·哈利法曾经受到的相同的对待。"[35]

虽然卡塔尔主要的族长大部分都在上校佩利舰队的母舰"警惕"号上，但是被选中做出宣告的是谢赫穆罕默德·本·萨尼。这个场景一定具有很高的象征意义。上校佩利没有离船登上卡塔尔的土地，就能够控制和安排整个事件，通过全面展示英国战舰的华丽和威力来让谢赫们臣服。[36]虽然上校佩利认为，这些动作让穆罕默德·本·萨尼成为整个卡塔尔的真正代表，但是船上的其他卡塔尔谢赫，"谢赫杰布兰·伊本·巴哈里、谢赫马哈茂德·伊本·赛义德、谢赫阿卜杜拉·伊本·马哈茂德、谢赫富图赫·伊本·莫汉那和谢赫拉希德·伊本·贾巴尔"并不认为穆罕默德·本·萨尼拥有如此绝对的权威。[37]事实上，有些讽刺的是，虽然上校佩利和谢赫穆罕默德·本·萨尼在9月18日签署了合同协定，但是在9月11日，各个部落族长先签署了一个协定，向巴林的谢赫支付损害金和进贡。[38]当然，在"警惕"号上人为制造的限制中，穆罕默德·本·萨尼能够收获至高的地位，但是这种地位并不是历史注定的。虽然其他谢赫认可穆罕默德·本·萨尼是最强大的谢赫，但只是把他选为自己的发言人，而不是君主。如果说英国在实质上创造了卡塔尔社会的社会和经济条件，就夸大了英国人在卡塔尔的实际权力和影响，但是英国人确实在一个曾经拥有变化不定的合法性和权力传统的社会中，创造了一种类别摩擦元素，一种身份的黏性。

"警惕"号上的会议不只确立了卡塔尔是一个更加独立的实

体，而且改变了卡塔尔的社会动态。多哈最受尊敬的人的权力基础不再是伊斯兰效忠[1]或马吉利斯[2]，而是英国海军的全面影响力。莉萨·安德森做出的观察恰如其分：帝国利益在中东创造了欧式的君主制之前，"政治权威的行使和正当化不是作为家族或财产的一方面，而是以宗教为基础。"[39]按照几个世纪以来的传统，合法统治的根基是伊斯兰原则和当地的条件。卡塔尔很小，国内的部落大部分来自内志地区，即现在的沙特阿拉伯，而且他们很多人都有亲属关系，所以这些部落认识其他所有部落的每个人。英国与卡塔尔建立条约并不是为了统治卡塔尔，或者主宰卡塔尔，而是试图按照欧洲对于统治、君主制和继承的分类和假设来理解卡塔尔。通过用自己的权力支持穆罕默德·本·萨尼，英国找到了一个可预测的、稳定的、尽管并非始终忠诚的人来代表卡塔尔。简单地说，英国需要在卡塔尔国内找到一个人来做交易。无论是有意或是无意，这种愿望在卡塔尔社会中产生了广泛的影响。当萨尼家族政权在卡塔尔的社会和国内历史中崭露头角的时候，英国人的干预"创造了"萨尼家族政权。但是，英国并不是唯一对卡塔尔有兴趣的帝国势力。奥斯曼也将卡塔尔半岛视为自己的陆上（而不是英国那样的海上）帝国中具有战略意义的一部分。

六、卡塔尔和奥斯曼

虽然英国人想要找出一个领导人的愿望和卡塔尔人想要有一个

---

[1] 阿拉伯语的英译为baya，指统治者与被统治者之间的宣誓效忠和义务。
[2] 阿拉伯语的英译为majlis，指阿拉伯部落和伊斯兰宗教传统中受敬重的谢赫组成的理事会。

领导人的愿望，支持着萨尼家族统治的主张，但是如果不是奥斯曼在卡塔尔半岛的干预，到19世纪末时，萨尼家族政权不会那么稳固。1868年的协定只是一个协定，而不是与英国人的正式条约。因此，与其他海湾国家不同，卡塔尔并没有与英国建立正式的条约关系，因此没有那么多的力量让自己免受奥斯曼政权在哈萨（位于海湾地区的西海岸）崛起的影响。通过征服陆地，而不是像英国那样控制海洋，奥斯曼提供了"正式的"权力边界，并授予了必要的权威，让只是在部落掌权的人们能够成为王朝的埃米尔。但是，即使在陆上，奥斯曼也不是没有专注的对手。利雅得的沙特遵守穆罕默德·伊本·阿卜杜勒·瓦哈卜德·本·阿卜杜·瓦哈比的极端瓦哈比主义，常常是奥斯曼的一个主要敌人。事实上，逊尼派奥斯曼人和瓦哈比人都指责对方是"不信教者"，应该对对方进行吉哈德[1]。虽然利雅得的沙特家族不断地丧失土地给奥斯曼，有时候还臣服于奥斯曼的宗主权，但是他们不断地回归，而且常常进行报复，重新在奥斯曼领土中取回自己的土地。从1795年到1818年，从1830年到1838年，以及从1843年到1871年，沙特家族控制着阿拉伯半岛东海岸的哈萨，并且时时侵犯巴林和卡塔尔。但是，在战略层面上，对奥斯曼构成最大威胁的并不是瓦哈比派，而是英国人。作为19世纪欧洲的权力政治和权力平衡的典型案例，奥斯曼虽然是"欧洲的病夫"，但是坚决地维护自己剩余的属地，抵抗英国人的侵犯。在发现石油前，英国人对于海湾地区的意图只是保护海上安全，但是奥斯曼人并不知道这一点，而是过高地估计了英国人征服

---

[1] 阿拉伯语的英译为jihad，意指"圣战"。

海湾的愿望。弗雷德里克·安斯库姆在《奥斯曼海湾》中写道:"过度怀疑(英国人)常常让他们把稀缺的资源用来应对很可能并不存在的外部威胁,而不是用来解决管理不当导致的问题。"[40]

不过,奥斯曼的存在对于卡塔尔的历史非常重要,主要是因为他们为萨尼家族(尤其是穆罕默德·本·萨尼的儿子贾西姆)提供了一个机会,使他们能够利用英国和奥斯曼之间的敌对来实现自己的目的。虽然许多人把1868年穆罕默德·本·萨尼得到承认作为萨尼家族统治的开端,但是直到1871年和奥斯曼的侵犯,萨尼家族才真正成为卡塔尔名义上的代表。随着奥斯曼的干预,萨尼家族开始了一段漫长的操纵国外政权,以保护和支持自己在卡塔尔半岛上的权威的历史,这种战略上的操纵常常很隐匿,有时候会明显一些,但是一直持续到了现在。

当穆罕默德·本·萨尼在1868年与英国人签署了条约之后不久,奥斯曼有了动机开始干预卡塔尔。1869年,奥斯曼在巴格达新任命的总督艾哈迈德·沙菲克帕夏建立了一个新的外交政策,用来巩固奥斯曼在海湾地区的陆上权力。尽管奥斯曼并不指望与英国人争夺海上霸权,但是通过控制阿拉伯半岛的海岸,他们可以把英国人排挤出海岸。奥斯曼利用父子之间的分歧,找到了进入卡塔尔的入口,而这种分歧后来成为萨尼家族政治以及外部政权干涉这种家族政治的一个为人熟知的特征。穆罕默德·本·萨尼拒绝承认奥斯曼的权威,并保持与英国人的联系和传统的部落根基。他一定正确地意识到了奥斯曼在卡塔尔扩张的野心。然而,他的儿子贾西姆接受了奥斯曼的存在。1872年,卡塔尔被设立为内志州治下的一个地区。谢赫贾西姆,而不是穆罕默德,被任命为不领薪水的地区总督，但是除了宗教上的天课[1]，卡塔尔不必向奥斯曼缴税。很快，贾西姆住所的上空升起了奥斯曼国旗；胡尔沙基克的阿卜杜勒阿齐兹和豪尔乌达德的酋长也很快效仿。谢赫穆罕默德的住所距离自己的儿子不远，但是他拒绝升起奥斯曼国旗。不过，这并没有在父子之间引发全面冲突。在很多方面，这种安排符合萨尼家族的需要。穆罕默德·本·萨尼支持英国人的保护，而贾西姆允许奥斯曼进入卡塔尔，这就防止了两个帝国势力做出过分的要求。讽刺的是，直到1878年穆罕默德·本·萨尼去世后，奥斯曼才开始明确要求利用卡塔尔来平衡英国势力。

七、祖巴拉的问题

然而，在1878年，纳伊姆家族在卡塔尔和巴林之间摇摆的忠诚，而不是奥斯曼人，让贾西姆有机会建立自己的权威，就像他的父亲在10年前做的那样。虽然贾西姆与奥斯曼建立了同盟，但是奥斯曼人拒绝帮助贾西姆处理卡塔尔内部的党派之争和巴林对祖巴拉的主张。虽然当1878年穆罕默德·本·萨尼去世的时候，贾西姆已经巩固了自己的大部分权力，但是仍然需要控制他父亲的直接追随者，特别是反对奥斯曼干预的那些人。当纳伊姆人在海上袭击了来自贝达的船只，并且巴林的谢赫向祖巴拉派遣军队，帮助纳伊姆人对抗萨尼家族之后，谢赫贾西姆有了自己的机会。事实上，巴林的谢赫与纳伊姆人保持了大量联系，这说明了海上边界的不确定

---

[1] 阿拉伯语的英译为zakat，此为伊斯兰五大信条之一。伊斯兰沙里亚法规定凡有合法收入的穆斯林，须抽取家庭收入的一部分用于赈济穷人和需救助的人，故又称"济贫税"。它是穆斯林最基础的义务之一。——译者注

性。英国希望抑制这种不确定性,以避免海上发生莫名其妙的冲突和混乱。限制纳伊姆人对于萨尼家族以及卡塔尔作为一个有凝聚力的地理表达出现大有裨益。按照英国官员的说法:

> 不应该鼓励巴林的首长派遣军队到陆地上增援他的盟友纳伊姆部落。恰恰相反,应该建议他依靠英国政府的协助,而如果有必要,英国政府会向他提供帮助,击退海上袭击,或者挫败陆上有威胁的行动。[41]

虽然英国人指责巴林人,并在实质上让由来已久的海上游牧行为(第二章讨论过)变得不再合法,但是巴林人和纳伊姆人并没有简单地放弃同盟,即使贾西姆在1878年摧毁了祖巴拉。巴林的谢赫继续为卡塔尔的纳伊姆人提供补贴,而纳伊姆人继续向巴林进贡。巴林的谢赫也稳定地在他的军队和私人保镖中任用100名纳伊姆人。[42]即使优势明显在卡塔尔和萨尼家族一边,祖巴拉、纳伊姆人和巴林的问题并不会简单地消失。不过,由于英国人的阻止,来自祖巴拉、巴林和纳伊姆人的威胁并不会长久维持下去,却在卡塔尔南部的部落中让萨尼家族拥有了一个合法性的来源。

奥斯曼证明对萨尼家族是有用的。事实上,贾西姆与奥斯曼总督纳赛尔·本·穆巴拉克多次密谋推翻巴林的谢赫伊萨。[43]只有当贾西姆明确认识到,奥斯曼对于限制英国人对海湾地区的控制更感兴趣,而不是帮助萨尼家族获得自己的利益时,与奥斯曼的关系才开始恶化。虽然被授予副总督的职位,并且在官面上是高门和奥斯曼苏丹的封臣,但是谢赫贾西姆从来不愿意让奥斯曼在卡塔尔建立

87

真正有效的影响力，更不用说直接的统治了。

八、瓦吉巴之战

如果说卡塔尔与巴林的冲突帮助巩固了萨尼家族政权，卡塔尔从其主要的内陆殖民保护国奥斯曼取得独立，为贾西姆·萨尼提供了权威的光环。1892年10月，奥斯曼总督穆罕默德·哈菲兹帕夏率领大约200名奥斯曼士兵来到贝达，要求在祖巴拉和豪尔乌达德建立一个更大、更永久的基地，并要求有管理人员和政府代表。奥斯曼在贝达已经驻扎了分遣队，这些基地是另外的要求。谢赫贾西姆拒绝与总督会面，并与一队战士驻守在瓦吉巴的城堡中。奥斯曼总督绑架了谢赫贾西姆的弟弟谢赫艾哈迈德·本·穆罕默德·本·萨尼和13位重要的卡塔尔酋长，把他们困在奥斯曼船只"马里赫"号上。贾西姆对自己的国家有着清楚的认识，他利用自己作为防御者的身份快速做出反应。绑架卡塔尔部落的酋长，只是坚定了卡塔尔人的决心，不管他们是不是属于萨尼家族。贾西姆雇用游牧战士（主要是巴尼·哈贾尔）和信使来拦截奥斯曼的送信人，阻止来自哈萨的奥斯曼增援。当总督到达瓦吉巴时，贾西姆和他的由卡塔尔部落组成的小分遣队利用瓦吉巴的水井和战略食物储备，击退了庞大而饥渴的奥斯曼军队。最终，大约400名卡塔尔人（包括女性、男性和儿童）被杀，但是谢赫贾西姆和卡塔尔实质上让卡塔尔从奥斯曼的直接干涉中独立出来，并向奥斯曼展示了自己并非简单的是分散的一群部落，刚好居住在对于奥斯曼人和英国人的权力游戏具有战略意义的一个半岛上。在贾西姆的领导下，卡塔尔人让自己成为值得尊敬的力量和存在。虽然奥斯曼仍然会在自己更广大的战略行动中利用卡塔尔和萨尼家族,但是卡塔尔人更多地被视为盟友,而不只是棋子。在瓦吉巴事件后不久,贾西姆直接向伊斯坦布尔的高门写了一封措辞巧妙的信函,展示了偏远的阿拉伯半岛上的一个省份的这位好斗的地区总督已经提升了自己的外交声望。苏丹阿卜杜勒·哈米德二世亲自任命人员,批准了对瓦吉巴事件的调查,并同意罢免穆罕默德·哈菲兹帕夏的职位。[44]

在瓦吉巴之战中,谢赫贾西姆借助卡塔尔部落的联合力量,击败了土耳其人。近来,这场战斗被用来把谢赫贾西姆提高到"国家建立者"的地位。2007年卡塔尔第一次庆祝国庆日时,我在场目睹。国庆日举行了阅兵,盛大展示了卡塔尔的国旗和其他国家象征。甚至在一些场合,传统上为白色的卡塔尔男性长衫[1]配上了与国旗颜色相同的背心。谢赫哈马德建立了一个国家国庆日组织委员会(SNDCOC),负责精心组织一些活动,将卡塔尔的遗产和历史与萨尼家族领导下的"统一"的概念联系起来。按照SNDCOC的说法,贾西姆是"带领国家走向统一的统治者"。[45]其关注点明显是只有萨尼家族的领导才能避免部落分歧,而不是部落在支持谢赫贾西姆时发挥的作用。有意思的是,国庆日在庆祝的规模和重要性上已经超过了独立日,尽管这个节日从2007年才开始举办。究其原因,正如后面将要提到的,从英国独立时并没有伴随着任何制度斗争,相反,在一些情况下,伴随着想要维持英国保护的一种愿望。

选择贾西姆而不是穆罕默德·本·萨尼有一个更隐匿的原因:这样能够进一步边缘化来自艾哈迈德,即贾西姆的弟弟的萨尼家族

---

[1] 阿拉伯语的英译为thob。

分支。通过让贾西姆而不是穆罕默德成为"国家"英雄和建立者，贾西姆的后代就有了更明确的统治的主张。

九、奥斯曼影响的结束

贾西姆击败奥斯曼人，是高门的阿拉伯臣民进行反抗和要求独立的更大的模式的一部分。到了1902年，奥斯曼已经大大衰弱，于是贾西姆将他的精力集中到保护卡塔尔不会成为年轻的阿卜杜勒－阿齐兹·伊本·沙特的野心的牺牲品，当时阿卜杜勒－阿齐兹·伊本·沙特已经让利雅得回归瓦哈比派。事实上，就在这一年，贾西姆正式归信瓦哈比，尽管早在几十年前卡塔尔就已存在瓦哈比派。这种皈依更多的是具有象征意义的政治行为，是对沙特家族的影响的一种抢先认可。然而，到了1913年，伊本·沙特领导下的瓦哈比扩张已经直接影响到了卡塔尔的生存。在这种情形下，卡塔尔的新统治者阿卜杜拉·本·贾西姆与英国签署了正式条约，预示着英国积极参与卡塔尔和卡塔尔历史的一个新时代的到来：英国成为卡塔尔的保护国。

十、结论：发现石油前萨尼家族成功的原因

总之，萨尼家族在卡塔尔成功建立王朝有几个原因，一些是英国干预的结果，一些则属于卡塔尔和萨尼家族内部的特殊因素。

1. 漫长的统治。前两位萨尼家族谢赫，即始祖谢赫穆罕默德·本·萨尼和他的继承者贾西姆·本·穆罕默德，甚至包括第三代谢赫阿卜杜拉，都活了很大的年纪。这种连续统治为少有中断的可靠性创造了先例。

2. 继承和权力的连续性。统治一直保持在萨尼家族内。除了家族和主要部落的领导者的宣誓效忠，原本并不存在继承的原则、制度或先例，这就允许萨尼家族在每次继承后定义权力的现实。

3. 稳定的定居点。半岛上的其他主要部落常常迁徙，以寻求更好的市场或机会，但是萨尼家族不同，他们稳定地居住在贝达和多哈地区。这建立了他们的权威，并为自己在这块土地的统治权力建立了传统的、先祖留下的先例。

4. 权威真空。卡塔尔权威的好处虽然很大，但是却没有发现石油之后那样大。由于相对缺少对这种权威的争夺，萨尼家族有了空间来建立强大的现状。

5. 英国和奥斯曼的干预。前面解释过，萨尼家族谢赫让英国和奥斯曼为利益彼此对抗，自己从中渔利，巩固自己在卡塔尔的权力和地位。向更强大的外国强权进贡，以保护自己的地位，是海湾地区历史悠久的传统。

6. 传统的效忠。萨尼家族依赖卡塔尔其他部落的效忠，而不是服从。这种效忠不只是因为英国命令卡塔尔其他部落尊重萨尼家族的权威。萨尼家族需要这种相互的忠诚来保持自己的权力。

7. 卡塔尔各色人群的统一符号。正如瓦吉巴之战取得的戏剧性胜利所展示的，萨尼家族埃米尔能够成为一个召集点，让卡塔尔人联合起来对抗外部强权的僭越。卡塔尔人用来庆祝贾西姆领导的国庆日，就是用来主动提醒卡塔尔人这种象征意义的。

上述原因解释了萨尼家族为什么能够持久统治。这些是发现石油之前的原因。石油进一步巩固了萨尼家族在卡塔尔的权力。

第四章　创造社会现实
——20世纪的卡塔尔和英国人

在畅销书《枪炮、病菌与钢铁》中，贾雷德·戴蒙德认为，欧洲人之所以能够殖民和统治亚洲社会，是因为拥有更先进的科技。[1]按照戴蒙德的说法，直到进入20世纪之后很久，才开始有社会成功地抵抗欧洲的统治。然而，卡塔尔并没有被彻底殖民化。奥斯曼只能对卡塔尔土地进行脆弱的控制，真正的权力仍属于穆罕默德·本·萨尼。在穆罕默德·本·萨尼及其继承者们（尤其是谢赫贾西姆·萨尼）的领导下，卡塔尔人利用丰富的资源让两个外部强权保持在安全距离以外。在一代又一代坚韧而且通常很精明的萨尼家族埃米尔的领导下，卡塔尔人成功地抵御了外部强权的全面统治。他们的手段不是先进的技术，而是灵活的外交和谈判。只有别无选择时，例如1892年在瓦吉巴与奥斯曼的战争，卡塔尔人才会使用武力保护自己的地位。卡塔尔人不断地在对手中寻找合作伙伴。当第一次世界大战让奥斯曼无力再平衡英国人的影响时，谢赫们求助于美国石油承包商来与英国人竞争，从而获得更大的让步。如今卡塔尔同时联系伊朗和美国，可以说这种平衡对手利益、邻国和强权的做法延续到了今天。虽然和如今一样，当时有外国强权对卡塔尔有兴趣，但是卡塔尔避免了像印度或非洲那样，甚至埃及托管地那样被"殖民化"。与其他后殖民国家的欢欣鼓舞和解放的体验不同，许多卡塔尔人和卡塔尔王室对于20世纪60年代后期，英国军队的保护和承诺化为乌有感到震惊。对于卡塔尔来说，英国更像是顾问而不是殖民强权，提供了咨询和官僚服务，而且还为卡塔尔和萨尼家族提供了免费的军事保护。毕竟，大英帝国最早承认穆罕默德·本·萨尼作为卡塔尔的领袖。

一、英国在卡塔尔兴趣的增加

虽然在1868年的条约中，穆罕默德·本·萨尼宣布了对英国的义务，但是在第一次世界大战之前，奥斯曼仍然严重影响着卡塔尔的内陆领土。直到1916年，卡塔尔才与英国签署了正式的保护条约，但即便如此，英国也几乎没有对卡塔尔进行直接的政治干预，直到1949年，第一艘装满原油的大型船只驶离卡塔尔海岸，情况才发生变化。1949年之前，由于珍珠市场崩溃，以及第二次世界大战期间石油勘探和开采活动停止，卡塔尔经历了严重的经济衰退，甚至有卡塔尔人饿死的描述，这在今天是完全不可想象的。英国的介入以及在保护关系下最初建立西方机构，帮助巩固了当时的部落安排。作为被青睐的统治部落，萨尼家族得到了特别的权力，英国人经由萨尼家族来处理自己在这里的大部分事务。不过，在卡塔尔也存在其他强有力的商业和政治利益。例如，经商的什叶派法丹家族拥有的财富远超萨尼家族。虽然英国人的干预很重要，但这种干预却是相当松散的，即使到了20世纪60年代，卡塔尔开始接手自己的大部分外交事务，加入欧佩克（石油输出国组织）、世界卫生组织和联合国教科文组织等组织时，情况也没有变化。

英国统治对于大得多的被保护国和殖民地（如埃及和印度）的社会层级和结构的影响已被全面记录。类似地，本章的观点是，在萨尼家族精英的协助下，英国的保护关系种下了制度发展的种子，但是这种制度更有利于特定的根深蒂固的部落利益，并让萨尼家族能够牢牢地把控治理和国家建设。

二、英国-卡塔尔友好条约

就像祖父在1868年签署了条约，1916年11月3日，谢赫阿卜杜拉·本·贾西姆·萨尼登上了一艘英国舰船"劳伦斯"号，就像他的祖父那样被英帝国力量的牢笼包围着，与英国代表中校珀西·考克斯爵士谈判一个新的条约。条约的撰写者以谢赫阿卜杜拉的口吻撰写，展现了穆罕默德·本·萨尼和谢赫阿卜杜拉在与英国签署的条约的相似性。第一段写道：

> 先祖父谢赫穆罕默德·本·萨尼于1868年9月12日签署了一个协定，承诺不做任何破坏海上和平的行为，向英国政府承诺的这些义务移归他的继承者我的身上。[2]

英国人的利益和卡塔尔谢赫的制度之间的历史链条明确确立，不过，英国-卡塔尔友好条约要比相对简短的1868年协定深入得多。

虽然没有提及英国和卡塔尔之间的众多非正式协定和谅解，但是1916年11月的英国-卡塔尔友好条约还是成为卡塔尔的被保护国状态的明确法律基础。1868年的条约短得多，更像是一种意愿声明而不是复杂的法律文件，而1916年的英国-卡塔尔友好条约则反映了萨尼家族统治和卡塔尔作为一个独立的政治实体的成熟，也反映了卡塔尔和英国之间越来越有必要保持一种更加密切的关系。谢赫阿卜杜拉更加细腻，常常被认为不具有他的广为人知的先辈（穆罕默德·本·萨尼和谢赫贾西姆）的那种大胆的领导技能。虽然阿卜杜拉·本·贾西姆（统治时间为1913—1949年）并不总是最灵巧的统治者，但是他通过种种手段强化卡塔尔独立法律实体的地位，不只是大胆的对抗和传统的地区谈判，还包括坚持不懈，以及混合运用合作的态度和固执的态度来暗地操纵英国的利益，让英国人既感到满意，愿意帮助他获得自己的利益，又不会感到可以安全地忽视他或者卡塔尔。然而，从一开始，阿卜杜拉手里的筹码就比英国人的要求更多，所以没有必要担心。与卡塔尔现在的王储塔米姆王子一样，阿卜杜拉（贾西姆的第四个儿子）是他父亲最喜欢的儿子，贾西姆让他在1905年成为多哈的总督，让他为接手政权做好准备。然而，贾西姆死后，出现了严重的国内威胁。

在谢赫阿卜杜拉的眼中，可能最重要的威胁是他父亲与沙特阿拉伯未来的国王伊本·沙特（直到1932年，内志和汉志王国统一，沙特阿拉伯才正式成立）之间的紧张关系。对于谢赫贾西姆支持土耳其卫戍部队驻扎在卡塔尔土地上，伊本·沙特并不喜欢。1913年巴林的政治驻扎官少校特雷弗甚至认为"伊本·沙特有可能试图完全接手卡塔尔"。[3]事实上，在贾西姆死后，在土耳其人、沙特人和英国人之间取得平衡变得非常困难。但是，事实上，卡塔尔国内的情况似乎更加危险。有一些错误的报道和流言称，谢赫阿卜杜拉自己家族的成员谋杀了他。当谢赫阿卜杜拉的弟弟和对手谢赫哈利法·本·贾西姆·萨尼与伊本·沙特密谋推翻阿卜杜拉后,卡塔尔似乎再次走到了被沙特家族吞并的边缘。后来,这种情况对英国构成了一个严重的问题,因为:

> 如果卡塔尔落入伊本·沙特的手中,停战的族长们(以阿布扎比为首)面临的后果会非常严重。今年他们已被瘟疫造成的破坏严重折磨,而且不止如此,欧洲爆发的这场灾难性的战争给他们造成了金融毁灭。[4]

如果伊本·沙特决定进军到停战国家,那么英国人与伊本·沙特不可避免地要发生冲突,但是英国人决心不让这种情形发生,因为冲突会把伊本·沙特推向奥斯曼一边。事实上,阿卜杜勒-阿齐兹·伊本·沙特并没有参与到阿拉伯反抗奥斯曼的斗争中,他将在1914年承认奥斯曼的宗主权,让自己的精力集中到击败北部的对手阿勒拉希德。另一方面,英国人不希望卡塔尔落入奥斯曼的潜在盟友手中。在认识到贾西姆的去世和卡塔尔的不稳定造成的严重危险后,英国人决定全面支持谢赫阿卜杜拉。在这种背景下,英国-卡塔尔友好条约被构想出来。

英国-卡塔尔友好条约的第一条重申了海湾国家和英国之前签署的协定的许多原则,要求与"英国政府合作,镇压奴隶贸易和海盗行为,维护海上和平。"该条款宣布,卡塔尔将被包含到英国与"阿布扎比、迪拜、沙迦、阿治曼、哈伊马角和乌姆盖万"的阿拉伯谢赫签署的"条约和约定"中。

正如这个列出了之前的协定的列表所指出的，与海湾地区的其他酋长国相比，卡塔尔收到这种正式承认的时间相对较晚。巴林的条约在26年前的1880年谈判完成，并在1893年再次签订。卡塔尔的条约在1899年签订。阿联酋和卡塔尔的谢赫最晚签署条约。事实上，最高层，包括印度的总督寇松（他在1903年访问了海湾地区），做出了一些努力来正式确立卡塔尔的被保护国状态。正是在这次访问期间，总督寇松对停战国家的谢赫做出了著名的演说，表明了他眼中英国对这个地区的兴趣。"为什么大英帝国依然在行使这些权力？"寇松用下面这个成就单总结了英国的利益，回答了自己的问题：

> 你们国家和家族的历史，以及海湾的现状，就是答案。我们来到这里的时候，还没有哪个现代国家在这片水域出现（注意他根本没有提到法国和葡萄牙）。我们发现了你们彼此争斗，于是建立了秩序。我们的商业和你们的安全都受到了威胁，需要得到保护。英国国王的臣民们依然居住在这些海岸上的每个港口，并在这里进行贸易。我们有责任保护的印度帝国几乎就在你们的大门口……

寇松继续表达着英国无私的美德，就像近来美国在干预海湾地区事务时使用的措辞一样：

> 我们不会抛弃这个世纪付出了高昂代价，但是取得了胜利的事业；我们不会擦除历史上最无私的一页。这片水域的和平

必须维持下去，你们的独立将继续维持下去；英国政府的影响仍将至高无上。[5]

虽然他在海湾地区的野心极大，但是并不是英国帝国机构的每个人都认同他的哲学。寇松试图正式确立与卡塔尔的关系，但是英国驻伊斯坦布尔苏丹高门的大使阻碍了他的努力，因为大使担心，奥斯曼已经在卡塔尔半岛建立了影响力，英国在卡塔尔内的进一步干预会不必要地让奥斯曼不高兴。然而，第一次世界大战的爆发以及战争期间英国与其帝国日益增长的通信需要，立即让英国迫切地需要与萨尼家族建立正式关系，就像与其他重要的阿拉伯谢赫和领袖一样，包括伊本·沙特和麦加的谢赫。按照英国的战略计划，阿拉伯将与英国合作来对抗奥斯曼，以换取英国承诺的更大自由。通过维持与各个谢赫的关系和条约，英国建立了谢赫们在国内的权力以及持续的王朝权威。[6]

英国-卡塔尔友好条约之所以很重要，不只在于条约的内容，也在于条约暗示的意义。例如，与1868年的条约一样，英国-卡塔尔友好条约旨在加强阿卜杜拉的权力，而没有考虑到卡塔尔当地政治的多样而复杂的权力结构，注意这一点很重要。正如第一句的第一个词"我"所清楚表明的，这个条约不是英国和卡塔尔之间的条约，而是英国和萨尼家族统治者谢赫阿卜杜拉之间的条约："我，谢赫阿卜杜拉·本·贾西姆·本·萨尼，承诺我将……"英国精英理解的谢赫领地是专制的沙漠贵族制，这为现今的专制创造了法律基础。这种专制既基于英国人的假设和愿望，也基于经过谈判的、复杂的卡塔尔或阿拉伯社会现实。阿卜杜拉和卡塔尔之间几乎没有做出区分：从法律的角度来说，他们被认为几乎是一体的。条约中只提到了阿卜杜拉的签名和印章，而没有提到本·阿里家族、苏丹家族或库瓦里，或者阿卜杜拉家族对手的签名和印章。

珀西·考克斯爵士是英国的代表，其姓名被缀到了英国–卡塔尔友好条约的后面。阿拉伯人把珀西爵士称为"库克兹爵士"，他与半传奇性的政府官员格特鲁德·贝尔和威廉·H.I.莎士比亚（死于1915年）一样，是一位帝国外交官和冒险家，似乎以一己之力改变了阿拉伯世界，侵占了当地参与者的权力。[7]例如，当总督寇松前往马斯喀特拜访珀西·考克斯爵士后，得到的结论是，考克斯不仅逐出了支持奴隶贸易的烦人的法国人，而且管理着整个地区。[8]作为一个职阶快速提升的高级官员，珀西爵士眼中的卡塔尔是又一个符合英国的帝国需要和目标的被保护国。对于限制敌对的卡塔尔氏族在国内的权力，最重要的手段之一是控制武器在卡塔尔国内的分配。英国人实际上让萨尼家族成为唯一合法的武器分销商，从而让他们拥有绝对的权威来控制武器和作战手段。

事实上，英国人非常清楚阿卜杜拉在家族内的地位并不稳固。在与科威特的政治驻扎官中校格雷的讨论中，谢赫阿卜杜拉指出，

> 他的表兄弟和哥哥哈利法都嫉妒他的位置，只要有机会，就会与阿布扎比（老敌人）或其他人密谋推翻他。我建议他和英国政府签署第一个协定，这会让其他人意识到必须放弃这种阴谋；他承认，这些人担心在攻击他之后会遭到我们的报复……[9]

显然，英国人并非不知道卡塔尔国内对阿卜杜拉的异议。而且，他们指出，英国新近与阿布扎比签订的协定阻止他们干涉卡塔尔的内部事务。格雷甚至同意向阿卜杜拉提供一个"野战炮"，比他哥哥在多哈以北4英里的野战炮更先进。[10] 珀西·考克斯提出"把哈利法召集到'劳伦斯'号船上，对他进行说教或者警告，或者给他写封信……"[11] 英国把利益收紧到围绕一个"稳定的"统治者，这一点变得十分明显——卡塔尔的传统社会权力动态立即感受到了英国的影响。英国人不再是一个遥远的伙伴，只要萨尼家族埃米尔能够自己抵抗问题，就在名义上支持他。珀西·考克斯计划的并不只是羞辱性的"说教"，而是只允许谢赫阿卜杜拉控制武器的进出口，这是提高谢赫权威最有效的方式之一。

条约的第三条为卡塔尔的武器出口和重要的贸易设立了限制，但是也只给了谢赫阿卜杜拉一个人从阿曼的马斯喀特武器库进行"私人"购买的权威。这些武器供谢赫自己使用，或者用来武装他的"臣民"。事实上，他不得武装其他部落，或者把武器销售给"公众"——非萨尼家族部落。这个条款并没有限制他的权力，而实际上建立了他对武器的垄断，同时，英国-卡塔尔友好条约还让他有借口来处理其他部落的任何异议。

我郑重承诺，在任何情况下，不会在我的土地上出口提供给我的武器和弹药，或者把它们销售给公众，而只会把它们用于满足我的部落和臣民的需要，我必须武装他们来保持我的领土上的秩序和保护我的边境。依我看来，每年需要的武器最多为500件。

在条约最初的草稿中，英国本打算给阿卜杜拉提供1000件武器，并允许他更加自由地分配武器。但是，最终的草稿修改了这些规定，按照珀西·考克斯的说法，这是为了"合理地防止谢赫把我们支持的步枪销售给公众"。[12]虽然有一些证据表明，武器贸易稍有减弱，但是"劳伦斯"号舰上的中校报告称，谢赫阿卜杜拉提到"一些阿富汗人来到港口，希望购买步枪，但是两手空空地回到了他们的国家"。[13]尽管如此，把购买武器的权力集中到谢赫手中，大大提升了他的地位。条约签署后，阿卜杜拉几乎立刻请求从马斯喀特购买步枪。他特别喜欢303卡宾来复枪，这种枪支采用了马提尼枪机，可由骆驼骑兵使用。[14]

谢赫阿卜杜拉对于第六条表达了"不安"，因为这个条款允许英国人征收关税。[15]与此同时，该条款隐含着允许谢赫阿卜杜拉维持对海关的控制，在发现石油前这是重要的收入来源。

然而，英国对于萨尼家族权力的支持，在国外事务上不复存在。第四条几乎把卡塔尔的全部外交政策交给了英国政府，甚至禁止卡塔尔在没有英国政府的同意下与"其他任何政权"通信。阿卜杜拉也不得"把土地以租借、销售、转移、馈赠或其他任何方式割让给其他政权或其臣民"。禁止把土地销售给非卡塔尔人，最初是英国战略的一部分，是为了控制卡塔尔的外交承诺，一直延续到如今，但是人工岛上的珍珠开发是个例外。阿卜杜拉还承诺卡塔尔人不会授予任何人"采珠特许权，或其他任何专营权、特许权或电缆登陆权"。规定这个条款，主要是因为之前，法国人尝试过与卡塔尔建立珍珠贸易。珀西·考克斯并不知道，卡塔尔下面有着巨大的天然气和石油储藏。

第七条到第九条进一步规定了英国对卡塔尔的保护。第七条敦促阿卜杜拉"承诺允许英国臣民居住在卡塔尔进行贸易,并保护他们的生命和财产安全"。这些"英国臣民"并不一定来自英国,也包括整个大英帝国(包括英属印度)的帝国臣民,这让阿卜杜拉和英国人之间产生了一些紧张。卡塔尔的珍珠商人和采珠人似乎憎恶南亚人享受的特权。按照中校格雷的说法,阿卜杜拉称:

> 卡塔尔人依然强烈地不喜欢外国人,不会同意接纳外国商人,(这个条款)将让他时刻担心,他的臣民恶劣对待这些人会给他自己招致什么样的麻烦。

事实上,阿卜杜拉想要保持阿拉伯商人在卡塔尔的商业特权。珀西·考克斯爵士宽松处理,允许延缓实施此条款,并在一个单独的补遗中指出,至少在10年内,该条款只适用于英国商品,而暂不适用于英国或英属印度的商人。[16]

奴隶贸易是阿卜杜拉要求英国让步的另一个问题。虽然条约禁止奴隶贸易,但是珀西·考克斯爵士在条约随附的秘密电报中承认:

> 至于卡塔尔已经存在的奴隶问题,印度政府会认识到,如果在按照此条约的结论解放卡塔尔的奴隶时,政治官员做出了考虑不周的行动,阿卜杜拉在他的臣民中的地位将立刻变得极其困难。

珀西·考克斯解释了自己的立场，指出：

> 无论怎样，近年来，波斯湾几乎已经不存在新发生的海上奴隶贸易；当然，肯定有一些奴隶继续从麦加那里（通过陆地）被带过来，但是数量很少；在已经生活在这里的奴隶中，被严重虐待的情形并不多见，有关谢赫们也并非不听从建议。因此，我的看法是，如果我们能够假设谢赫和他的臣民公正地对待奴隶，并根据此结论放弃干涉，我们的要求和黑人的利益会得到足够的保护。[17]

可能珀西爵士并不知道，阿卜杜拉有对他哥哥的扈从中的奴隶进行体罚的倾向，甚至在他自己的人民中也激起了愤怒。[18]虽然英国人也听说了偶尔的虐待，但是很明显，忽视对奴隶的虐待，认为其会打乱眼前的战略需要，才是符合英国人利益的。

第八条允许英国在卡塔尔建立政治驻扎官。第九条允许"在我领土的任何地方，只要英国政府愿意"，就可以建立英国邮局和电报设施。

虽然在条约前面的条款中，阿卜杜拉得到了隐含的优势，但是只有最后两个条款才明确说明了英国的义务。第十条重申，英国"保护我和我的领土不受来自海上的任何袭击，并且当我和我的臣民合法出海但是遭受伤害时，尽其最大努力为我们索赔。"第十一条则更进一步，明确说明英国还将在陆上向阿卜杜拉、萨尼家族和卡塔尔"提供斡旋"（但是不一定保证与在海上一样的保护），让大英帝国的影响力能够用来保证卡塔尔的独立和萨尼家族政权在国内的延续。"他们还承诺,如果我或我的臣民在卡塔尔的陆上领土内遭受袭击,会为我提供斡旋"。珀西·考克斯爵士谨慎地限制了这个条款的适用性。条款继续写道:"双方清楚理解,只有当我自己或者我的臣民没有对其他人实施任何攻击行为,但遭受到了陆上或者海上的袭击时,英国政府才有上述义务。"在后来的通信中,英国只同意"向卡塔尔谢赫提供外交援助……"[19]谢赫阿卜杜拉不断地企图要求英国给出保证,帮助自己处置不服从命令的臣民发动的内部侵犯。

在某些方面,英国的不干预政策,实际上妨碍了阿卜杜拉的计划。他试图依靠英国人来让自己的儿子阿里合法地成为自己选择的继承人。然而,英国人不愿意牵涉到萨尼家族内部的事务中,而更乐意与最终掌权的埃米尔(无论是谁)打交道。一位英国政府官员在秘密信件中写道:

> 如果他的儿子是最强者,那么不需要英国政府提前认可,也能够继承政权;如果他不是最强者,那么现在认可他,可能意味着为日后招致非常不便的义务。[20]

三、条约的有效性

在很多方面,对于保护英国/萨尼家族双方的利益,条约取得了名义上的成功。阿卜杜拉被全世界最强大的海军力量认可为卡塔尔的独立统治者。他被授予大英帝国勋章和"7响礼炮"的待遇。[21]这种礼节有着重要的意义,正如扎赫兰评论道:

英国对一个统治者的支持是通过许多不同的方式表达的，甚至授予统治者的礼炮数也是一种体现。例如，1929年，科威特、巴林和卡塔尔的统治者收到了7响礼炮的待遇；阿布扎比的统治者收到了5响礼炮的待遇；迪拜的统治者则只收到了3响礼炮的待遇。同一年，迪拜的谢赫赛义德的家族试图废黜他。政治驻扎官介入并支持统治者：他警告称，任何废黜谢赫赛义德的行动将招致英国政府的强烈反对。为了重新展示他的支持，随后用公开的姿态来对待谢赫赛义德：为他授予了5响礼炮的待遇……几年后，当科威特和巴林签署了石油特许权以后，他们的礼炮数被增加到11，作为对他们的嘉许。[22]

更重要的是，条约不只保证了阿卜杜拉稳固的地位，还防止了卡塔尔被接管，或者至少让沙特家族在考虑这种行动前再三思量。尽管如此，阿卜杜勒-阿齐兹·伊本·沙特的威胁始终在阿卜杜拉的脑中，并且看起来很有可能发生。1923年，波斯湾的政治驻扎官中校特雷弗甚至暗示：

> 我觉得，如果卡塔尔作为一个独立的实体消失，会让人很遗憾；从我们的观点看，让海岸地区的统治者居住在海岸上是非常方便的，但是我看不到有什么实际有效的方法能防止伊赫瓦尼和伊本·沙特的追随者和平地渗透这个国家……[23]

伊赫瓦尼（Akhwan或Ikhwan）是瓦哈比运动中劝人皈依的激进的"兄弟"，他们已经在进军海湾地区，强迫人们对教义进行严格的解读。当伊赫瓦尼对抗伊本·沙特的权威时,他最终镇压了伊赫瓦尼。但是,在卡塔尔,人们真的害怕激进影响伪装了沙特吞并卡塔尔的目的,这种担忧一直延续到了现在。事实上,卡塔尔统治家族始终面临的一个问题是,当某些卡塔尔部落对埃米尔不满时,会投靠到沙特阿拉伯。近来,穆拉贝都因人就存在这样的问题,谢赫哈马德·本·哈利法·萨尼近来废除了这个部落许多人的卡塔尔国籍,后来又予以恢复。

对于阿卜杜拉,叛变的威胁似乎更加严峻、更加常见并且危及生存。沃克拉的阿奈内在1868年签署条约之前,一度是比萨尼家族更加显赫的部落,他们的许多人在收到了礼物和金钱的许诺后,迁徙到了哈萨的小渔村朱拜勒。[24]到1930年,阿卜杜拉与阿卜杜勒-阿齐兹·伊本·沙特建立了良好的关系,但是很担心阿卜杜勒-阿齐兹的继承人。伊本·沙特的一个儿子来到卡塔尔,"打断了"晚祷,很可能是要纠正卡塔尔人,教会他们一种更加纯粹的瓦哈比伊斯兰。[25]在1926年的石油谈判期间,珀西·考克斯爵士与阿卜杜勒-阿齐兹·伊本·沙特讨论了哈萨地区的石油特许权的归属问题。阿卜杜勒-阿齐兹"提议将整个卡塔尔包括在内,(考克斯)因此责骂了他"。到了这个时候,伊本·沙特才接受了沿着萨勒瓦湾的东部边界。[26]

谢赫阿卜杜拉不断地向英国人请求更多的武器和支持,但是收到的常常只是缄默的或者心不在焉的回应。事实上,作为一种经常运用的谈判手段,他一再威胁"退位","把国家交给你们(英国人),你们想做什么就做什么。"[27]虽然他的谈判技巧看起来很直白,但是这种方式对他来说却十分有效。例如,当收到英国更多的保护承诺后,阿卜杜拉只同意卡塔尔内存在一块"紧急登陆地点"。[28]事实上,到底是什么拯救了卡塔尔,并不清楚,也许是英国人的保证,也许是激进主义伊赫瓦尼的反叛和阿拉伯半岛不断变化的政治气候,扰乱了伊本·沙特的扩张计划。阿卜杜勒-阿齐兹的帝国野心是一个时刻存在的问题,至今仍然让萨尼家族感到恐惧,所以萨尼家族希望得到美国人的支持,就像以前得到英国人的支持一样,以便能够防御自己的领土和维持自己的统治。在发现和开采石油后,英国人和美国人保持海湾地区和卡塔尔稳定的兴趣进一步增加。

四、石油特许权

大部分地理学家曾经错误地认为海湾地区没有石油存在,这是地理学历史上最大的反转之一。当1901年,威廉·诺克斯·达西与波斯王国签署了一个石油特许权以后,地理学家的错误观点被击碎。之后不久,到了1908年,"英伊石油公司"(Anglo-Persian Oil Company,APOC)成立,成为英国海军主要的石油供应商。第一次世界大战后,英伊石油公司的战略重要程度迅速增加,促使英国政府收购了英伊石油公司51%的股份。[29]1916年与阿卜杜拉的条约让英伊石油公司和英国政府能够独享卡塔尔潜在的石油储藏。随着20世纪20年代珍珠行业衰落,时常面对着亲属和阿卜杜勒-阿齐兹·伊本·沙特的反抗的谢赫阿卜杜拉,迫切地想要与英伊石油公司签署一份石油协定,让自己能够巩固地位。弗兰克·霍姆斯代表英伊石油公司,开始与谢赫阿卜杜拉探讨特许权的可能性,1926年,第一个石油合同给了英伊石油公司。[30]然而,就像在进行1916

年条约谈判时一样担心外国的干预,谢赫阿卜杜拉并没有同意正式的特许权,也不要求公司活动在卡塔尔内大肆扩张。

随着美国人对石油的兴趣剧增,以及他们与英国人进行竞争,谢赫阿卜杜拉的地位突然得到了改善。1932年之后,位于加州的美孚石油公司从阿卜杜勒-阿齐兹·伊本·沙特那里获得了一个重要特许权。卡塔尔似乎已经在美国人的视线内。事实上,1932年,沙特阿拉伯正式成为一个联合王国,并时常威胁卡塔尔。伊本·沙特告诉阿卜杜拉,他没有权利向英伊石油公司或者任何英国公司授予石油特许权,卡塔尔腹地的石油属于沙特人。[31] 英国人决心终止沙特阿拉伯的这种干涉。但是,英国人试图帮助保护卡塔尔石油的行为,并没有立刻打动谢赫阿卜杜拉。相反,他巧妙地鼓励英伊石油公司和其他石油公司进行竞争,甚至从美孚石油公司那里收到了报价。英国政府迅速干预,迫使阿卜杜拉要么选择英伊石油公司,要么英国撤离保护。而且,1916年的英国-卡塔尔友好条约阻止非英国臣民参与卡塔尔事务,甚至不允许他们进入卡塔尔半岛。英伊石油公司迅速在卡塔尔建立了影响力,建造了一个运营总部,开始严肃的地理勘探。

到了1935年,谢赫阿卜杜拉的生存能力已经被严重腐蚀,他不得不质押自己的房子来获得"17000(印度)卢比的贷款"。[32] 这一年,在走投无路之后,他最终与英伊石油公司签署了石油特许权。在签署协定后,阿卜杜拉收取了40万印度卢比,一笔庞大的款项,之后私人每年还将获得15万印度卢比。第六年后,数额增加到了30万印度卢比。协定还认可阿卜杜拉的儿子哈马德·本·阿卜杜拉·萨尼(死于1948年)作为卡塔尔的合法继承人。对于这个特许权，谢赫阿卜杜拉只强烈反对一个条款，因为该条款使英国臣民不受卡塔尔法律的制约。这种意见不统一催生了二元司法系统的概念，让非穆斯林在巴林受审，穆斯林卡塔尔人在卡塔尔受审，英国臣民与卡塔尔人之间的争端则由谢赫阿卜杜拉和巴林政治驻扎官为首的联合法庭解决。另外还签署了一个政治安排，确保英国对卡塔尔国内的石油运营的控制，并增加了英国对于卡塔尔国内事务的干涉权力。英伊石油公司签署了特许权后不久，隶属于伊拉克石油公司（同样由英国控制）的分公司，更名为卡塔尔石油开发有限公司，即卡塔尔石油公司的前身。[33]

1935年的协定也帮助阿卜杜拉巩固了权力，防止家族内部出现敌对。对于萨尼家族的未来，最重要的元素之一是英国人认可了阿卜杜拉最偏爱的儿子哈马德·本·阿卜杜拉作为法定继承人。虽然哈马德在1948年5月去世，但是英国人认可他，让阿卜杜拉能够在卡塔尔半岛开始大量输出石油之前，防止和控制有希望的继承人的敌对和叛乱。石油价格固定在一吨仅仅4印度卢比，[34]但是随着阿卜杜拉家族要求分享利润，并参与决定继承人，叛乱很快爆发了。最终，阿卜杜拉退位，让他的另外一个儿子，谢赫阿里·本·阿卜杜拉（1949—1960）掌权。不过，阿里不情愿地同意，继承他儿子艾哈迈德的将是哈马德的儿子哈利法，而不是他自己的继承人。如果哈利法属于柔弱的或者无动于衷的性格，阿里也许很容易让自己的分支一直继承下去，如今统治卡塔尔的将是阿里的孙辈。对于萨尼家族的阿里分支而言很不幸，哈利法是一个令人敬畏的人物。在阿里统治期间，哈利法一直与之作对，并努力巩固自己的权力。虽然阿里的儿子艾哈迈德·本·阿里在1960年掌权，但是哈利法被认可为副统治者，是法定继承人，并被指定为王储。当时，卡塔尔正在成为极其富裕的地方。20世纪60年代，即使英国驻扎官在管理卡塔尔的许多事务，卡塔尔人仍有些随波逐流。20世纪60年代早期，卡塔尔人大约有3万名，许多卡塔尔人甚至被不道德的外国商人诱惑购买"镀金"汽车。[35]统治者艾哈迈德对于政府不感兴趣，统治期间大部分时间都待在欧洲。庞大的萨尼家族焦躁不安，许多家族成员要求获得更大份额的石油财富，并制造麻烦。作为艾哈迈德缺席期间政令的发布者和官方仲裁人，谢赫哈利法最终承担了越来越大的正式权力，开始了稳定和发展的进程。

第五章　谢赫哈利法和独立之谜

　　谢赫哈利法没用多长时间，就在1972年2月，以一场不流血的政变罢黜了无心理政的统治者艾哈迈德。哈利法即位时，艾哈迈德·本·阿里正在伊朗狩猎。政变是精心策划的，并且沙特人还向边界派遣了军队，确保艾哈迈德不会企图恢复自己的政权。政变并没有遭遇什么阻碍，因为艾哈迈德大部分时间不在国内，而且没有履行宪法赋予的义务，建立一个协商会议并参与外交事务。哈利法承诺进行改变，甚至同意私人只获得25万美元的薪水。历史如出一辙，1995年，谢赫哈马德推翻哈利法时，也同样承诺进行改革。哈利法可以随意动用国库资金，但是他似乎将国家与私人所得划分开。与之相对，艾哈迈德则肆无忌惮地将卡塔尔日益增加的石油财富的1/4挪归己用。[1]

　　虽然谢赫哈利法并没有实现自己在1972年做出的所有承诺，但是在他统治期间，卡塔尔的国民身份得到固化，并且构造了一种现代化的传统主义，反映了卡塔尔国民心态中深刻的讽刺。财富和经历的鸿沟，意味着年长一代和年轻一代彼此越来越疏远。虽然不像沙特社会那样两极化，但是在这段时期，卡塔尔社会开始分裂，不只因为部落分支开始分裂，也因为一些行业将快速变化（尤其是瓦哈比伊斯兰身份的快速变化）视为威胁，常常做出矛盾的反应。在谢赫哈利法统治期间，卡塔尔的经济几乎完全依赖于石油。20世纪80年代，石油价格的衰落，减缓了卡塔尔经济的增长，导致政府财政赤字和人均收入严重下滑。本章还将谈到卡塔尔加入海湾战争所造成的影响。虽然卡塔尔只被一枚伊拉克发射的飞毛腿导弹不小心直接打中，但是科威特的例子和拥入卡塔尔的数百名科威特寡妇难民，在很大程度上解释了为什么卡塔尔需要美国保证提供战略保护，以换取卡塔尔的合作和对这个世界单极强权国家的支持。

1978年，卡塔尔信息部的媒体及出版局发表了谢赫哈利法的一系列讲话。按照这份官方信息源，谢赫哈利法凭借一己之力带来了"现代卡塔尔的复兴"。信息部是埃米尔的官方喉舌，按照其说法，卡塔尔的崛起和快速转型几乎完全是谢赫哈利法的功劳。他们希望"未来子孙们能够从这本（讲话）册子中回顾这段开化统治的特征……"[2] 未来的子孙们对于称赞谢赫哈利法，并不像他在20世纪70年代所希望的那样明确。事实上，哈利法统治期间的历史要比信息部在1978年所公开的更加复杂、存在更多问题。到1979年年末，卡塔尔已经完全控制了1974年建立的卡塔尔石油公司产生的利润。

谢赫哈利法在卡塔尔历史上的地位近来被卡塔尔人质疑，当1995年谢赫哈马德·本·哈利法·萨尼埃米尔废黜了他的父亲谢赫哈利法后，这种质疑更加严重。虽然谢赫哈利法的治理为现代国家卡塔尔打下了基础，但是他把这些变革完全归功于自己，使得卡塔尔的建设几乎完全成为私人项目，而不是一个让整个卡塔尔国家和人民获益的项目。事实上，在1995年的政变之后，谢赫哈利法并不情愿交出国库资金，说明了他仍然认为卡塔尔的成功和发展大部分都是他私人的成就，所以他自己应该获得回报。

虽然谢赫哈利法只手创造现代卡塔尔的说法不足凭信，因为他背后有着家族和富商的支持，并且他的思想受到国外承包商的影响，但是，他无疑密切注视着卡塔尔的发展。在他统治的前12年间，谢赫哈利法插手到政府的几乎每个方面，事无巨细地管理和控制着决策过程的方方面面，几乎无法履行自己的职责。尽管可以说谢赫哈利法近乎独裁的私人干预很有必要，因为卡塔尔这样一个保守的、谨慎的社会的快速发展需要一个意志坚强的、有远见的人，但并不是所有人都认同。即使支持埃米尔的现代化计划，将卡塔尔的发展主要视为一种增加投资的方式的西方人，也不认同埃米尔对资金和项目的绝对控制。在1978年季度评论海湾国家时，经济学人智库评论道：

> 有几年时间，对于最高层处理事务的效率存在一些批评。有人指出，虽然统治者很勤政，但是却让管理权力过于集中。大部分文书都需要经他的手，甚至有人说，当他不在的时候，就没人为支付给承包商和石油公司的支票签名。[3]

谢赫哈利法个人精力充沛地参与到卡塔尔的发展中，而他对权力的牢牢掌控，在某种程度上可用他的童年时期和青年时期来解释。年轻时统治的权力被剥夺，后来他的伯父想要绕过他传位，几乎再次剥夺他的统治权力，这让谢赫哈利法在年纪轻轻的时候就被迫走入了家族政治的深渊。

谢赫哈利法于1932年出生在多哈，是谢赫哈马德·本·阿卜杜拉·萨尼的儿子，他的祖父阿卜杜拉在位时实际上已经把他的父亲确定为继任统治者。当他的父亲在1948年去世时，谢赫哈利法被认为太过年轻，不适合统治，于是第二年，他的伯父谢赫阿里·本·阿卜杜拉·萨尼成为统治者。然而，到了1960年，阿里的儿子艾哈迈德在位时，谢赫哈利法已被正式承认为副埃米尔和王储，尽管谢赫艾哈迈德看来想让他自己的儿子，而不是哈利法成为下一个继位者（参见本书前面的萨尼家族统治者和王子列表）。1970年4月2日的临时宪法的第22条没有对长子继承权或者继承做出明确的法律规定，这鼓励了谢赫哈利法巩固自己的地位并发动政变。然而，在临时宪法下哈利法不稳固的法律地位并不是他发动政变的唯一理由。相比卡塔尔的酷热，谢赫艾哈迈德更喜欢他在瑞士的别墅，基本上没有履行埃米尔的职责。1971年11月3日，在卡塔尔电视台宣布卡塔尔独立的是谢赫哈利法，而不是谢赫艾哈迈德。1972年2月22日，当谢赫艾哈迈德在伊朗狩猎时，谢赫哈利法完全控制了卡塔尔。最终让谢赫哈利法做出这个决定的，是谢赫艾哈迈德违反了1949年的协定，计划将他自己的儿子阿卜杜勒-阿齐兹设立为法定继承人，而不是协定中指定的谢赫哈利法。

后来，谢赫哈利法声称，他在1971年宣布卡塔尔独立，而不是谢赫艾哈迈德在位时进行的任何谈判，让卡塔尔成为一个现代国家，这就在人们的脑中将他的形象与卡塔尔的独立不可磨灭地联系了起来。在宣布卡塔尔独立的演讲中，谢赫哈利法大胆地终止了1916年的条约和其他所有把卡塔尔作为一个被保护国与英国联系起来的特别条约。私下里，他与美国进行了谈判，让美国取代英国，成为卡塔尔和统治家族的特殊军事保护者，但是他当然不会说明这一点。

对于卡塔尔的未来，谢赫艾哈迈德和谢赫哈利法有着截然不同的观点，谢赫艾哈迈德支持与阿联酋联盟，而谢赫哈利法则破坏了这些提议。[4]谢赫哈利法发动政变可能还有一个原因，即谢赫艾哈迈德戏剧性地退出了1969年的统治者最高委员会（海湾合作委员会要到1981年才成立）大会。当时谢赫哈利法已被选为海湾联邦的总理。可能发觉了谢赫哈利法增加个人权力以及与沙特阿拉伯联盟的野心，谢赫艾哈迈德决定停止任何国际组织对卡塔尔国内事务的有计划的密集干涉。

政变后，谢赫哈利法快速行动，扩张了国家的影响范围和权威，增加了武装力量，并建立了公共住房福利、养老金、住房单元和食品合作社。卡塔尔大学建立后，毕业生自动进入政府，身居高位。1977年，谢赫哈利法将哈马德（现任埃米尔）设立为自己的继承人。这在萨尼家族内部产生了裂隙，因为艾哈迈德家族声称谢赫哈利法与他们达成了一项协议，让他们家族中的某个人成为继承人。按照这项协议，卡塔尔的继承将在阿里和哈马德的后代之间交替，就像科威特的政权在氏族之间轮替一样。埃米尔的弟弟苏海姆也反对哈马德继位。尽管哈马德明显是埃米尔选择的继承人，但是对埃米尔最重要的制约来自他的儿子，而且随着哈马德的成熟，这些制约在逐渐增加。陆军少将哈马德在1977年被设立为继承人，他缓慢但是有效地发展着国内和国外效忠他的力量，其中就包括权势极大的哈马德·阿提亚，他是哈马德的舅舅。哈马德被任命为继承人，打击了苏海姆·本·哈马德（死于1985年）和阿卜杜勒-阿齐兹·本·哈马德的希望，前者是统治者的弟弟，后者是掌管金融和石油的部长，与哈马德争夺着继承权。1983年，发生了一起意图炸毁多哈象征多哈喜来登酒店的阴谋，这个阴谋与另外一个试图谋杀出席海湾合作委员会大会的所有海湾领导人的政变阴谋联系了起来。[5] 大约70名卡塔尔军官被逮捕，包括统治家庭的亲属。在一系列调查后，揭开了"利比亚人"与阴谋的联系。多哈很快与的黎波里断交。然而，有强烈迹象表明，即使利比亚参与了进来，也仅仅是支持萨尼家族的对手和其他痛恨1972年政变的卡塔尔人。卡塔尔并没有忘记他们认定的利比亚与政变的联系。事实上，卡塔尔全力参与到2011年推翻卡扎菲上校的行动，至少部分可以通过他们还记得这次阴谋来解释。其他政变的企图与埃米尔的弟弟苏海姆联系起来，他憎恨自己没有被选为继承人这件事。1985年苏海姆死后，据报道称他的儿子们攻击了信息部长伊萨·加尼姆·库瓦里，因为他们怀疑后者策划了谋杀他们父亲的阴谋。1986年，统治者的弟弟纳赛尔·本·哈马德·萨尼因枪伤住院。这些宫廷争议的本质和真实性很难确认。[6]

哈利法加速经济增长的大部分努力都集中在传统行业上。卡塔尔是继埃及和阿尔及利亚之后第三个涉足钢铁行业的阿拉伯国家。卡塔尔钢铁公司是中东同类工厂中第一个综合工厂。在谢赫哈利法统治期间，其生产率远超正常的生产率。[7] 另外还有1965年建立的卡塔尔国家水泥公司，也是第一个国有行业，开采当地的石膏和石灰岩储藏。其全部生产都在卡塔尔内销售，和钢铁一样。乌姆赛义德的卡塔尔面粉加工公司生产欧式和亚式的面包，并以补贴过的价格销售。但是，正如1988年联合国工业发展组织关于卡塔尔的报告痛惜地表示，"卡塔尔制造业的整体表现似乎并不能匹配上该国工业基础扩张的速度……"[8]除了原油之外，卡塔尔的出口产品主要包括液化天然气、肥料、石油化学产品、钢铁和精炼石油产品。"非石油出口产品占该国总出口收入的10%"。[9]谢赫哈利法多次尝试进入其他行业，但是都没有取得很大的成功。1988年，石油价格下跌后，卡塔尔钢铁公司和卡塔尔石油公司开始亏损。[10]很快，卡塔尔陷入赤字，遭遇数年预算相对紧张的情形。正是在这种环境下，继承人和王储谢赫哈马德得到了支持，在1995年发动了针对他父亲的政变。这场政变对卡塔尔造成了一些严重的经济后果。

自从第二次世界大战之前的"饥荒年份"以后，卡塔尔公民并没有经历严重经济困难的威胁。尽管如此，卡塔尔人和新任埃米尔清楚地知道，在当前全面繁荣的假象之下，市场周期依然在发挥作用。卡塔尔的经济似乎特别容易受到统治者变化的影响。石油价格的下跌和谢赫哈利法不当的管理收入（1995年被废黜后，他带着卡塔尔的大量现金储备退位，为25亿—75亿美元），导致20世纪90年代中期，政府支出严重紧缩。1994—1995年，作为卡塔尔经济主要推动力的政府支出下降了至少19%。[11]

20世纪80年代，随着经济发展开始衰弱，政治改革也停滞不前。1972年掌权时，谢赫哈利法承诺要做出重大改革，但是后来实际上是集中了权力。虽然宪法要求"一个适当的基础来建立真正的民主"，但是在发展强大的国内政治机制方面，并没有什么进展。宪法要求必须有的协商会议中，都是埃米尔的紧密追随者和萨尼家族的成员。统治者只需要通知协商会议他想要什么政策。[12]海湾战争和科威特的衰落和复苏，震荡了整个地区。公民们要求自己的社会中有更好的追责机制，并且社会更加稳定。1991年，54位卡塔尔显赫人物请愿，要求建立真正的立法机构，并要求改进医疗和教育系统，表明了平静表面下的动荡不安，以及对哈马德·本·哈利法在1995年政变后承诺的开放性和变革的渴望。

第六章　谢赫哈马德和卡塔尔的未来

自从1995年谢赫哈马德发动不流血政变后，卡塔尔的发展比1949年石油第一次大量出口后的几十年都要迅速。即使当20世纪90年代，石油价格下滑时，谢赫哈马德和他的政府也找到了创新的方法，放大自己在世界舞台的影响。掌权后，哈马德立即赞助并主办半岛电视台，其广播很快覆盖超过3500万讲阿拉伯语的人。他在1999年创建了多哈市政委员会，开始了一个缓慢的民主化和选举改革的过程。他的妻子莫扎走到了文化和教育发展的前沿，施行了一些令人惊讶的教育和制度举措，例如创建教育城。由于明智地投资到液化天然气（LNG），卡塔尔成为全球第五大各种形态天然气的出口国，并且是第一大液化天然气出口国，出口量达每年3100万吨。[1] 2011年1月，卡塔尔的探明天然气储量为896万亿立方英尺，占全世界探明天然气储量的14%，仅次于俄罗斯和伊朗。2009年，卡塔尔的天然气出口占全球天然气贸易的18%。[2] 与之相比，卡塔尔的原油出口只居全世界的第16位，尽管对于一个小国家来说，这仍然是巨大的原油出口量。[3] 天然气是卡塔尔经济成功的主要驱动力。

虽然卡塔尔的原油储量到2020年可能会耗尽，但是北方气田的天然气储藏预计可供应200年。[4]事实上，波斯湾靠近卡塔尔的水域有如此多的天然气渗出，以至于原来未知的细菌种类演化到利用天然气和石油中的碳氢化合物。[5]天然气被视为未来能源消耗的绿色替代燃料，而北方气田中有着数十亿立方英尺的已知天然气储量，并且其勘探看来会持续到将来很久，一个预算支出似乎没有上限的时代开始了。来自西方的建筑师和规划师经历了他们以前可能从来没有经历过的事情：开发项目和提案被否决，常常不是因为影响太过深远，而是因为不够有野心。

卡塔尔经济的一大部分，以及教育和政府的许多部分主要被一个国外人员社区所主导，其人数与卡塔尔人相比达10∶1。不受控的人口增长，美元下跌和房地产短缺导致的恶性通货膨胀，以及交通堵塞——不只发生在拥堵的路上，也发生在无法控制人口迅猛增长的首都城市多哈，这些都是埃米尔和现任王储谢赫塔米姆·本·哈马德·萨尼面临的挑战。

虽然埃米尔相比而言保持低调，但是他将自己塑造成为支持女性平等和女性承担政府职位、支持创新、支持教育大改革以及支持社会各阶层现代化的形象。谢赫哈马德出生于1952年，其政治生涯的开始远早于最终掌权。早在1977年，他就被立为法定继承人。作为20世纪80年代最高规划委员会的负责人，他已经密切参与到为未来的快速发展打基础的行动中。传统的庇护从根基上被摧毁，它们所依赖的社会安排也发生转型，因为哈马德希望扫清阻碍发展的社会和经济障碍，即使有些障碍支持他父亲的统治的合法性。他兢兢业业，致力于发展卡塔尔的石油化工业，使其成为发展的主要引擎。哈马德也是军队的最高领导人。哈马德在英国桑德赫斯特皇家军事学院的求学经历（毕业于1971年），以及在卡塔尔领导哈马德机动营的经历，让他与卡塔尔的武装力量建立了密切联系，后来他与父亲的对峙到了关键节点时，军队人士为他提供了帮助。他巧妙地把资金投入到卡塔尔军事设施的现代化中。由于在海湾战争期间（1990—1991），指挥卡塔尔军队解放了沙特小镇海夫吉，他被誉为军事英雄。事实上，设立于华盛顿的卡塔尔大使馆所提供的哈马德官方传记中，仍然在称誉谢赫哈马德和他在海夫吉的领导。[6]不只在卡塔尔，在国际社区中，他也声名鹊起。

一、政变

1995年的政变，其实早在6年前的1989年就有了苗头。[7]当时，哈马德发起了内阁调整，把自己的盟友放到了有实权的位置。1992年，内阁再次发生变化，进一步巩固了他的地位，让哈利法和阿卜杜勒-阿齐兹（哈利法的另一位潜在继承人）的盟友难以占据有利位置。事实上，到了1992年，海湾战争结束后，哈马德实质上已经掌控了权力。他成功地使谢赫阿卜杜勒-阿齐兹不再担任财政部长，虽然阿卜杜勒-阿齐兹在离开卡塔尔时很可能带走了大量现金，但是他实际上是流亡到了巴黎和纽约，目前作为房地产市场的一个富豪玩家而知名。作为海湾国家的主要保护国，美国意识到在卡塔尔保持一个强有力的盟友的重要性，并暗地里支持哈马德不断控制权力。哈马德在桑德赫斯特的经历和他对军队的强烈兴趣，进一步稳固了他的地位。作为军队最高领导人和新授勋的战斗英雄，他对武装力量的控制力比他的父亲更强。

哈利法已经失去了年轻时的大部分精力，据一些报道称，他开始酗酒。他曾在几个场合试图让流亡的阿卜杜勒-阿齐兹回到卡塔尔，正是为此，哈马德决定采取行动。在精心取得了萨尼家族内部和其他显赫的卡塔尔人的必要支持后，哈马德将自己的军事训练化为优势。哈利法离开了卡塔尔，前往日内瓦接受医疗。他离开后不久，哈马德命令坦克和军队包围埃米尔王宫。几天内，萨尼家族和显赫的卡塔尔部落向哈马德效忠。有少数几个谢赫并没有立即效忠，可能是出于对哈利法的忠诚，或者担心政变是否稳定。尽管海湾邻国的政府对政变的新闻表达不安，甚至支持哈利法发动反政变，但是哈马德很快得到了美国和其他大国的承认。虽然有人猜测美国密切参与到了支持哈马德即位的行动，但是哈马德取得成功的大部分原因是内在的——在一个加速的自保结盟游戏中，谢赫哈利法的盟友已经缓慢、稳定地转投哈马德阵营，直到情势无法挽回。没有哪个谢赫或家族成员想要站到权力游戏的错误一边。继续支持谢赫哈利法的人面临着严重的判决，包括2001年，上诉法庭判处密谋推翻谢赫哈马德的萨尼家族成员死刑。[8]1996年发生了一起反政变，前警察总监哈马德·本·贾西姆·本·哈马德也参与在内，他试图在边界上的贝都因人的支持下，夺取一辆坦克来占领边防哨所。[9]贝都因人参与到这次失败的反政变中，可能进一步解释了为什么哈马德对于穆拉贝都因人和他们在卡塔尔的公民权仍然持谨慎态度。政变结束几乎十年后，哈利法回到卡塔尔，参加他的妻子莫扎·宾特·阿里的葬礼。他被称为"埃米尔的父亲"，而父亲和儿子之间逐渐公开和解，让1995年政变后迟迟无法消解的怨恨得到消除。

二、哈马德时代

哈马德立即行动,确保他的统治以及他选定的继承人的统治在未来依然不可避免。1996年2月的反政变很快失败,犯罪者在与沙特阿拉伯的边界被捕,并被审判。目前的政权仍有几个敌人在外流亡,但是几乎没有机会重新掌权。卡塔尔人对沙特阿拉伯的敌意,加上沙特人支持几乎每个针对哈马德的政变,让卡塔尔的民众集结到哈马德的统治下。1996年,哈马德宣布将他的第三个儿子(其母是他宠爱的妻子莫扎)设为王储,并修改了宪法,进一步增加他对继承的控制。他的小弟弟阿卜杜拉被任命为总理。然而,这些早期的任命在接下来的十年中都发生了变化。阿卜杜拉辞去了职位,哈马德与外交部长哈马德·本·贾西姆·贾比尔·萨尼建立了新的同盟关系,后者在2003年成为总理,并且不断地增加自己的影响和在世界上的声望,仅次于埃米尔自己。2003年,埃米尔的第四子塔米姆取代他的哥哥成为法定继承人。塔米姆王子生于1980年,与新生一代更能合拍,被视为更加合适的继承人。塔米姆也是莫扎的儿子。

虽然谢赫哈马德因为2000年左右的自由化议程而受到赞誉,但是近来,他放慢了宪法和民主改革的步伐,更加巩固自己的权力,将影响力集中到精心选择的一群家族盟友中。2002年,一个宪法委员会撰写了草稿,意在建立立法机构,保证选举权利。然而,虽然宪法于2003年批准,但是许多方面仍可通过支持埃米尔的权力集中的方式进行解读。在45个成员中,统治者任命15个,而通过法案,需要2/3的大多数。埃米尔可以否决任何决定。2005年宪法还保证了宗教自由（第50款）、隐私和无罪推定。他的有力领导和对卡塔尔的发展和投资的支持，让卡塔尔的经济和人口迅速增长。将卡塔尔的庞大气田作为自己影响力的基础，并利用国际调停这个工具，哈马德不只增加了自己在卡塔尔内的权力，也增加了在国际社区的权力。后面的章节将会探讨，在哈马德和他的继承人塔米姆的领导下，卡塔尔的未来很可能仍将保持安全和繁荣，尽管潜在的社会分歧和问题仍无法解决。

三、哈马德统治下的卡塔尔与世界——秘密的金钱外交

尽管伊本·伊沙克撰写的先知穆罕默德的传记在大约1400年前完成，但是其中的故事仍然鲜活地存在于卡塔尔穆斯林的思维倾向和价值观中。关于先知的生活，最有名的一些故事描述了调停和调解的价值。按照伊本·伊沙克的说法，公元600年左右，当重新建造了克尔白的神圣黑基石后，麦加的长老们激烈地争执应该由谁安放这个基石。先知穆罕默德还很年轻，是没落的古莱氏精英氏族的一个孤儿。在观察这些有权有势的老年人之间的争论时，年轻的穆罕默德灵光一现：他建议把黑石放到一块毯子上。每个长老牵住毯子的一角或一边，把黑石安全地送到克尔白。麦加的长老们称赞穆罕默德找到了一种公平的外交方案，提议选择他来把黑石从毯子上取出并放到克尔白的神龛中，这是一种巨大的荣耀。[10]穆罕默德当时是一个地位低下的年轻的麦加人，却能够利用调停获得最高声望。他的调停技能，让麦地那混战的氏族能够邀请他来统治自己的城市。最终，穆罕默德利用自己的调停技能建立了一个帝国的政治基础。

受到穆罕默德例子的启发，赋予调停者的权力和敬重成为一个根深蒂固的传统。当然，对调停的敬重并非专属于阿拉伯文化；许多西方社论将卡塔尔的外交部长哈马德·本·贾西姆称赞为"现代的梅特涅"。[11]通过自己的媒体和在西方市场上越来越显赫的形象，卡塔尔事实上已经不只是阿拉伯国家之间关系的谈判者，也成为更广大的西方世界和伊斯兰世界之间的谈判者。

对阿拉伯半岛的大部分东方学描述常常把阿拉伯的男性谢赫描述为暴君和专制主义者，但是与之相反，阿拉伯社会在历史上要比西方国家的分层阶级结构更加平等。贝都因亲属和移民者的社会景观不断发生变化，没有哪个群体能够轻松地征服另外一个群体。部落内的成员被认为是平等的，如果谢赫在寻找牧场和水源时频繁出错，部落可能废弃这个谢赫。尽管如此，宿仇和冲突虽然常常是假想的，并且根源在于根本的经济和社会因素，但是却常常发生，消耗大量原本就紧缺的资源。在这种环境下，成功的调停和劝说就成为权力和声望的来源。成功地解决争端，意味着有关人员的利益、贸易和生计都会改善。

不必奇怪，从先知开始，调停在阿拉伯半岛有一个悠久的、充满传说的历史。即使在现代国与国的环境下，调停和外交的许多原则依然适用。海湾地区和中东地区的统治者彼此互称"兄弟"，比任何冰冷的、官方的头衔更能表达尊重与密切关系。成功的调停者必须隐藏自己的利益，并且必须为所有相关方提供具体的动机。他必须期待上苍给他的回报，等待谈判结束时收获感激。他必须控制空间，分隔每个利益群体，但是在战略点把他们集合起来。在2008年的黎巴嫩谈判期间，卡塔尔的战术可谓传奇。卡塔尔将冲突各方汇聚到喜来登酒店中，当钱包的说服力不够时，卡塔尔控制了房间的钥匙。美国没有与真主党（官方眼中是一个恐怖组织）进行谈判的机会，但是谢赫哈马德·本·贾西姆则能够让黎巴嫩的总理西尼乌拉和议会发言人纳比·贝里（在野党高级领袖）在几个月内第一次坐在一起，并协商了一个历史性的和平协议。黎巴嫩国内举行了庆祝，标语上写道："我们都在说：我们感谢你，卡塔尔。"[12]

虽然卡塔尔的军事力量较弱，国家也较小，但是通过利用调停，提高了自己在地区的声望和地位，而且在全世界的声望和地位也越来越高。卡塔尔在表面上远离了大部分国际争端，而且其国家不大，使其被避免认为公开的有偏向，或者有任何重要利益。超级大国和地区强权（如美国、埃及和沙特阿拉伯）受其历史和更加复杂的选民结构的制约，而卡塔尔的埃米尔和外交部长谢赫哈马德·本·贾西姆则很幸运，得到了不大的卡塔尔人口的巨大支持，并且拥有数万亿加仑的天然气储藏，让卡塔尔成为国际外交中的一艘快速而灵活的小船。[13]另外，卡塔尔在高冲突地区（如黎巴嫩）投入数百万美元进行救助，并投入到卡塔尔的众多慈善组织，让卡塔尔有了一个举行谈判的渠道。在达成历史性的黎巴嫩和平协议后不久，哈马德·本·贾西姆很快乘机在中东四处周旋，进一步保证了卡塔尔作为哈卡姆[1]和调停者的声望。

虽然完整列出卡塔尔近期的调停活动几乎不可能实现，尤其是因为大量的谈判并不为公众和媒体所知，但是，下面列出了卡塔尔广泛的外交行动的一个代表性列表，说明了现在必须把卡塔尔作为

---

[1] 阿拉伯语的英译为hakam，意为受尊敬的调停者。

一个哈卡姆认真对待：

1. 利比亚：卡塔尔在利比亚、美国和英国之间调停，对2003年拆除利比亚的核项目起到了一定的作用。[14]通过谈判，卡塔尔在2007年还成功解救了被指控散播艾滋病而被困在利比亚的保加利亚护士，其手段可能是同意向利比亚原告支付了大量补偿金。还有一些新闻报道称，卡塔尔在说服英国政府和苏格兰议会释放患病的阿布迪尔巴塞特·梅格拉希时起到了帮助作用（高调的阿布迪尔巴塞特·梅格拉希被指控策划了苏格兰的洛克比空难）。[15]最近，卡塔尔在支持和训练反对卡扎菲的战士方面扮演着非常积极的角色，收到的回报是获利良多的石油合同和能够进入利比亚市场。卡塔尔对于利比亚事务反常的兴趣及参与可联系到1983年多哈的一起暗杀事件，据称利比亚间谍参与了这次针对所有海湾合作委员会领袖的暗杀，如若成功，其后果将是灾难性的。[16]卡塔尔甚至为反对卡扎菲的利比亚反对派建立了一个电视台。另外，莫扎年轻的时候曾在利比亚生活和工作。

2. 乍得：2008年5月，达尔富尔人袭击了乍得首都后，卡塔尔和利比亚促成了苏丹和乍得之间的和平谈判。[17]

3. 伊拉克：美国入侵前不久，谢赫哈马德·本·贾西姆告诉伊拉克总统萨达姆·侯赛因，自己受托"要求他放弃权力，并且告诉他战争是不可避免的，美国在这件事上非常认真"。萨达姆尖锐地质问卡塔尔埃米尔，为什么要允许美国在自己的国内建立军事基地，尤其是考虑到十多年前，萨达姆侵略的是科威特，而不是卡塔尔。卡塔尔的外交部长只是简单地指出，卡塔尔必须遵守安全协定。[18]

4. 哈马斯、法塔赫和以色列：多哈是唯一一个所有主要巴勒斯坦派系都经常访问的阿拉伯首都。2006年10月，卡塔尔开始促成哈马斯（巴勒斯坦组织，控制着加沙地带）和控制西岸地区的法塔赫之间的调停，试图实现调解。巴勒斯坦人认识到卡塔尔参与的重要性，所以双方均认可卡塔尔在该地区是具有战略影响力的一个国家。[19]谢赫贾西姆前往加沙，在法塔赫的马哈茂德·阿巴斯和哈马斯的伊斯梅尔·哈尼亚之间往来。谈判的准备工作可能是在卡塔尔开始的，因为据报道称，哈马斯名义上的领导人哈立德·马沙尔和马哈茂德·阿巴斯在此会面。作为巴勒斯坦各派系的传统调停者，埃及注意到了卡塔尔的参与，并对自己被这个新兴的、富裕的酋长国取代感到不快，指责卡塔尔"用巴勒斯坦人的鲜血来获取政治收益"。[20]卡塔尔的计划主张两国方案，以及默认以色列的存在。然而，卡塔尔的直接调停失败了，让一些人认为卡塔尔"是一个意愿良好，但是影响力不足的玩家，其所寻求的角色远超过了自己的实际影响力"。当卡塔尔在黎巴嫩实现了突破后，这种印象才在很大程度上被扭转。在一份机密的外交电报中，埃及外交部长阿布·盖特被描述成把卡塔尔与叙利亚放到一类：伊朗的谄媚者。[21]

5. 黎巴嫩：这是卡塔尔目前最著名的调停，发生在2008年5月，推进了卡塔尔作为一个谈判者的信誉。沙特人的调停一般都会失败，而谢赫贾西姆和卡塔尔的谈判者能够促成协议，是因为他们已经与真主党和黎巴嫩的其他党派建立了长久的关系。

6. 伊朗和阿联酋：2001年，伊朗拒绝把自己的案件移交给国际法庭后，卡塔尔参与进来，试图通过谈判让伊朗和阿联酋就大小通布岛和阿布穆萨岛的主权问题达成协定。

7. 也门和胡塞武装：虽然卡塔尔在胡塞武装和也门政府之间进

行谈判的努力失败，2007年的和平协议也被打破，但是按照伦敦查塔姆研究所的格尔德·农尔曼教授的说法，卡塔尔人仍被视为"唯一一个看起来能够产生影响的玩家"。[22]卡塔尔提出，如果胡塞武装的领袖能够同意和平协议，或者希望离开也门，在卡塔尔避难，卡塔尔能够接收他们。

8. 苏丹：卡塔尔作为东道主接待苏丹政府和2009年2月的正义与平等运动的代表。卡塔尔积极参与，以进一步破坏与埃及的关系为代价，企图解决苏丹的冲突。与加沙的情况一样，埃及认为自己是这场冲突很自然的谈判者。

9. 摩洛哥和阿尔及利亚：卡塔尔参与到摩洛哥与西撒哈拉的谈判。2004年，当卡塔尔协商了一个协定后，波利萨里奥阵线释放了100名摩洛哥因犯。[23]另外，卡塔尔还接纳阿尔及利亚的反对派人物。

10. 反对派：卡塔尔接纳来自多个阿拉伯和伊斯兰国家的流亡的反对派人物。毛里塔尼亚的前总统马维亚·乌尔德·塔亚，萨达姆·侯赛因的妻子萨吉达·海拉拉，伊拉克的前部长纳吉·萨布里，阿尔及利亚的伊斯兰拯救阵线的创始人谢赫阿巴斯·迈达尼，车臣共和国的前总统萨利姆·扬德贝夫，以及其他几个显赫的人物都在卡塔尔找到了避难所。定居到一个富裕的酋长国，常常还能获得养老金和支持，这为反对派人物提供了一个退出策略，同时也让卡塔尔有了对在位政权影响力。但是，居住在卡塔尔并不一定能够保证所有政治流亡者的安全。2004年，俄罗斯特工暗杀了车臣领导人泽利姆汉·扬达尔比耶夫，在他离开多哈的一个清真寺后炸毁了他的汽车。近来，卡塔尔支持反对叙利亚总统巴沙尔·阿萨德的叛乱，以及将叙利亚逐出阿盟。

虽然这个说明了卡塔尔调停活动的列表令人印象深刻，但是卡塔尔的国际事务并不只是被调停声望定义。卡塔尔要维护和促进自己的利益。虽然这些利益与其表面上作为一个谈判者的"客观"状态相比显得暗淡，但是它们对于卡塔尔与国际社区的关系有着非常实在的影响。本章将讨论卡塔尔适应性非常强的国际和外交政策的起源、影响和可持续性。卡塔尔已经让自己成功登上了观点和争议的世界舞台。在很多方面，平衡强权国家的这种成功的外交政策创造了卡塔尔，外交政策和卡塔尔的国际投入将确保其在未来拥有不可思议的财富和独立性。虽然卡塔尔在国际外交上灵活而有效，但是直接影响卡塔尔的主要地区挑战（例如伊朗的前景和美国在该地区的军事存在）或者恐怖主义的威胁可能需要卡塔尔在该地区的国际事务中扮演一种更加明确、因而影响力会减弱的一种角色。尽管过去在国际事务上取得了成功，卡塔尔必须面对深刻的外交政策困境：卡塔尔与美国的特殊关系的本质是什么？卡塔尔在两个截然不同，而且在很多方面彼此敌对的邻国（沙特阿拉伯和伊朗）之间如何自处？随着对地区联盟或海湾合作委员会的承诺的增加，卡塔尔愿意放弃自己强大的、独特的外交资本吗？海湾地区发生严重动乱，特别是面对反叛的、拥有核武器的伊朗的威胁或者潜在的基地组织攻击时，卡塔尔将会变成什么样子？

本章通过讨论卡塔尔与当地和全球关键国家的国际关系的历史和现状，来探讨这些问题。卡塔尔的策略是不动声色，在引发分歧的国际问题上不透露自己的准确观点（以色列与巴勒斯坦的冲突不在此列），以及单独处理每个战略伙伴关系。通过这种方法，卡塔尔成为敌人之间共同的朋友。举止笨拙的大国甚或地区强权具有复杂的外交机构，以及在一开始就被声明，或者很容易推断出来的利益，但是卡塔尔的外交则不同，不只十分灵活，管理也更加完善有效。由卡塔尔参与国际事务，唯一能够推断的是，如果必须用金钱来解决问题或者提升卡塔尔的声望和机会，那么卡塔尔就会提供巨额的金钱。卡塔尔看起来采取了一种根据具体国家或者组织而决定的外交方法，所以接下来介绍其与地区与国际上的关键国家和关键玩家的关系时，采取同样的方法十分合理。

沙特阿拉伯

卡塔尔与沙特阿拉伯的关系是其最重要、也是最长久的国际关系之一。穆罕默德·本·萨尼在19世纪50年代通过灵活利用沙特阿拉伯的支持来对抗巴林，帮助萨尼家族从默默无闻变得在卡塔尔十分显赫。事实上，萨尼家族将自己的族谱追溯到沙特阿拉伯，而且大部分卡塔尔人都奉行轻度的沙特瓦哈比派。尽管如此，在萨尼家族统治卡塔尔的这段历史中，卡塔尔与沙特阿拉伯的关系仍然十分紧张和复杂。沙特国王声称阿拉伯半岛的所有贝都因人都是其臣民，所以一直表示沙特阿拉伯的边界线应该延伸到贝都因人踏足的地方："伊本·沙特告诉他们，阿拉伯半岛的所有贝都因人都是他的臣民，他的邻国只拥有小镇。"[24] 居住在海岸线上采珠小镇的萨尼家族，与在反对萨尼家族或者想要逃避税赋时申明自己效忠沙特阿拉伯的贝都因人和其他部落之间的关系一直非常复杂，麻烦不断，上述主张和其他相关主张就是原因所在。沙特阿拉伯在政治上、经济上和宗教上是一个巨人，不只紧邻卡塔尔，看起来还要让卡塔尔生活在其阴影下。目前沙特阿拉伯是唯一与卡塔尔在陆地上接壤的国家。正如可以预见的，这个边界一直是两国之间的一个冲突点，尤其当近年来半岛上每平方英里的土地都从荒漠变成了能够带来大量利润的石油储藏点，情况就更加严重了。虽然卡塔尔政府官方宣称与沙特阿拉伯有良好的关系，但是卡塔尔人，尤其是年轻人，似乎持有不同的观点。2009年2月15日的一次BBC多哈辩论上，大部分参与者的结论是，卡塔尔与沙特阿拉伯在"进行冷战"。[25] 我在卡塔尔大学的男学生们常常提到沙特阿拉伯，以及一些部落（如库瓦里）的卡塔尔人保护边界不被沙特阿拉伯侵略的勇敢行为。

卡塔尔目前与沙特阿拉伯的边界冲突始于1965年的一个协定，该协定规定边界从西部的萨尔瓦一直到海湾东部的豪尔。卡塔尔在1971年独立，导致问题变得复杂，尤其是因为海湾地区的许多新国家拒绝承认在英国保护下签订的协定。阿联酋和英国仍然认为阿联酋的边界延伸到卡塔尔南方的边界地区，这是古河哈瓦乌达德的多哈入口和遗迹。沙特阿拉伯对此持有异议，认为围绕哈瓦乌达德的所有地区都属于沙特阿拉伯，基本上要求卡塔尔与阿联酋之间的所有交通都要经过沙特阿拉伯。1992年，卡塔尔与沙特阿拉伯在边界哨所哈夫斯发生冲突，导致3人死亡。这个哨所原本与阿联酋接壤，现在与沙特阿拉伯接壤。卡塔尔称，沙特阿拉伯攻击了边界哨所，而沙特阿拉伯则称，这场冲突发生在沙特阿拉伯境内的贝都因人之间。据说，"穆拉部落的领袖谢赫埃米尔穆罕默德·本·沙利姆及其一群追随者按照沙漠传统武装起来，进入该地区调查（据说是一个）卡塔尔营地"，引发了这场冲突。[26] 虽然"没有证据"表明穆拉部落的这次考察是私人行为还是受到沙特阿拉伯的指使，但是穆拉部落是沙特阿拉伯领土边界的官方保卫者。不久前的1990年，阿联酋刚刚将其与卡塔尔的边界让与了沙特阿拉伯，使卡塔尔与其南方的海湾邻国隔离开。事件发生后，哈马德王子（未来的埃米尔）立即要求中断与沙特阿拉伯建立已久的1965年边界协定，声称这场事件是"沙特阿拉伯与卡塔尔关系的一个严峻的先例"。[27]沙特阿拉伯继续侵犯和占领了哈夫斯的边界哨所。这为地区强权立即提供了一个机会来与卡塔尔建立新的关系来防范沙特阿拉伯。伊朗和伊拉克公开支持卡塔尔对抗沙特阿拉伯，称这场事件是侵略行径。伊朗甚至表示愿意与卡塔尔签署共同防御协定。事实上，卡塔尔近来试图巩固与伊朗的关系，可以追溯到卡塔尔与沙特阿拉伯不那么友好的关系上。

1999年，卡塔尔与沙特阿拉伯签署了一个更加明确的边界协定。尽管如此，紧张态势仍然存在，对边界事件进行的彼此冲突的解读，导致卡塔尔人针对沙特阿拉伯的敌对反应。近期，卡塔尔临时废除了穆拉贝都因人的盖夫兰氏族的大约5000名成员的卡塔尔护照，就与后者在2004年作为沙特阿拉伯的边界巡逻员有关。卡塔尔还声称，该氏族的成员仍然持有沙特阿拉伯的公民身份，因而不再有资格继续拥有卡塔尔的公民身份。按照1961年的卡塔尔法律，如果公民犯下"严重罪行"，有可能失去卡塔尔的公民身份，甚至变得"没有"任何公民身份[1]。根据一些流亡的部落成员的说法，这条法律还被延伸到包含任何激烈批评卡塔尔媒体或者王室的人。[28]尽管如此，卡塔尔政府声称穆拉部落"从沙特阿拉伯或者卡塔尔政府，或者同时从两个政府每月收到款项。"[29]吉尔·克里斯特尔

---

[1] 阿拉伯语的英译为bidoun。

确认了该氏族在1996年的政变企图后失去护照的6000名成员。[30] 1996年和2005年，沙特阿拉伯支持针对埃米尔的政变，进一步恶化了与卡塔尔的关系，为沙特阿拉伯和卡塔尔之间存在秘密"冷战"的观点提供了依据。事实上，对于埃米尔容许卡塔尔境内媒体公开批评沙特阿拉伯的做法，沙特人并不喜欢。他们也越来越把卡塔尔视为一个对手，特别是因为卡塔尔已经在国际谈判中赢得了声誉，并且当美国军队撤离沙特阿拉伯领土后，选择卡塔尔作为美国中央司令部的驻扎地。学者艾哈迈德·赛义夫写道：

> 尽管地理规模较小，但是卡塔尔正在成为海湾地区一个相对重要的玩家，而且在一定程度上削弱了沙特阿拉伯。卡塔尔的许多政策可理解为企图消除或者降低被认为飞扬跋扈的沙特阿拉伯的影响。[31]

萨达姆·侯赛因的陨落，让卡塔尔在战略上不再需要沙特阿拉伯保护自己不受伊拉克的侵略。卡塔尔将注意力放到了阻止沙特阿拉伯提升其影响力，并把边界深入到海湾地区的小国家内。尽管卡塔尔也奉行沙特瓦哈比主义，但是卡塔尔人区分了他们更加开放的"海上瓦哈比主义"和沙特阿拉伯的"沙漠瓦哈比主义"。什叶派可以有自己的宗教法律系统作为家事法。卡塔尔的土地上已经建立了基督教堂。印度商人甚至庆祝印度黄金节。[32]沙特阿拉伯强大的神职阶层不会容忍这些活动。诚然，卡塔尔埃米尔对于宗教机构的控制力要比沙特阿拉伯国王对于瓦哈比神职人员的控制力强得多。沙特的君主可能倾向于不那么强硬，但是宗教神职人员的影响力很强大，而且他们鼓动异议的能力要比在卡塔尔强得多。虽然如此，奉行瓦哈比主义的不同方式在很大程度上也可通过卡塔尔人的生活方式来解释。卡塔尔人与贝都因游牧部落不同，后者彼此争夺着水井和绿洲农业，而卡塔尔人则进行贸易，并有着更加复杂的村落生活方式。他们还发展了一种作为集体依靠海洋为生的方式。1916—1917年的英国海军部文件中的一个段落总结了在发现石油前，大部分卡塔尔人的生活情境：

> 卡塔尔的主业是采珠，在一些地方还会饲养骆驼。卡塔尔半岛的兴趣主要在海上；人们靠海吃海，一年大部分时候都待在海上；城镇和村落背弃了荒凉的陆地……定居的人们几乎没有什么牲畜……[33]

除了卡塔尔的海上贸易文化和沙特阿拉伯精英以贝都因文化为主之间的基本区别，分析家们认为卡塔尔的政治改革计划是埃米尔的一种手段，用来让西方把卡塔尔与沙特阿拉伯区分开。甚至可以说，沙特阿拉伯为萨尼家族提供了一些间接的、意外的好处。与任何潜在的好敌人的威胁一样，沙特阿拉伯对卡塔尔的所谓干预，反而增强了对萨尼家族和现任埃米尔的支持。例如，1996年和2005年的政变以及后来声称的政变主要围绕着国内的氏族或者效忠前埃米尔的人们，但是谢赫哈马德及其盟友可以指责沙特阿拉伯造成了这些政变。这让谢赫哈马德能够转移和否认任何严重的国内反对声音，将其定性为沙特阿拉伯动摇卡塔尔的又一次尝试。

沙特阿拉伯和卡塔尔之间最近有一些有限的公开和解的迹象。

2007年9月，半岛电视台董事会主席谢赫哈马德·本·塔默·萨尼前往沙特阿拉伯，寻求能够获准在沙特阿拉伯进行报道。此前，在2002年，沙特阿拉伯禁止了半岛电视台的所有运营，并召回了其驻卡塔尔的大使。半岛电视台几乎缓和了其对于沙特阿拉伯事务的一些报道。[34]然而，关于半岛电视台的这些争端并不能解决卡塔尔与沙特阿拉伯在根本上紧张的关系：沙特阿拉伯将卡塔尔视为新兴国家，而卡塔尔人则惊恐地看待着自己这个较大的邻国，尤其要考虑到在这个地区，国界和对自然资源的主张不断易主。例如，沙特阿拉伯反对卡塔尔的海豚能源项目，该项目将绕过沙特阿拉伯，把天然气通过管道从卡塔尔输送到阿联酋、巴林和阿曼。

然而，除了资源，对于现代世界中什么是真正的阿拉伯和穆斯林，也存在争议。沙特阿拉伯赞助迪拜的阿拉比亚电视台证明了这种分歧。沙特阿拉伯还允许设于伦敦的国际阿拉伯语报纸广泛批评卡塔尔，并为这些报纸提供资金支持，例如《中东日报》。2006年，卡塔尔在报纸媒体战中采取报复措施，宣布计划在伦敦建立自己的阿拉伯语报纸。随着沙特阿拉伯从目前的国王阿卜杜拉的自由化领导过渡到下一任国王，卡塔尔与沙特阿拉伯之间的关系可能变得更加激烈。

巴林与波斯湾

一开始被视为"少壮派"，有可能威胁到旧守卫的根深蒂固的利益，所以谢赫哈马德在1995年罢免了自己的父亲后，与其他海湾君主的关系一开始并不顺利。例如，巴林和阿联酋就继续承认哈马德父亲的主张。他们允许哈马德的父亲留在自己的境内，策划反政变。随着哈马德迅速、果断地避免了这些反政变，权力变得越来越大，而且影响力和灵活的外交技巧也开始得到越来越多人尊重，他开始谨慎地支持与科威特、巴林、阿联酋和阿曼进行更大程度的联系。

卡塔尔和巴林的国旗相似，一个是白色与褐红色构成的竖带，中间由三角形锯齿隔开，另一个（巴林国旗）则由白色和亮红色构成，除此之外图案相同。它们不只是英国保护下的共同历史的遗留物，也是外交礼仪专家的噩梦。然而，卡塔尔和巴林不只有着相同的国旗图案。在历史上、政治上和地理上，卡塔尔和巴林有着深刻的联系。尽管如此，边界争端（深深植根于两国的历史）在过去阻碍了他们的关系发展。直到1999年12月，卡塔尔和巴林才同意彼此开启全面外交关系。

在认识到浅海岸和领海下面可能藏有无法想象的财富后，卡塔尔和巴林近来在存在争议的哈瓦尔群岛上交火。哈瓦尔群岛是卡塔尔西海岸的一群大部分荒凉的多石小岛，偶尔被达瓦希尔部落占领。祖巴拉明显是卡塔尔半岛的一部分，但在历史上是巴林的一个前哨，尽管事实上在卡塔尔主权的有效控制下，但是一直到20世纪90年代，巴林都声称拥有祖巴拉。2001年5月，国际法院最终裁决，巴林可以主张哈瓦尔群岛，但是必须放弃卡塔尔半岛上的浅滩和陆地。此次裁决后，巴林与卡塔尔的关系在根本上发生了好转。虽然在历史上，巴林在石油经济中要比卡塔尔更加知名，但是其石油储藏开始耗尽，越来越多的巴林人来到卡塔尔寻求工作。巴林和卡塔尔之间计划建设一条堤道大桥，预计可让这两个海湾君主制国家建立更深的联系。这条28英里长的堤道被称为"友谊桥"，预计至少需要5年的时间完成。[35]但是，尽管官方做了许多宣布，这个项目却没什么进展，最近的承诺是这条大桥将在2015年建设完成。[36]

1995年哈马德发动政变后，阿联酋允许被罢黜的谢赫在自己国家保持一个影子内阁，并支持哈利法复位的运动。现在，卡塔尔与阿布扎比、阿联酋和阿曼的关系也已经有了显著改善。这些国家改善与卡塔尔的关系，主要原因之一是沙特阿拉伯在该地区对所有国家构成了威胁。海豚能源管道项目计划绕过沙特阿拉伯，把海湾国家与卡塔尔连接起来，让卡塔尔成为海湾市场的一个天然气供应中心，这象征着他们与卡塔尔的关系得到了巨大改善。例如，1976年，巴林甚至拒绝考虑建设连接卡塔尔的大桥，即使卡塔尔愿意提供全部资金，而且大桥的建成也将为巴林带来明显的好处。新确定的边界，以及各个国家越来越意识到需要共同抵御恢复活力的伊朗，减少了地区合作的障碍。然而，巴林仍在谨慎地看待卡塔尔。

近期泄露的电报说明巴林的哈马德国王对于卡塔尔的行为感到恼怒，尤其是卡塔尔武装部队的总参谋长近期访问了伊朗，而且卡塔尔拒绝了巴林的天然气请求。卡塔尔的总参谋长、少将哈马德·阿提亚计划与伊朗进行联合军事演习，甚至邀请了伊朗部队进入波斯湾。哈马德国王还指出，尽管声称已经耗尽石油，卡塔尔却能够把新生产的天然气输出到墨西哥和英国。[37]

尽管地理上接近，而且明显存在相似性，海湾国家之间的良好关系却并不是天然形成的。1988年，联合国工业发展组织指出：

> 6个GCC经济体之间的贸易几乎可以说无关紧要。卡塔尔从GCC国家的进口量不到其进口需求的4%。因为GCC国

家在很大程度上依赖石油出口,所以他们之间的贸易量相对有限。[38]

海湾国家的领导人们积极努力,改变了过去缺少地区经济合作的情况。如今,创建"海湾币(Gulfo)"(等效于一个地区超级金融大国发行的货币)的工作正在筹备中。但是,虽然融入海湾的程度越来越高,带来了很多经济机会,卡塔尔必须在这种融入与保持自己高度独立的利益之间取得平衡。

伊朗

2009年3月,路透社援引伊朗方面消息(包括伊朗离岸运营的主管)称,卡塔尔国家银行计划为伊朗的石油开发提供4亿美元的贷款。一天后,该银行否认存在这项贷款。[39]尽管如此,卡塔尔和伊朗之间的商业关系经常见诸报端,同样被广泛报道的还包括卡塔尔与伊朗在北方气田(伊朗称之为南帕斯气田)上的合作,这是卡塔尔和伊朗共同拥有的一个巨大的天然气储藏地,由一条海上边界将这两个国家隔开。豪华的伊朗大使馆就位于多哈滨海大道最显眼的位置之一。埃米尔最喜欢的饭店之一,就是他专门命令按照波斯风格设计的。这个耗资数百万美元的建筑由许多令人惊叹的小室组成,室内墙壁上镶嵌着水晶、半宝石和玻璃,把光线散射出去。在这些让人眼花缭乱的伊朗小室中,现实似乎与纯意象融合了起来,在许多方面,它们成为卡塔尔与伊朗之间的复杂关系的完美象征。

法定继承人塔米姆王子曾数次专门前往伊朗,而伊朗保守的总统艾哈迈德内贾德不顾西方抗议,接受了访问卡塔尔的邀请。如果忽视了卡塔尔是美国军队中央司令部的总部所在地,可能会误以为卡塔尔真心地同情伊朗政权。但是，卡塔尔的现实和谢赫对于伊朗的观点与卡塔尔的大部分外交关系一样，故意被模糊化和隐藏在限制条件之后。虽然卡塔尔肯定知道，如果美国撤离海湾地区，伊朗有可能控制波斯湾；但是另一方面，卡塔尔也知道，美国撤离的可能性很小。通过在美国利益之外独立发展与伊朗的关系，卡塔尔能够保护并拓展与这个庞大的海湾邻国的赢利关系。甚至可以说，卡塔尔试图让自己成为美国和伊朗之间的一个秘密的谈判者，再次收获调停的好处。

中立的表面，以及卡塔尔作为一个有效谈判者的声望，是卡塔尔有时候特别成功的外交政策的核心。虽然通过保持开放，并且容忍众多党派和持有不同观点的人们利用自己的经济和媒体资源，让自己能够协商争端，但是卡塔尔的两个最重要的国际伙伴（美国和伊朗）之间的争端似乎让卡塔尔精疲力竭。卡塔尔试图同时取悦伊朗和美国，但是这样做的一个问题是，卡塔尔原来用于解决和缓和其他冲突，最终收获声望的方法，其实有着严重的风险。卡塔尔不能用取悦哈马斯和以色列，或者黎巴嫩冲突各方，甚至卡拉达维（新传统电视神职人员）和萨阿德·埃丁·易卜拉欣（一名自由的亲民主改革者，因为支持推翻萨达姆·侯赛因而知名），以及其他持有相反意识形态的各方的方法，来取悦美国和伊朗。在这里，卡塔尔的标准外交政策公式不会有效果。原因有两个：首先，与卡塔尔调停的其他冲突不同，在卡塔尔与伊朗的徐徐沸腾的冲突中，卡塔尔不会被视为一个中立方。卡塔尔不只与伊朗分享着赢利的北方气田，维持海湾地区的安全，以及限制该地区的潜在霸权的扩张，也与其利益攸关。

历史上，波斯（如今的伊朗）与阿拉伯在争夺海湾地区的控制权上进行了漫长的斗争，卡塔尔在阿拉伯半岛西边这个地理位置，让它成为这些斗争的前线。海湾地区被称为"波斯湾"，而不是"阿拉伯湾"，让卡塔尔人和大部分海湾地区的阿拉伯人感到被侮辱，这个事实反映了该地区的地理位置固有的一种持续存在的紧张态势。对于伊朗的这种不安感，因西岸的逊尼派阿拉伯人内部的政治分裂而加重。伊朗常常声称拥有整个海湾沿海地区，不是作为一个影响范围，而是完完全全地占有。在哈利法家族迁徙到巴林并成为岛屿的当权者之前，伊朗控制并占有着巴林岛。1753年，波斯萨法维王朝统治者纳迪尔沙占据了巴林岛。卡塔尔人与从祖巴拉航行而来的哈利法部落组成联合军，在1783年夺回了巴林岛，但是直到20世纪70年代，伊朗才最终放弃了对巴林的主张。[40]

伊朗还提醒着海湾地区的阿拉伯国家在政治上的软弱。伊朗很早就在政治上统一，并统治了海湾东部的大部分地区，海湾的阿拉伯一侧则依然分裂。即使在伊斯兰兴起之前，海湾地区的东海岸，从科威特到哈萨（沙特阿拉伯东部面对海湾的一个省份），再到卡塔尔和阿联酋都被波斯占据。伊斯兰在麦加以至阿拉伯半岛西部（相对远离波斯的影响）的兴起，让海湾地区的阿拉伯人能够鼓起勇气，他们与其他阿拉伯部落一起皈依，在7世纪领导了入侵萨珊波斯的行动。公元632—644年的阿拉伯征服战争，导致了一度强盛的帝国的衰落。不同于埃及或黎凡特最终被阿拉伯语束缚，尽管大部分波斯人皈依了伊斯兰教，但是他们从来没有完全拥抱阿拉伯语和阿拉伯文化。

关于波斯人与阿拉伯人的分裂，流行的观点认为其根源在于当初什叶派与逊尼派穆斯林的分裂，但是这种观点并不正确。阿里（先知穆罕默德的后代）的去世到伊斯梅尔（一个很有魅力的领导人，在波斯建立了什叶派萨法维帝国）的崛起，之间相隔了大约800年。海湾的伊朗一侧与阿拉伯一侧在地理、政治、族群、语言和文化上的差异几乎一直比宗教差异的影响更具有根本性。虽然宗教仍然是一个试金石，但是卡塔尔人倾向于不讨论什叶派与逊尼派之间的区别，伊斯兰教的这两个派别在卡塔尔几乎不存在公开冲突。在海湾地区，并不是所有国家都持有这种平和的态度。与卡塔尔形成鲜明对比的是，巴林的统治家族是逊尼派，但是其绝大多数人口是什叶派，导致分裂不可避免，巴林人也在要求享有更大的政治控制力。在沙特阿拉伯，靠近波斯湾的哈萨地区以什叶派人口为主，一直是政治压迫的对象。沙特瓦哈比教条的基础是消灭什叶派和苏菲派"异端"，沙特掠夺者在18世纪就抢夺了卡尔巴拉的什叶派圣殿，但是卡塔尔人对于什叶派就没么敌对。卡塔尔人口中大部分是逊尼派，与萨尼家族保持相互依赖的关系，所以卡塔尔人似乎很满足，不去考虑宗教差异。

虽然在历史上，卡塔尔与伊朗曾经争夺波斯湾，虽然卡塔尔在表面上信奉的是瓦哈比逊尼派信条，并且与美国保持密切关系，但是总体来看，在卡塔尔的历史上，与伊朗还是保持着友好的关系。卡塔尔一直欢迎波斯人前来进行贸易，成为商人，而且在从英国统治过渡期间，伊朗的商人家族（如德尔维什和马那）在卡塔尔的政府和经济中扮演了重要的角色。虽然在20世纪30年代之前，除了非洲奴隶以外，几乎没有非阿拉伯人能够获准在卡塔尔生活，但是波斯人在卡塔尔半岛上保持了重要的存在。

作为地区强权，对于卡塔尔在平衡海湾地区各国之间的势力，从而收获自己的利益，伊朗并不是完全抱有敌意。卡塔尔的现任统治者谢赫哈马德·本·哈利法与伊朗的神权政治政权保持着战略政治关系，指责"幕后黑手"（暗指西方的情报干预）操控了2009年伊朗总统选举后反对派领导人进行的抗议。谢赫哈马德暗示，美国故意在阿拉伯国家中激起了"恐伊症"。[41]王储谢赫塔米姆私人受托来维持与伊朗的联系。

尽管如此，在看待卡塔尔甚至谢赫哈马德与伊朗政权的成员之间的私人友谊时，必须考虑到卡塔尔明确支持着美国甚至以色列的利益。美国在海湾地区最大的军事基地和美国中央司令部的总部就位于卡塔尔乌达德，在伊朗火箭弹的攻击范围内，所以卡塔尔对伊朗的友好姿态事实上可能是企图让自己免受伊朗政权先发制人的报复。而另一方面，卡塔尔对伊朗的外交操纵也实现了美国的利益。这种友好姿态可能让伊朗对于攻击一个"友好的"阿拉伯国家三思，而卡塔尔目前计划在伊朗和多哈之间每月往返200个航班，并且计划给伊朗人发放72小时签证，使伊朗人能够进入卡塔尔进行贸易和商业交流。通过使用软外交来防止冲突和支持经济扩张，同时巧妙地保护自己的根本主权利益，卡塔尔与伊朗的良好关系还阻止了沙特阿拉伯在阿拉伯海湾地区一家独大。

许多伊朗人和美国军队及外交政策的高级人员也很感激谢赫哈马德在海湾战争中，指挥一个旅参与到反抗萨达姆·侯赛因（伊朗的大敌）的行动中。哈马德指挥的一个旅的士兵是在海夫吉与伊拉克军队作战的第一批联盟军队之一。[42]然而，卡塔尔和谢赫哈马德与美国和伊朗之间的相互尊重，可能会到达一个转折点，要求卡塔尔必须在这两个国家之间选边。

伊拉克的局势稳定，以及什叶派在海湾地区的影响增加（不只在伊朗，也包括伊拉克政府）迫使卡塔尔重新评估自己最重要的国际承诺，因为虽然卡塔尔在调停中赢得了短暂的国际影响力，但是仍然是一个弱小且高支出的国家。美国在海湾地区的影响可能消失，但是伊朗在整个海湾地区始终有着地理上和战略上的利益。伊朗不只与卡塔尔分享着巨大的气田，而且很嫉妒卡塔尔更好的天然气液化和运输设施。美国与伊朗之间的冲突可能导致地区不稳定，但是对于卡塔尔来说，如果能够保持出口，那么石油和天然气价格的升高会让其在经济上获益。如果发生全面武装冲突，美国在卡塔尔半岛的军事基地成为攻击目标，那么这会成为很大的担忧，而另一方面，对伊朗进行的严厉制裁，或者对伊朗的核设施进行战略打击，进而导致伊朗与世隔离的风险，让卡塔尔开始关注寻找其他方式来分销其石油和天然气。迫切地关注石油管道项目，如绕过不稳定的霍尔木兹海峡的海豚项目，以及近期连接土耳其的管道提案，让卡塔尔能够选择直接把石油和天然气输送到欧洲客户。而且，真正从长远的角度看，能够把美国看成长长的一串西方帝国势力——从亚历山大大帝到葡萄牙、再到英国——中最近的一个，最终会从该地区撤离。随着美国开始全面撤离伊拉克，将注意力放到中亚和阿富汗——用北大西洋公约组织秘书长安诺斯·福格·拉斯穆森的话说，那里是恐怖主义"大中央车站",[43]卡塔尔不只与遥远的超级大国美国发展密切关系，也在与地区强权伊朗悄悄发展密切关系。

维基解密近期泄露的机密外交文件揭示了卡塔尔如何向美国外

交官维护自己与伊朗的关系。当美国国防部助理部长亚历山大·弗什博向卡塔尔施压,要求卡塔尔与伊朗保持距离时,王储塔米姆和少将阿提亚"重申了卡塔尔的观点,即他们认为需要争取所有的邻国,并且卡塔尔也许可以通过让伊朗站在自己一边来影响伊朗的行为"。有意思的是,这份电报还透露,美国政府不情愿让卡塔尔获得敏感探测设备,例如大飞机红外对抗(LAIRCM)系统。这可能是因为卡塔尔与伊朗的关系太密切。与此同时,阿提亚向美国抗议称,虽然卡塔尔与伊朗是邻国,但"并不是朋友"。[44] 在与前美国总统候选人和参议院外交委员会的主席,参议员约翰·克里的会面中,卡塔尔埃米尔谢赫哈马德说:"根据与伊朗人打了30年交道的经验,如果他们说了100句话,你只能相信一句。"[45]

虽然存在忧虑,但是卡塔尔与伊朗分享着世界上最大的已探明气田——北方气田/南帕斯气田,意味着卡塔尔不会心甘情愿地与伊朗完全切断关系。2005年,卡塔尔在该气田的份额占全世界已探明储量的14%,这是一个巨大的数量。伊朗的份额占5%。[46] 在准备卡塔尔总理访问华盛顿的工作时,一份美国国务院的电报直白地说出:"目前,我们预计卡塔尔不会同意我们在卡塔尔的土地上攻击伊朗,除非能得到美国政府某种永久性的安全保证,并且要包括其与伊朗共同拥有的离岸天然气田。"[47]

基地组织

对于卡塔尔精心平衡国际势力的活动,最严重的国际威胁之一来自非国家组织。卡塔尔意识到基地组织造成的威胁,于是公开谴责这个恐怖组织。从谢赫哈马德的公开声明来看,他坚定地反对基地组织,也反对将政治暴力作为战术。按照密歇根大学的教授胡安·科尔的观点，据称谢赫哈马德"在美国抓获基地组织特工拉姆兹·本·希布赫和哈立德·谢赫·穆罕默德的行动中助了一臂之力"。[48]尽管如此，正如前面提到的，美国媒体一直在报道卡塔尔政府代表和基地组织领导人之间有接触。维基解密泄露的一份美国国务院电报证实："卡塔尔虽然多年来一直是美国军队的一个大方的东道主，但是在对抗恐怖主义方面，却是该地区表现最差的国家。"卡塔尔的安全部门"担心看起来与美国保持一致可能招致报复，因此对于采取行动打击已知恐怖分子犹豫不决"。[49]奥萨马·本·拉登似乎将大部分录音带首先泄露给半岛电视台，让一些人认为这家位于卡塔尔的卫星电视台是基地组织的宣传部门。这些说法似乎主要以推测和未经确认的消息源为基础。尽管如此，即使卡塔尔的一些人，甚至埃米尔自己私下与基地组织进行有限的接触，也有其战略原因，能够说得过去。

首先，基地组织是沙特阿拉伯的肉中刺，是对沙特君主的直接威胁。大部分美国人和欧洲人相信，基地组织只关心如何攻击"西方"的生活方式，但是并非如此，基地组织的主要目标之一是破坏并最终推翻沙特君主制。基地组织的近敌并不是美国，而是沙特阿拉伯的腐败的、不符合伊斯兰教规的统治，并可推广到其他腐败的阿拉伯政府。破坏一个主要的石油码头，或者扰乱海湾地区的贸易，将对海湾地区，以及海湾地区的君主及其家族的生存能力产生深远的负面影响，不只对于沙特阿拉伯，对于卡塔尔也是如此。通过让自己与沙特阿拉伯脱离关系，并保持自己与基地组织的沟通渠道，卡塔尔可能在防止自己领土上发生破坏稳定的、毁灭经济的攻击。基地组织的智囊发言人艾曼·扎瓦希里指责"海湾地区的统治者不遵守沙利亚法[1]，在统治时与基督教徒和犹太人建立了友谊"。按照扎瓦希里的说法，"任何观察阿拉伯半岛、海湾酋长国、埃及和约旦的人都会看到，他们已经变成了十字军的基地和兵营，为其力量进入伊斯兰世界的核心提供行政上和技术上的支持。"[50]卡塔尔当然符合扎瓦希里认为应当推翻的君主制国家的标准，不过一些卡塔尔人无疑想要确认，扎瓦希里呼吁推翻海湾君主制，针对的是其他"堕落的"君主制。

尽管如此，虽然存在这些威胁，仍有迹象表明，萨尼家族的一些成员（最重要的是内政部长谢赫阿卜杜拉·本·哈立德·萨尼）在过去同情基地组织，并与基地组织有接触——有的甚至追溯到冷战期间，圣战者在阿富汗与苏联进行战斗时。阿卜杜拉·本·哈立德·萨尼目前被软禁在家中，但是仍然保留着内政部长的职位，说明需要让他的家庭和权力基础感到满意。[51]必须记住，冷战结束后，CIA和圣战者之间也存在类似的同情与联系。但是，说卡塔尔对基地组织有一个一贯友好的政策，或者其利益与基地组织宣布的野心——创建一个新的哈利法辖地，推翻伊斯兰世界的君主和统治者——统一到一起，看起来不符合逻辑。虽然卡塔尔想要转移遭受攻击的可能性，但是考虑到美国中央司令部就驻扎在卡塔尔的土地上，所以卡塔尔或萨尼家族君主支持一个最终谋划毁灭海湾地区和伊斯兰世界的君主制和单一民族国家的组织，是并不合理的。

事实上，虽然无国籍组织针对卡塔尔发动多起恐怖袭击的可能性不大，并且有些牵强，但是相比尽人皆知的国家（例如伊朗）的

---

[1] 阿拉伯语的英译为sharia，即伊斯兰教法。

侵犯，却是对卡塔尔及其不可思议的经济潜力更加直接的威胁。在高度不现实的事件中，例如伊朗入侵卡塔尔，美国空军可以消灭伊朗舰船。作为卡塔尔最明显的首要战略友国，美国在遏制甚至击败单一民族国家方面展现了自己的能力，但是在遏制和击败该地区的无国籍组织方面却效果不大。因此，卡塔尔政府中的一些人保持与基地组织的秘密联系，甚至支持基地组织，可能只是在保持谨慎。除了2000年美国基地发生的一起枪击事件，在卡塔尔发生的唯一一起据称是基地组织进行的攻击发生在2005年3月，一家讲英语的剧场正在上演莎士比亚的《第十二夜》期间。一位英语教师死亡，12人受伤。

除了这起悲剧事件（针对的是外国人，而不是卡塔尔政府），卡塔尔在很大程度上没有发生沙特阿拉伯国内的那种攻击。事实上，卡塔尔不受恐怖袭击（即使这种豁免是通过秘密手段实现的），也符合美国的短期利益。[52] 相比起诉卡塔尔国内潜在同情基地组织的人，美国的更大战略利益是保持卡塔尔的稳定。如果卡塔尔发生大规模的基地式袭击，对于美国在整个地区的战略利益将立即产生打击，因为美国将会发现，卡塔尔对美军和美军基地突然失去热情。美国军队在沙特阿拉伯已经过度消费了自己的欢迎，加上其他海湾酋长国谨防基地组织的报复，如果基地组织的袭击变得更加频繁，美国军队将发现很难在该地区找到一个新的基地。

以色列

1993年10月，以色列官员泄露了一份报告，称他们正在与卡塔尔进行秘密谈判，让价值数十亿美元的天然气通过以色列出口到整个地中海地区。[53] 卡塔尔立即否认存在这样一个合作。尽管如此，卡塔尔与以色列的商业和经济联系有着漫长而迷人的历史。卡塔尔与以色列的关系的历史是调停和开放的外交政策的局限性的历史。卡塔尔沉默地认可以色列，可能让其西方保护国（尤其是美国）感到满意，但是却招致了其他阿拉伯国家的厌恶，因为这些国家决意暂不认可以色列，作为地区和平协定的一个谈判筹码。

2009年1月，巴勒斯坦已经在加沙承受了长达数月的封锁，此时卡塔尔关闭了多哈的以色列办事处，表明甚至卡塔尔极为灵活的外交政策也有其限制。2009年3月，莫扎甚至聘用了美国公关公司芬顿通讯，来提升人们对于加沙人道主义危机的意识。芬顿通讯将支持一个"国际民意宣传活动，倡议对参与袭击加沙学校的人进行追责。"[54]谢赫哈马德近来也批准了对加沙进行价值数百万美元的食物和补给品援助。

不过，2009年和加沙封锁之前，卡塔尔和以色列之间的关系和公开的商业联系对于阿拉伯半岛来说是很反常的。卡塔尔与以色列的关系的起源在很大程度上与其越来越依赖美国的势力和保护有关，特别是，海湾战争和伊拉克入侵科威特揭示了海湾小国家的弱小，另一个原因则是卡塔尔有野心，想要支撑自己作为一个调停者能够生存的地位，一面在美国、沙特阿拉伯和科威特，另一面在伊拉克之间进行调停。[55]事实上，主要是想要被视为一个灵活的、可靠的调停者，进而成为该地区众多争议中一个重要玩家的愿望，让卡塔尔接受以色列在卡塔尔的象征性存在。事实上，正如卡塔尔与以色列关系的专家乌齐·拉比指出的：

> 虽然表面上看起来，卡塔尔与以色列的关系成为卡塔尔与

其邻国之间的并不期望的争执来源，但是卡塔尔在构想外交政策时，不只预估到了愤怒的阿拉伯反应，在一定程度上还鼓励这种反应。维持与以色列的关系，让卡塔尔能够维持自己在阿拉伯世界的独立，同时成为有一定影响力的地区玩家。[56]

卡塔尔请求以色列支持自己成为2005年联合国安理会的非常任理事国，这是卡塔尔灵活外交政策的一个例子。以色列和美国同意支持卡塔尔，但是很快，卡塔尔成为安理会中唯一一个反对设定期限，要求伊朗在2006年停止核浓缩的成员，让他们十分沮丧。通过外交手段得到安理会的席位后，卡塔尔找到了保护自己利益的方式：利用伊朗作为对抗沙特阿拉伯影响的手段。卡塔尔利用自己与以色列的特殊关系，提升自己作为谈判者在巴勒斯坦彼此敌对的法塔赫和哈马斯派系之间的影响力。事实上，可以说卡塔尔至少同时受到了哈马斯（以色列明确的敌人）与法塔赫和其他派系的欢迎。当约旦在1999年关闭了哈马斯的办公室后，卡塔尔提出，只要哈立德·米沙勒和他的一些副手不参与公开政治活动，可以搬到卡塔尔。据报道称，哈立德·米沙勒定期在多哈与大马士革之间往来。[57]虽然他把自己与谢赫哈马德和谢赫哈马德·本·贾西姆的"关系"描述为"私人关系"，卡塔尔与哈马斯和以色列的关系很大程度上应该在其更广泛的政策背景下考虑：卡塔尔人想要与高度分歧的群体建立联系，以便增强自己的影响力和作为潜在调停者的地位。

乌齐·拉米指出，卡塔尔与以色列的关系在很大程度上是其在外交政策中采取的战略独立的结果。尽管如此，卡塔尔与美国军队保护者之间的关系不能被低估。事实上，2009年1月，卡塔尔突然否认与以色列的关系，可能更多与美国政治环境的变化有关——一个自身不那么支持以色列的美国总统就职，而不是加沙的人道主义危机。毕竟，在第二次巴勒斯坦大起义人道主义危机期间，由于是一个全然不同的美国政府掌权，卡塔尔就维持着与以色列的关系。

美国

虽然在英国保护结束之前，卡塔尔就与美国有了一些接触，但是程度很小，而且通常都是商业联系。萨尼家族与美国的密切关系可追溯到英国撤离海湾地区。20世纪70年代早期，海湾地区的阿拉伯统治者在私下希望美国能够代替英国，成为他们政权的军事保护者。当科威特的埃米尔在1968年访问美国时，被直截了当地告知，美国"不打算取代英国在该地区曾经很独特的位置"。类似地，虽然英国自己正在撤离当中，但是对于美国替代自己的能力也持怀疑态度，阿拉伯部的主管D.J.麦卡锡评论道，在海湾地区和阿拉伯的事务方面，美国人相当笨拙。[58]无论美国或英国保护的有效性如何，必须在新的现实环境下考虑卡塔尔与美国的关系，即美国已经在整个海湾地区占据了主导地位。正是在这种环境下，美国于1973年在多哈建立了大使馆。

无论是本身不情愿成为英国的后继者，担当地区稳定性的帝国担保者，还是担心英国人的话是正确的，美国的干预只会造就更多的越南，美国试图置身事外。1969年的尼克松主义利用代理人支持和维护美国利益。虽然美国会向盟友们提供武器和支持，但是他们希望盟友们能够自我防御。巴列维统治下的伊朗成为美国青睐的缓冲国。通过阻止苏联侵略海湾地区，并且保证海湾石油自由流动，从而保护美国的利益，巴列维统治下的伊朗取代了英国，成为海湾地区的警察。美国几乎不惜任何代价来支持巴列维的高压政权。学者迈克尔·克莱尔在《鲜血与石油：美国日益依赖进口石油的危险及后果》中写道，尼克松主义只是更直接参与该地区事务的一个前奏。[59]1979年的伊朗伊斯兰革命剧烈地改变了情况。美国无法再依赖伊朗作为一个代理国。而沙特阿拉伯虽然是一个亲密的盟友，却没有资源或者意愿来取代伊朗，并且其国内的叛乱让其动荡不安，包括1979年麦加清真寺被占领。1980年宣布的卡特主义将美国的利益从间接参与波斯湾变为了直接参与。苏联在1979年入侵阿富汗使得美国更有必要直接参与海湾事务来保护海湾的安全。卡特总统在国情咨文中对于美国深陷该地区说得再明确不过：

> 任何外部力量（苏联）试图控制波斯湾地区的任何举动，将被视为攻击美国的切身利益，必须通过任何必要手段来击退，包括军事力量。[60]

一开始，谢赫哈利法统治下的卡塔尔不只是同意了卡特主义，而且积极地提供支持。与其他许多海湾国家一样，卡塔尔拒绝与苏联维持实质的国际关系，谢赫哈利法一直作为美国霸权的一个安静的、忠实的依赖者，在20世纪80年代的大部分时间里，遵守着其坚定反对共产主义的邻国沙特阿拉伯的国王的反苏联政策。在两伊战争期间，美国派遣舰船和航空母舰来确保石油从霍尔木兹海峡运输出去，并防止伊朗通过武力扩张其对于阿拉伯海湾国家拥有的近海岸石油储藏的主张。因此，当1988年8月1日，距离苏联解体只有几年的时间,卡塔尔突然承认了苏联时,对于美国的外交政策来说既出乎意料,又有些让人不安。对于这个弱小却有胆量的酋长国这样鲁莽,直接挑战卡特主义的至高权威和美国主要盟友沙特阿拉伯的倾向,美国并没有做好准备。

卡塔尔相当晚,不适时地承认苏联——一年后柏林墙倒塌,主要原因是地区性的;卡塔尔希望在黑市上得到美制毒刺导弹,来防御自己的边界不被巴林入侵。美国向巴林提供了类似的导弹,但是没有提供给卡塔尔。卡塔尔认为自己的地区利益被背叛,于是和冷战期间的许多附庸国一样,卡塔尔转投苏联怀抱。很快,苏联与卡塔尔互派使节。[61] 作为回应,美国国会禁止向卡塔尔销售武器。卡塔尔给出的信息很明确:虽然卡塔尔很小,虽然卡塔尔在保护美国利益方面总体上是一个很支持的伙伴,但是卡塔尔始终会将自己切身的地区、经济和政治利益放在第一位。直到今天,卡塔尔也仍在延续这种政策,既在整体上支持美国,同时追逐自己的本地利益,以及施行具有创造性和创新性的外交政策。

冷战的结束,导致卡塔尔失去了其地区谈判地位,萨达姆·侯赛因入侵让卡塔尔的政策临时重新调整。于是,在海湾战争中,卡塔尔直接站在了美国及其盟友的一边。谢赫哈利法同意毁掉其"非法"获得的毒刺导弹,并允许美国在卡塔尔土地上开展军事行动。卡塔尔帮助击退萨达姆·侯赛因扩张进入海湾地区的行动,并且在1992年,谢赫哈利法与美国签署了一份防御合作协定。[62]

卡塔尔大学的学者和受人尊敬的海湾专家史蒂文·莱特在《美国与波斯湾安全:反恐战争的基础》中指出,在"9·11"恐怖袭击事件之前,美国的关系在很大程度上是以维持现状为基础的。[63]

苏联的解体和美国的支配地位似乎保证了海湾国家能够持续稳定地提供石油。然而，发生在纽约的恐怖袭击让美国外交这个移动缓慢的大船明显地改变了路线。

当谢赫哈马德在1995年推翻自己的父亲后，卡塔尔与美国的关系似乎达到了顶峰。在1997年对美国进行的历史性访问中，谢赫哈马德在乔治城大学发表演讲，谈到了自己关于经济和政治改革的计划。他强调了自己的温和立场，提及卡塔尔对于解决巴以冲突的兴趣，并指出，虽然卡塔尔政府最近关闭了以色列办事处，但是卡塔尔会允许以色列参加在卡塔尔举办的一个经济会议。[64]在"9·11"之后，卡塔尔与美国的官方关系依然十分牢固。谢赫哈马德私人承诺会与恐怖主义作斗争。但是，虽然哈马德做出了保证，美国安全机构中的许多人似乎对于哈马德对他自己的家族和部长们有多少真正的控制持有怀疑的态度。

国会研究服务中心的官方报告称："美国官员将'9·11'以来卡塔尔的反恐合作称为有重大意义；但是，一些观察家提出，一些卡塔尔公民，包括王室的成员，可能在支持基地组织。"[65] "9·11"调查报告是确定攻击起因的一份报告，其中详细描述了恐怖分子哈立德·谢赫·穆罕默德在卡塔尔的活动。哈立德·谢赫·穆罕默德被认为是基地组织中最重要的作战指挥官之一，地位仅次于扎瓦希里和本·拉登自己。他被捕后关押在关塔那摩，成为有关基地组织的重要信息源：

> 1992年……短暂回到巴基斯坦一段时间后，他听从卡塔尔前伊斯兰事务部长谢赫阿卜杜拉·本·哈立德·本·哈马

德·萨尼的建议，举家搬到卡塔尔。KSM（哈立德·谢赫·穆罕默德）在卡塔尔接受了卡塔尔水电部项目工程师的职位。虽然在任职期间，他大量进行国际旅行，主要是为了推进恐怖活动，但是他一直保有这个职位，直到1996年，他逃到巴基斯坦来躲避美国当局的搜捕……[66]

在官方，以及对公众宣传方面，卡塔尔与美国的关系保持健康，尽管一些令人不安的真相被暴露。最近的一份国会报告总结了为什么美国对于以卡塔尔为基地的恐怖活动闭口无言：

> 关于传闻一些卡塔尔人（包括王室成员）为恐怖组织提供物质支持，美国的忧虑已经随着时间被卡塔尔的反恐努力，以及长久以来广泛接纳和支持美国军事力量，使美国军队能够参与到伊拉克和阿富汗的持续作战以及全球反恐战争的投入所平衡掉。[67]

"9·11"调查报告的结论似乎证明，美国增加对谢赫哈马德及其近亲的支持是正当的，这样可以避免像阿卜杜拉那样对基地组织抱有同情心的谢赫掌权，后面这种情况不大可能出现，但是如果出现，后果会非常严峻。谢赫哈马德向新奥尔良的卡特里娜飓风的受灾者捐赠了1亿美元，并且亲自探访了该地区，这是一个公共关系上的成功。[68]美国在海湾地区的盟友中，卡塔尔似乎与众不同，因为卡塔尔不只想帮助美国政府，而且真心地想要帮助美国民众。在得克萨斯建设的液化天然气码头，让美国和卡塔尔之间的双边贸易变得更加重要。

最后，卡塔尔成为该地区的外交行动和稳定性的一个方便而有效的力量。卡塔尔的调停努力，以及不只愿意支持和平，而且愿意出资维护和平，对于美国利益，甚至对于世界其余国家都很有帮助。卡塔尔并不是美国与卡塔尔的关系中唯一与人方便的一方。认识到卡塔尔自己的敏感，并且从沙特阿拉伯对美国军队的敌意反应中学到了经验，美国与卡塔尔强调，位于卡塔尔的乌达德基地不是美国的"主权"实体，而是"联合管理的"。卡塔尔还资助了该基地的建设，并在2003年为升级该基地的美军设施提供了大约4亿美元。[69]除了乌达德，卡塔尔的萨利亚基地是美军设备在该地区最大的储藏室。卡塔尔总体上支持美国扩大在其基地的作战行动，尽管存在潜在的风险——2007年10月，美军误发射了一枚爱国者导弹，而且在卡塔尔这样一个保守的国家，出现众多年轻的美国军人可能招致卡塔尔人的负面反应。美国军队基本上不能居住在多哈，或者在多哈自由行动。与此同时，美国与卡塔尔的关系也有其不可解决的复杂元素：美国官员抗议卡塔尔对哈马斯和加沙的财务援助，称其在资助恐怖活动。

卡塔尔天然气生产的成功也会让美国收获巨大的经济利益，正因如此，美国才在卡塔尔进行投资。卡塔尔不只与几家美国能源公司（埃克森美孚和康菲是其中最大的公司）签署了协议，还接受了美国进出口银行的巨额贷款。卡塔尔的预算在20世纪90年代末非常有限，但是美国进出口银行还是在1996年帮助出资开发了拉斯拉凡的天然气设施。最近，在2010年1月，卡塔尔和其他海湾国家同意美国军队在卡塔尔土地上部署更多导弹防御设施，而美国也加快了这些防御设施的建设。美国时刻安排着神盾导弹巡洋舰在海湾巡逻。虽然卡塔尔外交独立性更加公开，但是显然，卡塔尔仍然依赖于美国提供的安全布置。[70]

亚洲和世界其他地方

卡塔尔几乎可以说既属于阿拉伯世界，又属于南亚世界。纯粹从人口的角度看，南亚居民（印度人、巴基斯坦人、斯里兰卡人、尼泊尔人和孟加拉人）占卡塔尔人口的大多数，几乎进入了卡塔尔经济的方方面面。中国也增加了对海湾市场的兴趣，日本在历史上一直是卡塔尔的主要贸易伙伴之一，稳定地提供着丰田和兰德酷路泽——卡塔尔司机的象征。韩国也收获了利润颇丰的合同，为卡塔尔建造液化天然气集装箱船。

四、卡塔尔对媒体的运用

虽然卡塔尔擅长传统的国对国外交，但是也在软实力外交上进行了巨大投资，很早就利用国际媒体，并且不只通过半岛电视台为阿拉伯新闻提供一个获得认可的平台，也为伊斯兰法学的新兴的、勇敢的互联网时代提供了平台。

伊斯兰在线

"我是一个穆斯林，我爸爸酗酒，我该怎么办？"这是一位年轻的穆斯林女性在位于卡塔尔，并且由卡塔尔提供资金支持的"伊斯兰在线"网站上提出的问题。一些国家（例如严格管控信息的突尼斯）封禁了伊斯兰在线，证明了其影响力。[71]伊斯兰在线是最受欢迎的伊斯兰网站之一，被用来组织宗教激进主义和对抗。因为伊斯兰在线是一个活跃的、基于社区的媒体形式，因此对于卡塔尔之外的专制政权是一个直接威胁和肉中刺。虽然网络审查相当有效，但是很难仓促地禁止非法的突尼斯、利比亚或沙特阿拉伯卫星接收器来接收半岛电视台。伊斯兰在线是一个真正令人惊叹的运作，有一群得到承认的、专注的伊斯兰学者回答全世界用户的问题。卡塔尔对伊斯兰在线的控制，使其能够了解一般穆斯林大众的思想，可以说与埃米尔参与赞助半岛电视台（更广为人知的行为）同样重要。

半岛电视台

相比卡塔尔资助和控制的其他许多组织，半岛电视台更能代表卡塔尔在确保与战略伙伴的合作，同时在阿拉伯语世界中（而且借助半岛电视台，也在讲英语的公众之间）承担更显赫角色的企图中所面临的困难和风险。2003年，CIA相信半岛电视台使用电视信号和图像，加密了基地组织特工之间的消息和信号。虽然这似乎有些牵强，而且相比基地组织在网络上能够采用的众多风险更低的选项来说效率极低，但是在乔治·W.布什执政期间，有报道称，CIA中的一些人确信半岛电视台是国际恐怖分子的宣传分支。同样地，半岛电视台确信美国在阴谋破坏自己。

半岛电视台在伊拉克和阿富汗的总部发生过几起可疑的炸弹袭击事件，其中发生在伊拉克的一起袭击事件炸死了半岛电视台记者塔里克·阿尤布，他的纪念物显眼地展示在位于多哈的半岛电视台总部。这些袭击证明了半岛电视台担心美国报复的想法不无道理。对于这些表面上看起来是意外的炸弹袭击事件，[72]记者无国界组织也极为愤慨。一位英国官员称，军队人员和布什政府中的某些成员非常担心半岛电视台，尤其是在2004年，美国围困伊拉克费卢杰期间尤为严重，以至于他们策划轰炸了半岛电视台在多哈的总部。[73]后来关于半岛电视台的争议似乎已经消退了。半岛电视台近来扩大了其报道和运营，开设了英语频道，并继续守卫着自己作为观看人数最多的阿拉伯语新闻电视台的地位。

总之，卡塔尔的多边和双边关系可描述成彻底的现代机会主义和传统的调停声望的混合。通过让自己在各种外交举措中不可或缺，并且在相对庞大的邻国之间走出自己的道路，卡塔尔不只是一个特立独行者，也是一个有效的经纪人。对于卡塔尔来说，似乎没有什么动机来剧烈改变其微妙的外交定位。正如下一章将要讨论的，卡塔尔的政治经济支持国际现状。

第七章　卡塔尔的政治经济学
——经典的食利国家？

卡塔尔看起来是一个经典的食利国家：依赖于一种资源，即来自石油和天然气的"租利"，卡塔尔人处在一个奢侈的位置，使许多渴望权力的统治者都会眼红——卡塔尔不需要依赖人民的税收。事实上，卡塔尔和科威特是全世界最依赖石油租利的两个国家。食利国家可被定义为40%的政府收入来自租利的国家，而卡塔尔的收入有87%来自石油和天然气。[1]虽然卡塔尔计划引入收入税——这将使其成为最早采取这种做法的海湾国家之一，但是预计其收入中来自租利（石油和天然气收入）的比例不会发生巨大变化。[2]在卡塔尔，社会、经济和政府结构的方方面面，从"人均电力消费到教育水平，到读写能力"都受到石油收入的深远影响。[3]而且，与其他出产石油的国家不同，卡塔尔的基价极低，所谓基价，就是石油或天然气价格不再能够保证金融稳定的一个点。根据PFC能源（位于华盛顿的一个咨询机构），委内瑞拉需要石油价格在95美元一桶才能保证宏观经济的安全，沙特阿拉伯需要55美元一桶，而卡塔尔在石油价格低于10美元一桶的情况下仍然能够保持金融稳定。在所有主要石油出口国当中，卡塔尔是唯一在2008年比在2000年更不依赖于更高石油价格的国家。[4]

虽然当石油市场发生灾难性的衰退时,卡塔尔很可能是最后一个被严重伤害的石油出口国,但是其对石油和天然气的严重依赖有一个潜在后果。例如,现在政治经济学中有一个广泛的假定:一个国家的财富依赖于其自然资源,最好的情况只是祸福参半,最坏的情况是对国家经济的诅咒,是民主化的一个几乎无法穿越的路障。食利国家经常患上"荷兰病",即突然发生通货膨胀,后续导致非石油制造业和商业发生崩溃,该名称源于荷兰在开采了石油储备后,其经济出现停滞的情况。[5]石油驱逐了其他行业。而且,因为"不纳税无代表",没有已经建立的民主文化的食利国家常常被专制政权所统治。国家与埃米尔之间的这种分化常常是长期的,只会随着时间加剧。吉尔·克里斯特尔指出:

> 将石油作为基础的国家很特殊,因为他们相比其他社会群体更高度的自治,不是货币危机的结果,而是由结构决定的持续过程的一部分。这种独立性几乎是石油所独有的。几乎其他任何出口……都需要统治者与控制劳动力的精英之间做出一些让步。[6]

石油具有独特的去民主化特征。政治学家迈克尔·罗斯在大量研究了全世界关于食利经济和政治制度的数据后,认为"石油阻碍民主的说法是合理的,有大量统计数据支持……石油确实会伤害民主"。[7]尽管如此,一些政治学家(如海湾专家迈克尔·赫布)认为,依赖一种资源(石油财富)的影响既不是不可避免的,也不是始终可以预测的。赫布指出:"处理这个问题的不同方式对结果会产生重要的影响。"[8]对于国家的政治和经济命运产生重要影响的不只是存在自然资源,还包括如何使用这些资源。例如,国家可以使用石油收入来促进经济发展,创造中产阶级,提供教育资金,增加经济多样性,或者提供服务。自从20世纪50年代以来,政治学家就有理有据地辩称,发展与民主是相关的。发展提升了自由贸易的潜力,不过这常常被大部分国家收入难以解释的本质所抵消。即使如此,"即便未被征税,公民们也有许多理由来希望他们的统治者担起责任"。[9]卡塔尔人已经习惯期待国家大方的补贴(高达每月7000美元),无息贷款,免费的土地以及几乎保证不会失业。国家(尤其是一个被强大的埃米尔越来越紧密掌控的国家)的发展和扩张可能导致问题多多的社会分歧和要求。吉尔·克里斯特尔认为:

> 随着国家的范围增加,统治者与人民之间的距离也在增加,因为对于国家服务的流行观念从仁慈变为了权利。随着国家权力扩张,新的参与者会出现,质疑旧的安排。[10]

目前,很少有这种"新参与者"出现在卡塔尔的政治局势中,因而难以预测卡塔尔社会如何处理国家和埃米尔的距离拉大,以及埃米尔偏离历史上的传统立场,即作为卡塔尔社会易于接近的核心的情况。

石油和天然气收入对卡塔尔的现代历史有着巨大而明显的影响。尽管如此,即使在极端的情况下,例如卡塔尔的收入(目前的收入以及预计遥远未来的收入)大部分来自石油,石油经济前的经济、社会和政治并不会被石油租利的浪潮所抹去。当然，当石油收入开始流入卡塔尔时，卡塔尔的经济可能处在其最脆弱、最贫穷的时刻，因而加重了石油的影响。而且，由于人口很少，食利主义的效果就越发明显。但是，即使卡塔尔并没有上天的祝福，在地理上拥有无法测量的巨大气田——即使在这个拥有很多大油田的地区，其储量也称得上巨大——卡塔尔的社会和政治结构的许多方面很可能并不会与如今有无法理解的区别。

对发现石油前的采珠行业进行研究，可解释卡塔尔如今的文化和社会结构的深刻历史根源。事实上，政治学中关注可测量数据的大部分研究都忽视了真实的生活经历，忽视了决定文化的总体观念和行为模式。现代文化人类学的创始人鲁思·本尼迪克特在《文化模式》中写道："当我们清晰地理解，文化行为是局地的，人为创造的，高度可变的时候，文化行为的重要意义并不会耗尽。文化行为一般会被吸收进来。"[11]虽然文化不同于个体，因为它不能按自己的意愿思考或行动，但是，文化是以多少一致的思考和行动模式参与进来的个体所决定的。通过关注泛化、数据集和"中东"与"伊斯兰"分类之间的比较，政治学家可能忽视了次地区的、局地化的文化的一些特殊性，这些特殊性可能对社会行为，以及外部可见的和通过非正式方式推断出来的政治结构的形态和本质产生重要影响。

虽然仅用食利主义不足以解释卡塔尔目前的专制，或者卡塔尔政府结构的其他任何特殊性，但是对于根据一些没有捕捉到传统的、非正式的代表方式的衡量指标来制表，并给出低民主得分的情况，"伊斯兰世界共同经历的意识形态和文化潮流"也不能作为主要的解释。对于卡塔尔这样的小国家尤其如此，因为在这样的国家中，统治者与被统治者之间实际发生面对面的联系不只有可能，实际上经常发生，直到最近情况才有所变化。中东的"伊斯兰"所经历的意识形态和文化潮流（如果可以说存在这样一个泛化的潮流的话）被近来的人类学鉴定为平等主义与专制之间的复杂的辩证张力。这不只是因为石油，也因为发现石油前的经济历史。

在卡塔尔，采珠所产生的社会文化影响的重要性是真实的、长久的，即使采珠文化的一大部分已经作为由石油收入提供资金支持的"遗产"保护工作的产品而重建。虽然经济指标似乎指出社会的几乎每个方面都会发生剧烈的变化，但是卡塔尔人仍然依恋过去，即使一些人声称，石油经济已经使过去的采珠文化在经济上不可行。但是，即便按照数字指标，"食利主义对民主得分有负面影响"这种论题并不一定有"一致的支持"。科威特在很多方面都与卡塔尔十分相似，如果在计算数据时不考虑石油的影响，其"民主得分"只会比目前的自由之家民主得分低0.086分。[12]另外，正如卡塔尔的采珠历史所揭示的，依赖一种自然资源作为主要收入来源对于卡塔尔来说并不新鲜。

一、从珍珠经济到石油经济——统治的后果

1863年，即与英国签署条约之前5年，穆罕默德·本·萨尼告诉旅行家威廉·帕尔格雷夫："无论地位是高是低，我们都是一个主人的奴隶：珍珠。"[13]当时，相比世界上其他的采珠中心，卡塔尔人口中从事采珠的比例是最高的。与一个世纪之后的石油一样，采珠并不是一个劳动密集型行业。但是与石油不同，珍珠的生产过程几乎需要全民行动。石油涉及的主要是外国代理和公司，而采珠则是

一项国民活动，涉及几乎全部定居的卡塔尔人。甚至贝都因人也被雇用，当采珠人在6—10月离家采珠时来守卫村落。

在海湾的大部分地区，采珠都有一个值得关注的利润和租金系统。本地商人向船只的船长和采珠人提供贷款，使他们做好采珠的准备，但是同时也会负债。通过提前支付现金给采珠人，并要求他们通过采珠来还款，船长和船主避免了伊斯兰禁止的高利贷。在贷款金字塔的顶端是谢赫，他资助自己的采珠船队，而且常常在海湾各国销售自己人民的珍珠。谢赫们也可以对他们控制的地区和村落征税。[14]但是，在卡塔尔，情况稍有不同。虽然商人仍然很重要，但是拥有的权力却不像在其他海湾国家那样大。正如吉尔·克里斯特尔所说：

> 卡塔尔不同于科威特的地方在于没有转口经济……生态与地理位置决定了卡塔尔完全依赖采珠……尤其，商人是较弱的群体……他们对国内劳动力的控制（包括大量贝都因人，他们与卡塔尔以外的沙漠有独立的联系）更弱。有一个指标能够说明商人的控制力更弱：卡塔尔的采珠人十分特殊，不受欠债的束缚。[15]

珍珠经济具有潜在的隔离效应，但是由于是奢侈品，珍珠并没有真正稳定的本地市场，这个事实抵消了其隔离效应。在这个方面，珍珠与石油类似：高度依赖于国外市场。卡塔尔几乎完全依赖采珠，也产生了其他重要的影响。采珠这个行业具有高度变化的繁荣与萧条价格，因而导致波动的、不确定的利润，影响了许多卡塔尔人的态度。来自石油的收入（即使价格很低时）相当稳定，而相较之下，采珠的高峰和低谷可能在采珠人中产生有些听天由命的和保护主义的态度。而且，由于除采珠之外没有其他工作，无关宗教的教育并没有得到高度重视，这对卡塔尔人口产生了一种平等化效果。不同于其他海湾国家，卡塔尔的采珠行业并没有产生其他酋长国中那样的阶级分层。在卡塔尔，采珠人很少被奴役，而且谢赫、商人和采珠人之间的关系比其他地方更加易变。然而，随着埃米尔及其家族从英国人以及最终从石油收入得到了越来越大的权力和支持，这种易变的社会安排正在稳步衰退。

直到1949年，卡塔尔才第一次进行重要的石油船运，而卡塔尔内的石油投资直到20世纪60年代才引发最显著的变化，依然存活在年老一代卡塔尔人的记忆中。1935年的石油特许权保证直接付款给埃米尔，而不是卡塔尔公民。在签署这个特许权之前，埃米尔以及卡塔尔治理的主要、也是唯一重要的收入来源来自对采珠船只及其船长所征的税。从珍珠经济过渡到石油经济，埃米尔的主要收入来源从卡塔尔采珠人、船长和珍珠商人剧变为外国石油公司的收入和租利。

虽然除了文化"遗产"重现之外，采珠基本上已销声匿迹，但是在现代多哈的天际线上，仍然能够看到采珠文化和采珠经济的影响。各种土地开发项目的名称（最著名的是回填群岛"珍珠岛"以及"达纳岛"[1]）提醒着人们在这个国家一度占据主导地位的采珠文化。正如北极地区的土著们据说有几十个名称来称呼雪，对于珍

---

[1] 阿拉伯语的英译为Al-Dana，达纳为珍珠的众多名称之一。

珠，也存在一整套当地词汇。

有许多用来提醒传统的珍珠经济的事物——采珠是超现代发展中卡塔尔身份的一个锚点。可能被拍摄最多、最具象征意义的一件公共艺术品就靠近多哈修整过的滨海大道的老港口，是一个巨大的混凝土蚌壳，大大张开，可看到其中一颗浑圆的珍珠。采珠船上的船员和船长很爱唱号子，在海上度过的漫长时期中，这些号子能够维持严格的纪律和团结。一代一代传递，并且卡塔尔学生们必须背诵这些号子，让它们至今仍然留在人们的记忆中。在亚运会期间，卡塔尔妇女身着流动的黑披风[1]，表演了传统的向着大海舞蹈。在歌声中，妇女们同时舞蹈，用棕榈树叶夸张地击打沙土，朝着大海呼唤她们在海上失去的丈夫归来。几乎所有卡塔尔人都理解这种哀悼的呼唤。这种象征性的呼唤有着深刻的文化意义，既代表了对失去的丈夫的渴望，又代表了对失去的过往的渴望。[16]

类似的舞蹈、歌曲和信仰包含了伊斯兰到来前的巨鲸吞月的传说，虽然这么做违反了瓦哈比派对伊斯兰的严格解读。珍珠的起源引发了大量传说。按照记录下来的传说，"下雨的时候，或者满月的时候，年幼无壳的海蚌浮到表面。雨水是好珍珠的父亲，海蚌是好珍珠的母亲，月亮则为珍珠赋予了光华。"[17]如果对贝都因人来说，沙漠、骆驼和水井定义了文化范式，那么对卡塔尔采珠人来说，海洋、船只和海蚌定义了他们的文化范式。

在多哈北部的豪尔博物馆中，保留着一些故事，其中有女船长和女船员操作的采珠船在海上与男性对手争斗的故事。在豪尔博物

---

[1] 阿拉伯语的英译为abaya。

馆发表的一篇文章中写道：

> 这个传说可能最早出现在豪尔，吉兰和梅伊是其中的两个人物。梅伊是一位女性，与男性吉兰竞争。一开始，女性被证明更有能力，甚至是在导航和寻找盛产海蚌的海岸这种艰难的任务中依然如此。男性则受到命运的宠爱……[18]

如果认为文化是习得的集体行为，如果文化、语言和社会规范能够在数世纪内存在并巩固，那么可能除了陆地农业是个例外，在海湾地区，没有什么是比采珠更加深邃而延续，并且无所不包的集体行为。伊拉克的乌尔发现了古代的一块楔形文字石板，可追溯到公元前2000年，证明了采珠的文化和历史根源。石板上提到了迪尔蒙（控制巴林和卡塔尔的古代贸易文明）的"一包鱼眼"，即珍珠。可靠的考古学和书面证据表明，采珠活动几乎无休止地持续了4000年，直到发现石油。在传统的、重建的瓦吉夫老市场，主入口那里有最受欢迎的商店之一，非常显眼，店主是一个年迈的采珠人和健身者，非常有名。店内布满了老照片，渔具和罕见的珍珠标本，比老市场的其他任何商店都更像是逝去时光的一个泡沫。卡塔尔人仍然会涌入该商店，观看他们不远的过去的残留。

采珠的衰落和最终彻底消失，并被石油开发和精炼取代，不只意味着一种经济活动的衰落，还意味着一种生活方式和文化的丢失。珍珠经济必需的社会、政治和文化活动与石油经济必需的那些活动有着深刻的区别。采珠一代的卡塔尔人非常清楚石油开发前的经济与石油经济在文化上的区别。我的一个学生的叔叔说道："采珠曾经在加强社会关系和联系方面扮演了重要的角色。潜水采珠需要集体行动。这就在社会的不同部分之间创造了很强的联系。"这个学生的祖父是一个显赫的卡塔尔部落的重要成员,他评论道:

> 如今,与那时候相比,我们看到年轻人很懒惰。他们不想走路去清真寺,因为路程对他们来说太长。现代化在很多方面让生活变得更简单,但是也让我们彼此隔离开。

例如,在激动人心的第一个冷水潜水季,船队一同离开港口,挥动五色斑斓的旗帜,敲鼓歌唱。虽然采珠船只的船员和船长[1]几乎都是男性——除了豪尔传说中的女船长,但是他们与沙漠中的贝都因人很相似。船长和船员们利用他们对于水流、沙的颜色、露头岩层的深刻认识(这是当地世代传下来的知识),在海上漫游,搜寻难得的大奖。大部分采珠船只都保持在一起,由一个"舰队司令"统管整个船队,但是各个三角帆船要依赖自己的船长用其直觉和技能,保持船只航行在未采收过的海蚌场上。需要淡水时,船上的船员要么上岸,要么让采珠人从海底的淡水泉灌满空皮水袋。采珠活动几乎需要时刻暴露在水中,并要长时间停留在全世界咸度最高的海洋之一中。

现代卡塔尔办公室员工享受的舒适与采珠人经历的困苦有着巨大的区别。这些采珠人一些是来自东非的黑人奴隶,一些是自由的阿拉伯人。他们只穿着缠腰布,可能还用一些东西护住手,用绳子

---

[1] 波斯语的英译为nakhoda。

与船只连在一起，绳子的另一端用石头或铁块坠住。当石头落到底时，船上的照看人必须把绳子拉紧，当他感觉到采珠人拽绳子时，必须把采珠人拉上来。在几起事故中，由于船上的照看人分神，采珠人殒身海底。长时间暴露在盐水中会导致颗粒性结膜炎。锯鳐、鲨鱼和刺冠海胆（有两英尺长的毒脊椎）对采珠人来说都是威胁。许多采珠人都经受着减压症和精疲力竭的情况。在白天，酷热导致恶心，他们吃不下东西，晚饭也只吃几把米饭和枣子。在现代卡塔尔无尽的慷慨施与下，肥胖和糖尿病成为严重的健康问题，而在采珠时代，人们则遭受着营养不良和过度疲劳。虽然卡塔尔的采珠人不像某些人那样贫苦，但也有人陷入极严重的债务中。在海湾的大部分地区，死亡并不能逃脱采珠人的困苦生活，因为采珠人欠船长的债务将由其儿子和家庭承担。

然而，重要的是，卡塔尔的大部分采珠人和船长是自由人，不受债务奴役，这在海湾地区是独一无二的。[19]而且，与其他采珠中心不同，多哈的萨尼家族统治者并不会自动从全部，甚至大部分珍珠收入中收取份额。即使到了20世纪初期，谢赫贾西姆·萨尼已经巩固了自己的权力，并且萨尼家族已经成为卡塔尔的第一家族，但是仍有许多部落社区完全不缴税。根据洛里默所说，贝达的苏丹家族不缴税，而且洛里默估计，多哈的萨尼家族谢赫每年只能收到8400美元。沃克拉的一些部落也不用缴税，需要缴税的那些，直接把钱交给沃克拉的谢赫，而不是多哈的萨尼家族。沃克拉的谢赫一年大约收到3400美元。收入的一大部分被投入到保护船只不被劫掠，以及当船只出海时管理村镇。其他所有港口完全不征税。在多哈以外，没什么人觉得对萨尼家族有金钱债务。[20]

海湾地区的采珠人和船长保护传统做法的观念非常强,以至于他们鼓励英国人处罚那些使用特殊装备或者压缩空气潜水头盔和潜水服潜水的人们,罚金高达9000美元。[21]石油是通过现代科学设备,由在西方机构中经过专业教育的人们发现的,因而严重限制了卡塔尔人和当地人在生产中的角色,而采珠业雇用的人们谨守古老的当地知识和经验,是经济成功的关键。虽然最近几代人的教育和读写能力远超过去的世代,但是这种传统的对长者的知识和经验的尊重,仍然是卡塔尔现代文化的根本,但也在不同代人们之间频繁造成摩擦。

在日本人发现御木本养殖珍珠,以及这种珍珠在1908年后的几十年越来越广泛地分销之前,采珠是有利可图的行业。[22]虽然卡塔尔不是邻国巴林那样大的珍珠生产国,但是来自对手迪拜的一个学者称,卡塔尔的珍珠是质量最好的。[23]采珠为该地区带来了大量货币。旅行家詹姆斯·维尔斯特在1835年称,海湾地区的采珠行业价值40万英镑,在当时是一笔巨大的财富。[24]19世纪60年代,采珠达到高峰时,卡塔尔据估计有817艘采珠船,大约1.3万名采珠人,巴林有917艘采珠船,1.8万名采珠人,在后来的阿联酋地区,有1215艘采珠船和2.2万名采珠人。巴林有更加多样化的传统经济和更大的人口,阿联酋也从内陆绿洲的农业生产中获得收入,而卡塔尔虽然人口少得多,采珠船也最少,采珠收入却在其总收入中占了大得多的比例。[25]在珍珠经济的最顶端,甚至是其绝对的中心,卡塔尔谢赫的几乎全部收入都来自贝达周围船只的税收,而且还会抽取这些船只的一部分利润。

1929年的衰退过后,珍珠价格的剧跌严重打击了卡塔尔和谢赫自己。不同于早在1932年就开始生产石油的巴林，卡塔尔人仍然高度依赖珍珠收入，这其中可能也要包括谢赫自己，他从1935年的石油特许权中收获补贴，尽管直到第二次世界大战后，卡塔尔才向外大量输送石油。不只低价格和低利润构成挑战，1925年的一场大洪水，毁掉了卡塔尔的大部分采珠船，让卡塔尔的采珠船长和船主们深陷债务。卡塔尔过度依赖采珠，及其大部分食物供给（枣子除外）都必须进口这个事实，进一步加剧了危机。从1925年到1949年，卡塔尔进入了其可能最严重的经济衰退期，被称为"饥荒年份"。大批家庭和部落迁徙了出去。商人阶级遭遇毁灭性打击。萨尼家族和部分留下来的部落管理着一个没有多少人口的国家。由于需要自己让步的势力和部落变少，卡塔尔的这种外迁让统治家族拥有了比以往更大的权力。英国政治代理人描述了"饥荒年份"行将结束时的卡塔尔，整个村落被遗弃，成为废墟；有着重要历史意义的地方也空荡荡的，例如富韦里特，萨尼家族最初巩固权力和盟友的地方。[26]

即使德尔维什和马尼家族代表的传统商人阶级也被摧毁。萨利赫·马尼曾经是商人家族骄傲的族长，沦落到在海湾游历，出租他的汽艇。[27]

在石油收入大量涌入之前，卡塔尔人口的外迁，提高并加强了卡塔尔新的基于石油的经济和政治体制的效果。由于商人和其他卡塔尔人完全陷入贫困，而且卡塔尔人要么无力，要么精疲力竭到无法维护传统的主张，流入埃米尔手中的石油财富成为更加重要的权力来源。而且，在采珠经济中，谢赫必须依赖卡塔尔人的合作来获得收入，但是在石油经济中，公众并不是收入的来源，不过却可能表达不满和要求。

当然，珍珠经济和石油经济的区别不是绝对的。在有限的一些方面，石油出口与珍珠出口是有相似点的。卡塔尔出口原珍珠，就像后来向外国精炼厂出口原油一样。萨尼家族谢赫自己有时候在海湾地区进行经济和外交行程时，会带上珍珠进行销售。珍珠可能先被送到巴林和波斯的林格，接着送到孟买。从印度会带回来棉花和必要的工业材料。事实上，卡塔尔与印度市场紧密联系在一起，以至于卡塔尔把印度卢比作为官方货币，直到1966年印度卢比贬值。运送到印度的大部分珍珠都被加工售卖，成为珠宝。一位观察家在1951年写道："在波斯湾的大部分村镇，都可以看到售卖用海湾珍珠做的项链的游贩；但是，这些珍珠项链通常是从孟买进口的。"[28]

虽然与石油一样，珍珠是一种原材料出口，但是采珠需要卡塔尔统治者与人民之间有一种密切的关系，而石油行业却并不需要这种关系。与卡塔尔漫长的采珠历史一样奇特的，是勘探出石油后采珠行业消失的速度。虽然采珠有着数千年的历史，以及根深蒂固的传统，但是仅仅几年的时间，卡塔尔的珍珠行业就销声匿迹。1955年，没有任何采珠船队离开卡塔尔海岸。

石油的出现，给卡塔尔的政治和社会带来了两种相背的影响。一方面，石油进一步巩固了卡塔尔谢赫的地位。英国的石油公司与谢赫们签署私人合同和特许权，而不是与他们的人民。然而，另一方面，石油生产为卡塔尔人提供了新的机会，让他们成为挣工资的人，从而脱离与珍珠商人（并可延伸到谢赫）的负债关系。石油的生产虽然被外国玩家主导，在传统的人口中心以外的地方进行，但是仍然创造了一个虽小却很重要的中产阶级。在巴林，石油生产的时间要比卡塔尔长得多，石油工人成为积极对抗的中心，与埃及的纳赛尔运动有着联系。然而，在卡塔尔，明确的"中产积极"对抗的数量并不多见。[29]即使当价格剧烈变动的时候，这一点也没有变化。

二、石油价格和更广泛的经济情况

从2008年6月令人瞠目结舌的超过40美元一桶，低硫轻度原油在6个月内急剧下跌到不到40美元一桶。对于卡塔尔的未来更加重要的天然气（卡塔尔越来越重要的另一种出口产品）的价格也下降了，到了2009年6月也没有像石油那样回到原来的价格。2009年6月，天然气的价格在历史最低点的上空盘旋。[30]这样极端的价格变化，让卡塔尔的长期规划面临严重的困难。虽然在管理卡塔尔的经济时，预计可能出现低得多的石油价格，所以政府比较保守，但是在20世纪80年代，由于石油价格低于预期，保守地管理经济也没能避免卡塔尔短期陷入赤字。虽然石油价格现在已经稳定，但是卡塔尔仍然受到全球经济趋势的影响。

例如，卡塔尔的房地产业与石油行业的价格波动有着错综复杂的关系。虽然石油行业只雇用了卡塔尔国内5%的外国人，而外国人是房地产市场中最主要的承租人，但是石油价格推动着对房地产价值的观念。2001—2008年，多哈的人口翻倍，短暂停滞后又再次增长——在很大程度上跟随着石油和天然气的价格。然而，根据迪拜咨询公司陆标咨询最近发布的报告，多哈的房地产价格不一定依赖于人口增长。这主要是因为45%的劳动力是单身男性建筑工人，他们居住在城市以外的工业居住区。[31]根据陆标的报告，在石油价格为140美元的时候,卡塔尔的房地产市场被认为供应严重不足,但是实际上很快可能会供应过度。《市场研究》近期发布的一份报告指出:

> 尽管政府试图通过租赁空间来降低空置率,但是卡塔尔西湾地区的46栋已完成大楼的空置率停留在20%左右。卡塔尔的租金下降,导致负债的开发商的还款能力也降低。[32]

"珍珠岛"项目在很多方面是卡塔尔的标志性房地产项目,其对于卡塔尔声望的重要性,就像朱美拉棕榈岛(棕榈树形状的一组人工岛)对于迪拜的意义一样。不过,珍珠项目的成功对于卡塔尔更小的经济所产生的影响更大。卡塔尔不像迪拜那样能比较轻松地吸收损失,也不能指望一个联邦当局(像阿布扎比那样)来帮助摆脱困境。尽管如此,只要对天然气仍有需求,即使一次严重的房地产项目失败也不会严重威胁卡塔尔的长期偿债能力。

珍珠岛项目的人工岛位于卡塔尔的原有土地以外,其上的地产与卡塔尔的其他开发项目不同(只能租用99年),能够彻底购买。然而,珍珠岛项目的价格可能会急速下降,让房地产开发有可能成为国家财政的负担,而不是预想的增长和投资引擎。意识到可能发生令人尴尬的下跌,卡塔尔政府进行了干预,向卡塔尔银行提供了大约50万亿美元的资金组合,使他们能够彻底购进违约贷款。[33]这可能是权宜之计,类似于美国买进有毒资产。然而,挑战是存在的。政府缺少透明度,多哈人口与经济的差异,以及统计信息的不可靠,导致难以确定租赁物的价值,可能致使潜在的外国人买家不愿意进入房地产市场。

2008—2009年，租赁也严重下滑，银行放款也减缩。"尽管政府进行了干预，过度放款和不当的风险管理还是让卡塔尔银行过度暴露给房地产资产，而由于需求下降，这些资产的价值正在降低。"[34]卡塔尔房地产泡沫的破灭，主要是因为高通货膨胀导致的过度投机。价格的快速升高，使得利率实际为负利率，鼓励买家进入市场，导致进一步投机。获得2022年世界杯的举办权，可能对房地产市场产生一些积极的影响，但是因为卡塔尔企图为可能到来的球迷、球队和其他与世界杯有关的人员建设足够的空间，反而可能导致更严重的过度供应。

过度的现金和过度的政治与私人操纵，妨碍了国家项目让经济变得多样化。虽然对统治家族的崇拜常常是真诚的，但是萨尼家族精英的雄心似乎常常与根深蒂固的社会利益群体存在不可解决的冲突。这些人虽然被英语语言包围着，却没有什么英语能力，他们常常感觉自己被精英们的梦想和抱负排除在外，并且担心除了博物馆的再造和对部落祖先的模糊记忆以外，卡塔尔不会有什么东西留下。

也许会让人感到吃惊的是，虽然大部分卡塔尔人享受着大量财富，但是卡塔尔依然存在着失业问题，尤其是大量决定不上大学的年轻男性们，即使他们上大学，很多也选择阿拉伯语和沙里亚法研究作为专业。年轻的女毕业生也面临着高失业问题；根据发展与规划秘书处的莱拉·迪阿布博士的统计，2004年，只有30%的工作者是女性。[35]

官方宣布的卡塔尔男性的失业率很低，只有3.2%。但是，这个数据不包括自己选择不进入劳动市场的男性。这些不满的年轻男性可能导致一些问题，他们可能趋向其他能给他们的生活带来意义的东西，用另外的身份来填补他们生命中的空白——甚至原来卡塔尔人严格遵守的瓦哈比伊斯兰相关的极端身份也可能扎根。另外一个需要担忧的地方是来自南亚的低工资劳动力的怨恨，他们占据了卡塔尔劳动力的大多数，并居住在工业城，这是多哈以外的一块压抑的、杂乱蔓延的、人口拥挤的区域。在一些案例中，被剥夺了权利，甚至有时候被克扣工资的劳动者多次烧毁他们自己的大楼。多哈结构上的、真实存在的城市窘境可追溯到最早的部落定居，而在没有足够大的停车场的摩天大楼时代依然存在，在很多方面准确反映了卡塔尔社会作为一个整体的首要问题和机会。

三、石油依赖的结束？

表面看起来，卡塔尔可能过度依赖对高石油价格的期望。国际合作部部长哈立德·本·穆罕默德·阿提亚博士最近宣称："对石油的需求将一直存在。"[36]尽管对于石油市场有这样坚定的信心，而且目前也没有能够替代石油的切实可行的燃料出现，但是卡塔尔仍然启动了一些计划，旨在让自己不再依赖这种单一的资源。卡塔尔财政部长宣布，在2020年，预计卡塔尔的原油储藏将耗尽（甚至天然气也可能出现这种情况），这时候卡塔尔的经济将不再依赖石油和天然气收入。2009年6月，卡塔尔的财政部长尤素夫·侯赛因·卡迈勒宣布，由于石油价格下跌，这个目标可能需要延后几年。[37]但是，卡塔尔要从石油收入独立出来，需要依赖投资。卡塔尔需要石油和天然气带来的收入来让自己脱离石油和天然气。更高的石油和天然气价格，能够提供必要的额外收入来购买多种多样的投资，从伦敦的不动产股份到跨国公司的股票投资组合。[38]这些投资的目的是使卡塔尔不会完全依赖于石油资源。无论石油价格如何，卡塔尔的统治者特别热衷于维持卡塔尔令人惊叹的经济繁荣。这种繁荣看起来证明了目前的权力和政府结构是合理的，尽管在这种结构中，埃米尔拥有全部终极权力。

第八章　埃米尔和卡塔尔权威的行使

在采珠年代，卡塔尔的谢赫是"商人王子"，其兴趣不只是关注贝达村落的内部运作，也同样关注卡塔尔以外，印度和波斯的市场。[1]谢赫从采珠运营得到的收入主要是卡塔尔采珠人和船长们的税收。在很多方面，"商人王子"这个称号在如今依然合适，解释了谢赫追求提升自己的家族利益和自己的商业和海外运营的传统，以及他鼓励国家接触更广阔世界的政策。从这个方面讲，整个卡塔尔国家几乎变成了一种公司，谢赫是CEO。与此同时，谢赫控制卡塔尔治理的程度是任何大公司实体的CEO所无法企及的。自从采珠年代到现在，谢赫的控制力显然增强了。

卡塔尔专家吉尔·克里斯特尔在描写谢赫哈利法治理下的卡塔尔时写道："权力仍然没有制度化。埃米尔个人与国家制度之间，在政治上或者法律上并没有有意义的区别。最高权威无所限制。"[2]在谢赫哈马德统治期间，虽然进行了文化和商业改革，但是权力的实际结构并没有发生太大变化。从历史上看，国家和统治者之间缺少区分的情况，在卡塔尔比在其他海湾谢赫领地中更加明显。1970年，卡塔尔政府总支出中花费在王室家族的比例是33%，比任何邻国的可比较数字都高。科威特的数字是2.6%，利比亚是0.8%（1967—1968年）。[3]谢赫哈马德·本·哈利法·萨尼（2011年59岁）的官方个人净资产超过20亿美元（2009年），可能还有更大的财富未公开，比更大国家的君主更加富有。《福布斯》杂志在2008年把他列为全世界最富有的王室成员的第7位，他的私人财富超过了英国女王、阿曼苏丹和摩纳哥王子。即使是摩洛哥的国王，私人财富也比谢赫哈马德少了5亿美元，尽管摩洛哥国王统治的国家大得多，统治的人口大约有3500万。[4]

法国君主很难带着旧制度几乎1/3的收入直接离开，但是对于过去的卡塔尔埃米尔，从阿卜杜拉到阿里，再到谢赫哈利法，从卡塔尔的国库提取资金，并把国家收入储存到自己在瑞士银行的私人账户，是很常见的。直到1989年，埃米尔还亲自签署所有大额支票。虽然谢赫哈马德承诺改变这种不道德的行为，将国家财政与私人账户分开，但是他保留着推翻这种改革的权力。卡塔尔的经济和社会越来越复杂，在一定程度上让埃米尔的王位和权威变得去个人化。埃米尔的许多行为纠正了他父亲的滥用职权。近来，"透明国际"将卡塔尔归类为一个统治相对透明的国家，相对其邻国尤其如此：卡塔尔的得分为7（2009年），距离美国的得分7.5相差不大。[5]尽管如此，虽然埃米尔的大部分改革计划得到了民众的明白支持，他自己仍然保留着最终的决策权。

谢赫哈马德亲自参与国家发展的方方面面，与他的父亲在统治期间的前几年所做的一样。他看起来通过自己的个人魅力在运作国家，亲自监管着所有事情。在许多方面，埃米尔权力的这种投射，对国内争端的粉饰，以及埃米尔是国家绝对领导的形象，对于外部事务来说对卡塔尔是有利的。卡塔尔的埃米尔及其在国外的代表能够立即提供支持，或者做出支持的保证，而没有议会过程的耗时、延误或不确定性。埃米尔可以批准或否决任何项目；虽然理论上，国库和卡塔尔国家银行独立于埃米尔，但是现实中，如果愿意，他可以指挥卡塔尔庞大的天然气和石油收入。据说被废黜的卡塔尔统治者谢赫哈利法在1990—1994年间，允许大约18.7%的卡塔尔石油收入消失。[6]大约5000名穆拉部落成员的卡塔尔公民身份被突然剥夺，后来又被恢复，证明了卡塔尔的埃米尔既能够随时授予、又能够随时剥夺公民身份。[7]即使是埃米尔以改革的名义支持，并且在2003年以96%的通过率由全民公决通过的新宪法，虽然要求建立一个可通过法律的议会，但是埃米尔有否决权，只有2/3的大多数才能驳回他的否决，但是这种情况很难发生，因为议会中有1/3的成员是埃米尔任命的。而且，即使在几乎不可能出现的情况中，埃米尔的否决被驳回，他也可以"在一段时期内"中止立法。

而且，议会的全国大选已被中止。虽然2005年的新宪法本应生效，但是正式的全国选举并没有发生，相反，当时议会的任期被延长。2011年，投票被再次延期到2013年年末。一个处理本地事务且具有有限咨询能力的市政委员会经由全国选举建立，成为1999年第一个选举建立的机构。女性投票参与了市政选举，并且有女性作为了候选人。[8]

类似地，埃米尔也控制着法律系统。他任命所有法官，其中一些不是卡塔尔人，所以有被驱逐出境的潜在风险。2008年12月，基于宪法第12条建立了新的最高法院，其成立是一个重要的宪法步骤，但是有可能并不会使司法系统的权力产生重大的变化，尽管他们能够对2005年宪法进行评判。埃米尔任命了新最高法院中的所有法官。宪法法院的存在是很奇特的，因为大部分法官都逃避评审宪法，他们认为这是埃米尔的权力范围。法学家内森·布朗认为："没有哪个卡塔尔法官或律师能够说出法庭历史上涉及宪法的案例。"[9]吉尔·克里斯特尔指出："卡塔尔的法庭从来不是对统治者的制约。"[10]

卡塔尔宪法在法律中仍然留下了一些理论上的局限，其中就包括第6条，要求国家"尊重并实施其所参与的所有国际协定、章程和惯例。"因为卡塔尔是联合国国际劳工组织的成员，所以理论上，卡塔尔的劳工赞助法是可以被挑战的，该法律要求所有非卡塔尔人必须得到一个卡塔尔公民的赞助，这个卡塔尔公民控制着他们的状态、签证、健康状况、工资，甚至潜在的驱逐。[11]然而，"尊重并实施"不等于"强制"。虽然可能发生一些改革，但是任何严重降低卡塔尔本土公民特权的政策都不大可能得到实施。宪法所允许的自由贸易、磋商和有限的民主化仅限于卡塔尔公民。根据宪法第41条，公民法的效力与宪法一样。这是符合埃米尔利益的，埃米尔通过宪法，有效地与卡塔尔的公民精英建立了联盟，维持自己的控制和社会现状，同时增加了经济变化和财富。

制度上、经济上和法律上，埃米尔似乎拥有有效的、绝对的权力。乔治城大学卡塔尔分校的前代理院长迈赫兰·卡姆拉瓦认为，埃米尔只会增加和集中自己的权威，自由贸易的表述只是为了支撑他的权力。许多改革的目的是集中埃米尔的权力，而不是限制。[12]但是，如果简单地把卡塔尔视为埃米尔的私人财产，在形式上对民主做了一些让步，那么必须给这种观点加上一些限定条件。虽然把埃米尔权力的这种投射视为卡塔尔强权政治的现实是很有诱惑力的，而且他对于国家的许多元素拥有绝对的权力，但是，尽管埃米尔企图将权力巩固到他自己、他的继承人和他的直系亲属手上，卡塔尔权力的实际行使要复杂得多。从国际峰会和谈判的高度来看，卡塔尔的外交政策似乎极为灵活。其半岛电视台媒体帝国似乎能够以一种自由的风格进行评判，激励着阿拉伯民意。然而，从当地的观点看，卡塔尔的政治已经变得黏性越来越大，越来越复杂，并且越来越依赖于历史的、当地的和部落的因素。

在国内，埃米尔的权力被悄悄地限制，不是被国际威胁，而是被高度地域化的、非正式的和具有部落本质的国内政治安排限制，接受过正规的制度政治学和经济学的西方政治学家很难理解或量化这种本质。道格拉斯·诺斯是目前关于制度在权力和发展中的角色的政治学辩论中的一个重要人物，虽然他也讨论非正式制度的重要性，但是并没有量化或者度量它们的实际影响。在很多方面，对政治学家来说，非正式制度似乎与天体物理中的"暗物质"相近：数量、形状和真实影响未知，但是确定它们必定存在，必须存在。[13] 世界银行的约瑟夫·斯蒂格利茨将非正式制度描述为通过"社会资本"起作用。所谓社会资本，就是心照不宣的知识，是网络的集合，是声誉和组织资本的聚集。[14] 在卡塔尔，这种"社会资本"并没有被埃米尔甚或统治家族完全垄断。有时候，最有效的抵抗形式对于体制外的人来说似乎无从识别，但是对于特定统治体制内的人来说则很明显。从纯粹的制度和经济框架的角度看，埃米尔确实看起来垄断了卡塔尔的权力。

从职责、权威、谈判和独立的传统网络——这是一个忠诚的部落网络，600年前的北非政治哲学家伊本·赫勒敦描述得最好——的角度看，埃米尔并不是绝对的君主，他更像是从同等地位的人们优先选出的领导人，是不同的权力基础和利益之间的调停者，而不是一个国王。讽刺的是，正是非正式权威和网络的制度化，即西方所支持的"民主化"进程，最终导致部落身份被埃米尔权威下的国家主义更完整地取代：虽然石油资本看起来无穷无尽，社会资本却并不是。然而，传统的权力网络，即让卡塔尔社会能够运行的灵活的"部落团结"，也可能更加持久，能够承受现代化和制度化的猛攻。如果公民社会的传统形式和创新的"民主"形式结合起来，在卡塔尔变得足够强大和坚持，那么卡塔尔可能遵照科威特的模式：在科威特，国民议会常常质疑王室任命的部长，尽管科威特的萨巴赫君主常常想要解散国民议会。卡塔尔并不会转型成为一个完全民主的国家，而可能遵照中东政治学家所描述的"自由化专制"的模式。在这种自由化专制中，即使专制统治者掌握着有效的权力，民主的许多外在的、表面的装饰依然存在。在一些例子中，民主的圈套反而进一步巩固了统治者的权力。[15]尽管如此，无论假想埃米尔行使权力的范围和能力有多大，认为其没有限制都是不准确的。恰恰相反。重要的社会参与者和社会因素塑造并指引着他的权力。

一、卡塔尔的权力格局

在卡塔尔，政治权力和权威的外形和表现要比正式法律更加复杂。接下来要描述的对埃米尔权力的限制并不是绝对的，甚至不是一致的，但是确实说明，卡塔尔内的独裁主义并不是简单的强加，也是社会共识的结果,这种共识既受到埃米尔和王室的操纵,又限制了权力的行使和外形。

埃米尔

对埃米尔权力最有效、最直接的限制来自埃米尔自身。埃米尔可以决定下放他自己的权威,允许媒体自由,甚至允许市政选举。然而,暂时性地让出权力并不能阻止埃米尔破坏自己强加给自己的限制。

虽然卡塔尔宪法的第59条指出,"人民是权力的来源……",但是对于这种理想,几乎没有具体的法律支持。事实上,第67条规定了埃米尔最具体的权力:

1. 在内阁的协助下,制定国家的施政方针。

2. 签署和颁布法律。未经埃米尔签署,不得颁布任何法律。

3. 当公共利益需要时,召集部长议会开会。他将主持自己参加的所有会议。

4. 根据法律任免公务员和军方人员。

5. 接受外交代表团和领事代表团的国书。

6. 根据法律赦免罪犯,或者减轻其刑罚。

7. 按照法律授予民事和军事荣誉。

8. 组建政府部门和其他政府机构,并决定他们的权力。

9. 组建机构来给自己提供建议或者咨询,指导国家的政策,并监督这些机构及决定他们的权力。

10. 符合宪法和法律的其他权力。

宪法中并没有法条阻止埃米尔约束自己的权力和权威,或者限制其王位的影响力。除了计划将国库与自己的私人账户分开以外,埃米尔还批准了对他自己的权力的一些正式限制。这些自我施加的约束中，最重要的一条是1999年颁布的埃米尔11号法令，要求由高级委员会来起草宪法。

2005年6月生效的卡塔尔宪法阻止埃米尔在没有理由，且未得到议会批准的情况下反复宣布军事管制（第69条），主动发起进攻战（第71条）以及在没有得到议会最终批准的情况下颁布政令。议会有1/3的成员是埃米尔任命的，另外2/3的成员是由总人口中相对较少的一部分人（能够证明自己民族的卡塔尔人）选举出来的，所以埃米尔在"相当适宜的国内政治气候的背景下"采取这种极端举措的可能性几乎不存在。甚至，这些极端情况下的限制更可能保护埃米尔的地位，例如出现了埃米尔本人发疯这种不大可能发生的情况。

除了批准新宪法，埃米尔让出权力或权利，但是很快又反悔的最公开的例子是新闻自由这个棘手的问题。1995年登上权力顶峰后不久，埃米尔宣布新闻自由的新时代到来。然而，在做出宣布后不久，他关闭了卡塔尔阿拉伯语日报《东方报》，因其过度公开地指责沙特人。类似地，由于埃米尔的权威，他最宠爱的妻子莫扎能够完成许多活动，其中包括赞助和建立多哈媒体自由中心，其主任是国际新闻自由的拥护者罗贝尔·梅纳尔。但是，当他公开批评了卡塔尔政府，并且邀请弗莱明·罗斯（丹麦一家报纸的编辑，该报纸在2005年发表了关于穆罕默德的有争议的卡通画）来多哈以后，在卡塔尔人中引发了骚动，变得不受欢迎。[16]无论埃米尔和他的妻子对于为西方和伊斯兰文化之间搭建桥梁持有怎样的私人信念和意图，他们都受到政治光谱两端的人们的限制。调停和协调这种政策让卡塔尔成为国际合作的基地，但是也伴随着巨大的、不易控制的风险。

然而，最终限制埃米尔权力的，不是国际争端，而是他自己的生命，以及统治所带来的压力和可能自毁性的诱惑。谢赫哈马德与他的父亲一样，不能预防国内发生政变或动荡，或者自己死于任上时发生继承人危机。传统的阿拉伯社会通过文化传统来处理谢赫和统治者的脆弱性。大部分西方君主制依赖清晰的、预先确立的长子继承方式，偏向于王室家族的一个分支，而卡塔尔和海湾地区的阿拉伯部落使继承成为更大的家族事务：长子继承权并不能得到保证，而且王室家族作为一个整体从权力中获得巨大利益，而不只是一个兄弟或者其后嗣。这意味着卡塔尔宪法的第9条是对传统行为的一个创新，允许统治者埃米尔指定他的儿子作为继承人。氏族的社会和部落团结，即伊本·赫勒敦所称的"社会团结"是权力的终极保证。即使统治者被暗杀，家族成员仍然处在一个有利的位置来保持现状。

这种家族统治或者"氏族统治"使萨尼家族这样的王朝不被推翻。那些不依靠家族，或者没有在亲属间分布权力，而是试图把所有有效权力集中到自己手中的君主们更容易被革命所推翻。例如，利比亚的伊德里斯国王（统治时期为1951—1969）主动避免了依赖他自己的氏族和家族的支持，并且没有尝试建立对王朝继承的支持，后来就发生了卡扎菲的革命。然而，谢赫哈马德近来朝向伪长子继承制度的举措，可能威胁萨尼家族的凝聚力和支持。哈马德及其继承人的统治在未来的可持续性将在很大程度上依赖于他如何与家族分享权力。

萨尼家族

萨尼家族内部的冲突可追溯到第一次大额石油收入之前。但是，直到1949年6月，第一笔大额石油特许权收入被交给了谢赫阿卜杜拉·本·贾西姆自己，家族内部的争议才产生了严重的影响。谢赫阿卜杜拉认为特许权的收入是他私人的，所以拒绝与家族的其他成员分享。自从1938年以后，艾哈迈德·本·穆罕默德·本·萨尼（贾西姆的指定继承人，但是1905年先于贾西姆去世，不要与1972年被哈利法推翻的艾哈迈德·本·阿卜杜拉埃米尔混淆）的后代一直在向英国人恳求，抱怨他们的贫穷，以及被剥夺了自己应该享有的石油份额（参见表1，萨尼家族统治者）。自从1935年开始收到特许权收入以后，阿卜杜拉和他的继承人哈马德（1948年去世，未能继承）就悄悄地把大量石油特许权收入存入私人资金中。这种把财富聚集到埃米尔的直系家庭的行为，与萨尼家族的其余成员产生了严重的裂隙。统治者被迫增加了其他萨尼家族谢赫的收入；到了1958年，据称他们收到了国家收入的大约45%。[17]

埃米尔继续向家族报告自己的行为。虽然严格来说他能够任命部长，以及审查政府的决定，但是一些政府部门就像是小封地。"如果王朝政权容易受到统治家族成员之间的争斗和敌意的影响，那么卡塔尔的统治家族萨尼家族早就从掌权的位置跌落了。"[18] 而且，正如扎赫兰指出的，"与（科威特的）萨巴赫不同，萨尼家族看起来并没有公司身份……宗派主义不可避免地会出现，特别是当这么多统治者在位时间都特别长时更是如此。"[19] 由于存在这种潜在的宗派主义，以及需要安抚他们的要求，埃米尔常常被迫让自己家族的重要成员担任重要的部长职位。卡塔尔的主要政府职位的领导几乎都是萨尼家族的成员（参见表1）。

萨尼家族谈判能力的主要来源之一在于其决定继承人的角色。谢赫哈马德对宪法所做的修改，特别是将决定继承人的权力完全放到了统治者埃米尔的手中，会抑制家族成员的谈判能力，进而抑制家族内部的宗派主义传统。与此同时，这种修改有可能引发对埃米尔，以及对整个统治体制的挑战。埃米尔自信已经有效控制了家族内部的宗派主义和卡塔尔的其他权力玩家，所以才修改宪法，让传统盟友和传统的权力妥协变得不再重要。对于卡塔尔的埃米尔及其继承人，并不是"阖家欢喜"，而是"单枪匹马"。但是，不管目前的埃米尔在建立新的安排时多么强大，多么有说服力，海湾地区对于"单枪匹马"的人来说仍然是一个危险地带。

在谢赫哈马德近期修改宪法之前，谢赫必须得到家族的支持，才能宣布继承人。这就产生了继承危机和不确定性，使萨尼家族的成员有机会要求让步。如今，家族要求的重要性在一定程度上已经降低，因为家族的权力不够大，或者没有联合到一起，不足以在目前很大程度上专制的和君主制的统治制度中产生严重的裂隙或者不稳定性。修订的卡塔尔宪法并不依赖"家族议会"的批准来指定继承人，而是给予了埃米尔几乎独自享有的权利，让他指定某个儿子作为继承人。虽然宪法第9条规定，他需要"咨询"家族议会，但是并不需要获得他们的完全批准。由于能够确保自己的继承人，并在去世之前很早就从直系家属中提名继承人，埃米尔能够绕开争夺权力的地位显赫的叔伯们和亲属们之间的欺诈。事实上，在这个重要的方面，谢赫哈马德甚至具有比他的父亲哈利法更大的权力；据一些报道称，哈利法首选的继承人并不是谢赫哈马德，而是他宠爱的儿子阿卜杜勒-阿齐兹。

卡塔尔与阿拉伯社会并没有建立长子继承的传统。从历史上看，部落作为一个整体指定部落的谢赫或哈基姆[1]，继承人甚至不需要是直系亲属。历史学家J. C. 胡雷维茨指出，甚至对于强大的国王或统治者，也没有形成长子继承的传统：

> 缺少固定的继承规则，是催生伊斯兰国家的军事政治的重要因素。欧洲几乎全部适用的长子继承原则，在伊斯兰国家并没有得到承认，特别是17世纪和18世纪的穆斯林王朝。王室家族的扩大家庭的所有男性成员均是可接受的王位候选人……伊斯兰政体在世袭和"选举"君主制之间摇摆，每当统治者君主的意愿在其死后没有得到遵守时，就习惯性地发生暴力的、无序的继承。[20]

长子继承和保证"有规则的"继承实际上是西方人的创新。部落作为一个整体必须通过宣誓效忠来赞同新的谢赫。但是，宣誓效忠并不能得到保证，有几次，部落就拒绝了他们的谢赫宠爱的儿子。这种宣誓效忠仍然以仪式的方式存在，但是因为没有萨尼家族谢赫会公开反抗埃米尔的权威，之后仍然指望留在卡塔尔国内或者保留自己的部长职位，所以宣誓效忠没有有效的影响力。虽然卡塔尔社会停留在"传统"中，目前的埃米尔所建立的世袭长子继承制

---

[1] 阿拉伯语的英译为hakim，指统治者、总督或法官。

度以及对继承的完全掌控，对卡塔尔社会强加了西方的个人统治和君主制的观念。然而，如果过度边缘化萨尼家族，不再尊重他们或者不让他们参与继承人的选择，那么他们可能不会乐意共同支持埃米尔选择的继承人。明确地让选定的儿子，通常是最大的儿子，继承父亲的位子，可能会减少不确定性，但是也可能导致家族成员更加狂热地支持其对手。1997年，埃米尔在美国接受了肾脏移植手术，其健康不一定有保证，所以继承的问题成为一直需要担忧的问题。

选择谢赫哈马德的第四个儿子塔米姆作为继承人，而绕过了他的其他三个儿子，显示了继承问题的难度，以及其引发冲突的可能性，不只在家族内部，还可能在卡塔尔最重要的盟友和支持者之间引起冲突。通过不断地改变继承人，谢赫哈马德能够避免某个儿子得到足够的支持来推翻自己，就像他自己推翻他的父亲那样。1996年，贾西姆·本·哈马德取代米沙勒·本·哈马德成为继承人，但是根据未经证实的报道，贾西姆对统治没有兴趣。也可能贾西姆对谢赫哈马德并不是绝对忠诚。贾西姆出生于1978年，是莫扎最大的儿子，他毕业于桑德赫斯特，并且支持自己的弟弟塔米姆作为协调与执行高级委员会的主管。据报道称，由于秉持宗教保守主义，以及据说当"圣战"者在与苏联作战期间与他们有联系，埃米尔的第二个儿子法赫德被完全无视了。[21]事实上，明确的长子继承并不一定是继承的道路。最大的儿子米沙勒被忽视，是因为他似乎缺少弟弟们的领导能力。2003年8月，谢赫塔米姆被指定为继承人。他也在桑德赫斯特接受教育（这种荣誉几乎已经成为统治者的必备条件），是多哈亚运会的主席，并且与美国培养了密切的联系。虽然他被赋予了大量责任，包括伊朗外交事务，但是权力仍然受到很大限制。埃米尔的三个妻子努拉、马里亚姆和莫扎还为埃米尔生育了其他儿子，他们都有可能取代他的位子。

虽然现任埃米尔施加了新的限制和更明确的程序，但是统治家族的势力和声望依然存在。萨尼家族的成员们仍然垄断了最重要的政府职位和部门。另外一个能够更加明显地说明埃米尔家族的权力的，是这个家族的成员已经让自己的地位高过了其他卡塔尔人口。虽然在过去，任何重要的部落成员都可以称自己为"谢赫"，但是现在，惯例已经变成只有萨尼家族的成员才能称呼自己为"谢赫"或"族长"，对于女性则为"谢哈"。萨尼家族通过这种方式垄断了这些称呼，并有效地让卡塔尔的其他部落无法维持谢赫传统。

身居要职的萨尼家族成员

哈马德按照先人们的政策，成功地将财富和权力聚集到他最密切的亲属中。尽管如此，对于与哈马德紧密联系在一起的萨尼氏族之外的谱系群体，婚姻是他们在中央政府中获得真正的影响力和权力的重要方式。例如，现任埃米尔的母亲就来自阿提亚氏族。阿提亚氏族在现任政府中享有特权，取得了有利可图的职位，包括阿卜杜拉·本·哈马德·阿提亚一直掌控到2011年1月的受人艳羡的能源部。虽然穆罕默德·萨利赫·萨达取代他成为权势极大的能源部长，但是目前阿卜杜拉仍然是卡塔尔石油公司的主席和副首相。离开能源部后，他还被任命为"埃米尔宫廷主管"。液化天然气出口的发展被归功于他，考虑到卡塔尔只出口大约82.5万桶原油，而天然气出口现在则要庞大得多，所以这是一种战略举动。[22] 如果哈利法的另一个儿子，也是有力的王位竞争者阿卜杜勒-阿齐兹成功继承，那么由于他的母亲是苏韦迪氏族的成员，苏韦迪氏族可能会在政府中取得更加显赫的地位。

正如接下来这个重要政府职位列表所展示的，在卡塔尔有重要意义的所有高级职位和部门都被萨尼家族成员统治着，之后便是阿提亚氏族的成员。一些次要职位由萨尼家族的亲密盟友掌握着，包括库瓦里、苏韦迪、加尼姆和杜沙里家族。显然，埃米尔认识到需要把一些权力和影响力发放给技术官僚（财政部长尤素夫·侯赛因·卡迈勒是一个好例子）或者重要卡塔尔部落的成员。注意这两个列表并不是完整列表。

表1　身居政府和经济要职的萨尼家族和阿提亚家族成员

职　位	姓　名
埃米尔	谢赫哈马德·本·哈利法·萨尼
王储	谢赫塔米姆·本·哈马德·萨尼
首相兼外交部长	哈马德·本·贾西姆·贾比尔·萨尼
副首相	阿卜杜拉·本·哈马德·阿提亚
内阁事务部长	谢赫纳赛尔·本·穆罕默德·本·萨尼
内政部长	谢赫阿卜杜拉·本·哈立德·萨尼
商务部长	谢赫法赫德·本·贾西姆·本·穆罕默德·本·萨尼（死于2009年5月）
通信与交通	谢赫纳赛尔·本·穆罕默德·本·萨尼
农业与内政事务	谢赫阿卜杜·拉赫曼·本·阿卜杜勒-阿齐兹·萨尼
内政国务部长	谢赫阿卜杜拉·本·纳赛尔·本·哈利法·萨尼
国际合作国务部长	哈立德·本·穆罕默德·阿提亚博士

（续表）

职　位	姓　名
国务部长（在逃）	谢赫哈马德·本·阿卜杜拉·穆罕默德·本·萨尼
国务部长（在逃）	谢赫哈马德·本·苏海姆·萨尼
中央银行行长	阿卜杜拉·沙特·萨尼
卡塔尔工商会主席	哈利法·本·贾西姆·本·穆罕默德·本·萨尼
卡塔尔"走向亚洲"国际慈善组织主管	谢哈马亚萨·宾特·哈马德·萨尼

表2　身居要职的非萨尼家族成员

职　位	姓　名
埃米尔最为公众熟知、最显赫的妻子	谢哈莫扎·宾特·纳赛尔·密斯纳德（《福布斯》杂志全世界最有权力女性排名第79位）
法务部长	哈桑·本·阿卜杜拉·加尼姆
财政部长	尤素夫·侯赛因·卡迈勒
能源部长	穆罕默德·萨利赫·萨巴
劳务部长	苏尔坦·本·哈桑·扎比·杜沙里博士
宗教事务	艾哈迈德·本·阿卜杜拉·马里
公共健康	阿卜杜拉·本·哈立德·卡赫塔尼
教育	萨阿德·本·易卜拉欣·马哈茂德
文化、艺术和遗产	艾哈迈德·本·阿卜杜勒–阿齐兹·库瓦里
社会事务	纳赛尔·本·阿卜杜拉·哈迈迪
环境	阿卜杜拉·米哈迪
外交事务国务部长	艾哈迈德·本·阿卜杜拉·马哈茂德
能源和工业事务国务部长	穆罕默德·萨利赫·萨达

（续表）

职　位	姓　名
拉斯拉凡天然气公司总经理	哈马德·拉希德·穆汉纳迪
卡塔尔天然气公司主席兼CEO	费萨尔·苏韦迪
卡塔尔大学校长	谢赫阿卜杜拉·密斯纳德博士（莫扎的姑姑）

然而，统治家族的各个谢赫和分支确实起到了制约埃米尔权力的作用。1949年开始出口石油后的前几年，武装的萨尼家族谢赫能够在人身安全上威胁埃米尔给他们现金款项。萨尼家族谢赫们也将埃米尔任命的许多出生在国外的部长（例如阿卜杜拉·胡韦拉）赶下台，使埃米尔自己与其家族成员的要求之间没有了缓冲。虽然这种直接威胁不再可行，萨尼家族仍然对谢赫施加强有力的影响，他们的要求也很少被拒绝。不过，在过去几年中，谢赫哈马德有效地限制了他的直系家庭之外的萨尼家族宗派的权力和影响力，并主要提供机会和新的组织来给他最忠诚、最亲密的亲属服务。[23]

部落和非正式权力

1999年，卡塔尔举行了市政选举，有权投票的卡塔尔人必须能够证明自己在石油繁荣之前就居住在卡塔尔半岛上。之后不久进行的一个调查显示，几乎所有受访者主要根据他们自己的部落关系进行投票。[24]卡塔尔的部落基本上是自治的社会实体，其忠诚是独立于国家的。卡塔尔部落，以及中央集权在基于部落关系和身份的社会中的固有局限，是完全集中权力的一大障碍。主要是这个原因，而不是其他原因，卡塔尔才通过建立选举和据称代表人民，因而也代表了部落的制度，邀请部落参与到"民主"进程。大部分卡塔尔人根据部落进行投票，大部分席位按部落关系分开。[25]

目前任命的咨询委员会的任期已被延长到埃米尔最终批准全国选举的时候。组成此咨询委员会的主要是王室家族之外的部落和谱系的代表。[26]咨询委员会共有35名成员，其中大部分来自与萨尼家族亲密联盟的谱系，但是他们并不属于萨尼家族。相反，在咨询委员会中，在历史上显赫的卡塔尔家族（前面章节中提到的那些在卡塔尔拥有历史主张和权力的家族）得到了合理的代表。埃米尔并没有在咨询委员会中填满自己最亲密的亲属，尽管这么做在一个"家族统治"的制度中可能并不反常。埃米尔与他的父亲一样，利用咨询委员会来确保得到卡塔尔部落的关键支持和共识。但是，咨询委员会并没有授予这些非萨尼家族部落的代表权力，而只是用来减少异议。目前的咨询委员会甚至还不如2003年的宪法承诺的议会，只有有限的权威：它不能编制预算，而只能批准预算；埃米尔可以轻易推翻它通过的法律。另外，咨询委员会通常一周只见面几个小时。尽管如此，在埃米尔努力平衡自己家族的要求时，咨询委员会为埃米尔提供了一种合法性，以及来自其他部落的支持。"谢赫哈马德早期做出自由贸易的承诺，是因为精英宗派主义，更具体地说，是萨尼家族内部的竞争。"[27]

尽管一些人声称，卡塔尔的非萨尼家族部落已经被有效地从明确的政治过程中边缘化，但是他们仍然是卡塔尔内部不那么明确的非正式关系的重要部分。萨尼家族和埃米尔企图擦除权力的传统分界。尽管如此，政治学家迈赫兰·卡姆拉瓦认为，"其他非萨尼家族并不是完全没有形成有意义的竞争"。[28]在前面提过的几个例子中，萨尼家族的主张遭遇挑战，其他部落事实上宣称过要从萨尼家族的统治下独立出去。

卡塔尔部落（例如苏丹和阿奈内）的历史包括的历史主张至少与萨尼家族的历史主张一样有力。虽然萨尼家族试图侵占这段历史，但是部落关系的凝聚力仍然很强。正如吉尔·克里斯特尔所说："在海湾地区，政治权力的表达隐藏在表面下。虽然规则是真实存在的，但却未被公开法典化，社会群体有时候缺少清晰的制度类比。"[29] 卡塔尔国家和埃米尔是不是能够成功地彻底吸纳谱系群体仍然有待观察，特别是考虑到本书一开始讨论过的情况就更是前景不明：卡塔尔缺少工业失范，而且令人惊奇的是，预期会发生的谱系部落的分裂和扰乱也很少。涂尔干认为，新国家将试图"利用并吸收现存的组织……特殊关系联合起来的部门，或者至少是一组部门，变成了机构。"[30]

时间会说明埃米尔和卡塔尔国家是否能够把卡塔尔的部落转变成国家和埃米尔权力的机构。事实上，卡塔尔的谱系群体被看起来支持现状的国家选举制度所制度化，几乎已经与君主制一样有适应力，这可能与萨尼家族能够保持权力的众多原因相同。卡塔尔"民主"的发展在很大程度上已经侵占和控制了卡塔尔部落传统的权力代表和表达方式，可能不只是自由化的工具，也是吸收纳入的工具。

虽然全面描述卡塔尔的众多谱系群体和忠诚的工作只能留给将来的社会学家和人类学家来做，但是接下来还是简单介绍了卡塔尔的一些不怎么为人所知的谱系和社会群体，说明了卡塔尔部落身份仍然具有的相关性和复杂性。这里的分析没有提到一些群体，但是并不代表他们不重要。

阿提亚家族

虽然阿提亚家族一度几乎与萨尼家族是平等的，但是现在只能屈居萨尼家族之后，是卡塔尔第二显赫的家族。阿提亚家族与萨尼家族战略联姻，继续占据重要的、有利可图的职位。纳赛尔·阿提亚最初通过婚姻取得影响力，成为阿卜杜拉·本·贾西姆·萨尼的最有影响力的顾问。穆罕默德·阿提亚是第一任警察总监。现任能源部长也类似地通过婚姻与谢赫哈马德产生了关系。1963年，哈马德·阿提亚领导了反对萨尼家族的暴动。

萨尼家族

尽管存在争议，但是许多人声称萨尼家族自身是更大的马阿德希德联盟的成员，而马阿德希德则是塔米姆家族的后代。马阿德希德的始祖马阿德希德·本·穆沙拉夫曾是沙特阿拉伯中部的吉布林绿洲的权力极大的总督。这个名字的意义是"勇敢者联盟"。这让其他一些马阿德希德私下质疑萨尼家族的特殊地位。萨尼家族中有大约3000名关系网强大的成员，但是大部分人对于权力已经不再有几十年前一样强的主张，那个时候，萨尼家族谢赫们能够（常常通过武力）有效地决定埃米尔选择哪个技术官僚和部长。一些人是谢赫艾哈迈德的后代，在哈利法政变后失势。类似地，谢赫贾西姆的直系后代得到了青睐，但是哈马德·本·贾西姆（另一个贾西姆）不在此列。

与卡塔尔的总人口相比较，萨尼氏族的规模很重要。20世纪80年代，大约有2万名萨尼族人，占人口的一半，他们膨胀的人数导致职阶上的一些分歧，因为萨尼家族的各个分支都在试图获得影响力。20世纪50年代,一些谢赫驾车出行,随意占领土地。近来埃米尔已经把集中控制土地分配的权力掌握在自己手中。

本·阿里家族

本·阿里家族来自沙特阿拉伯中部的哈伊尔和吉布林。萨尼家族一般拒绝承认与这个部落有关系,尽管本·阿里家族也声称是马阿德希德的后代。穆罕默德·本·萨尼在19世纪60年代崛起之前,本·阿里常常是卡塔尔显赫的领导人。巴迪是萨尼家族之前的卡塔尔统治者的亲属,他们与加尼姆和希特米都来自本·阿里家族。

苏丹家族

苏丹家族是一个定居海岸的部落,其中一部分在19世纪之前就居住在多哈地区。苏莱曼·本·纳赛尔在19世纪50年代之前的一些年间是多哈最显赫的人。尽管据洛里默所说,1908—1939年,这个家族大约只有400人,但是位于现代多哈中心的法里吉苏丹(苏丹家族居住的社区)房屋群证明了他们在历史上曾经居住在卡塔尔首都。[31]20世纪70年代,此部落的最后一个人搬到多哈。苏丹家族的故土在卡塔尔北部如今几乎已被遗弃的富韦里特村落。与萨尼家族一样,在1783年乌图布部落到达卡塔尔之前,苏丹家族就已经居住在那里很久了。由于他们与卡塔尔深刻的历史联系,也由于富韦里特与多哈的距离遥远,苏丹家族的谢赫和部落马吉利斯一般享有着很大程度的自治。事实上,在1970年之前居住在多哈的苏丹家族成员并不需要为珍珠贸易缴税。[32]

班尼·哈立德与阿奈内家族

在沙特人崛起之前,班尼·哈立德是哈萨和卡塔尔的统治者。但是,尽管他们在阿拉伯半岛东部有着深厚的历史存在,如今在半岛上已经失去了几乎全部影响力。阿奈内可能是卡塔尔的班尼·哈立德氏族中最显赫的一个，19世纪20年代被迫流亡之前，他们控制着多哈。阿奈内定居在沃克拉，1908年的人口数为2000。然而，这个部落并没有忘记他们以前的影响力，并常常憎恨萨尼家族对沃克拉的干涉。他们认为自己不需要缴纳对其他不那么显赫的部落所征收的税。1907年，英国在巴林的政治驻扎官报告称：

> 阿奈内部落的一个叫作贾比尔的成员近来被阿卜杜·拉赫曼（萨尼家族在沃克拉的总督）要求缴纳每年向采珠船征收的税。贾比尔拒绝缴纳……[33]

苏卢塔家族

作为卡塔尔古代的商人，苏卢塔家族的纳赛尔部落是多哈最强大的商人部落之一。他们保留了一些影响力，以及在咨询委员会中的一些象征意义上的重要性。

马汉达家族

马汉达家族最重要的氏族包括多哈北部的豪尔的易卜拉欣和密斯纳德。莫扎·宾特·纳赛尔·密斯纳德目前是卡塔尔大学的校长。阿卜杜拉·密斯纳德参与到了1963年的一些暴动中。

胡韦拉家族

胡韦拉家族逊尼派有规律地在海湾地区的波斯海岸和阿拉伯海岸之间迁徙，并一度定居在霍尔木兹海峡附近，他们是这两个地方的历史连接点。现在，他们主要聚居在多哈和沃克拉。胡韦拉家族常常占据重要的地位，作为商人社区的顾问和领导者。他们包括达尔维什、阿卜杜·加尼、纳赛尔·阿拉、海达尔和伊本·穆罕默德氏族。另外两个显赫的商人家族毛拉和贾伊达则没有那么成功地被吸纳到政府角色中。

库瓦里家族

由于对贾西姆·本·穆罕默德·本·萨尼与奥斯曼的联盟感到不满,库瓦里家族在1879年离开了多哈,定居在富韦里特。不过,他们近来与萨尼家族紧密协作,占据了一些重要的政府职位。目前,他们是卡塔尔最有影响力的家族之一。萨尼家族把他们的血统追溯到库瓦里家族和一个共同的祖先:塔米姆。

达瓦希尔家族

将哈瓦尔群岛的居民达瓦希尔家族融入政府中,让卡塔尔能够证明自己对该地区的主张。

二、"游牧"部落

穆拉家族

本书几次提到,穆拉家族很早就已经是沙特阿拉伯以及沙特阿拉伯影响下的边境的守卫。虽然一些穆拉氏族成员在卡塔尔军队中仍然占据一些重要的职位,但是由于他们与沙特阿拉伯人交流的历史,所以在卡塔尔的地位很大程度上被矮化。前面曾提到,一个穆拉氏族曾被剥夺卡塔尔公民身份并遣送到沙特阿拉伯。

巴尼·哈贾尔家族

巴尼·哈贾尔家族来自哈萨,最初与瓦哈比派结盟,向沙特阿拉伯的瓦哈比派缴纳天课,即伊斯兰税,甚至还从多哈的统治者那里定期收到款项。[34] 巴尼·哈贾尔家族大部分时间是以陆地生活为主的贝都因部落，但是在19世纪70年代，也因为海盗行为而闻名。在瓦吉巴之战中，巴尼·哈贾尔家族支持谢赫贾西姆·本·穆罕默德·萨尼成功反抗奥斯曼，巩固了与萨尼家族的联盟。虽然巴尼·哈贾尔家族保留了自己的许多独立的贝都因价值观，但仍然是埃米尔的私人护卫及警察部队精英的重要组成。[35]

纳伊姆家族

纳伊姆家族向巴林谢赫履行的角色与巴尼·哈贾尔家族向萨尼家族履行的角色一样：贝都因保镖。纳伊姆家族对卡塔尔北部和祖巴拉拥有历史主张，保留着骄傲的独立状态。虽然纳伊姆家族的一个分支承认萨尼家族在卡塔尔的权威，但是他们仍不稳定地保持在卡塔尔政府的边线上。

马纳希尔家族

马纳希尔最初来自停战阿曼，在卡塔尔社会中已经寻找到了稳固的位置。

阿治曼家族

与巴尼·哈贾尔家族一样，阿治曼家族来自哈萨省。他们与阿联酋也有广泛的联系。

达尔维什家族

在英国殖民统治期间，达尔维什家族是卡塔尔最富裕的商人家族，现在仍然有一定的影响力，尤其是商业方面。

马尼家族

马尼家族也是一个商人家族，常常被达尔维什家族占据上风，许多开发合同都被达尔维什家族取得。然而，当达尔维什家族由于与英国人过于密切而被驱逐出卡塔尔以后，马尼家族重新取得了影响力。他们在卡塔尔仍然有着庞大的商业利益。

曼奈家族

曼奈家族的族长在20世纪40年代从巴林来到卡塔尔。他们主要拥有外国公司在卡塔尔的利益，例如通用汽车。

三、非洲人（原来的奴隶和自由的非洲人）

介绍卡塔尔的奴隶历史，能够说明外来者在统治者、其家族以及显赫的卡塔尔部落之间的权力平衡中的重要性。如今在卡塔尔很少讨论奴隶，但是奴隶制在卡塔尔一直存在到20世纪。虽然公开的奴隶贸易在那时已经停止，许多奴隶及其后代也被接纳进入阿拉伯部落，采用了他们主人的部落姓氏，但是直到20世纪50年代，所有的奴隶才被解放。

来自东非海岸的奴隶成为卡塔尔社会的一部分，几乎与奴隶贸易存在的时间一样久远，主要得到了阿曼商人以及他们在桑给巴尔岛（曾经是阿曼的一部分）上的联系人的支持。1823年，上尉麦克劳德对1820年的全面和平条约的评论是对海湾地区的奴隶制最早的描述之一。与波斯湾地区的谢赫（包括官方代表卡塔尔的巴林谢赫）签订的全面友好条约表面上明确禁止"友好的阿拉伯人"进行奴隶贸易。在这个方面，该条约"正式"坚持1807年的废除奴隶贸易法案。条约的第9条规定："从非洲海岸或其他地方诱拐奴隶，无论是男人、女人抑或儿童，并通过船只运输他们是一种掠夺和海盗行为，友好的阿拉伯人不得从事此类活动。"然而，麦克劳德承认，除了最恶劣的案例以外，英国人从来没有积极地实施此禁令或后来对奴隶制本身做出的禁令。麦克劳德在他的评论中说明了情况:"关于奴隶贸易的条款当然不包含迄今赋予其的解读。很明显,条款指的只是在东非海岸以获得奴隶为目的实施的袭击。"[36]认识到脾气暴躁的威廉·威尔伯福斯(1759—1833)领导的反奴隶制运动在英国的声势,英国帝国势力发现必须在官方禁止整个帝国内的奴隶贸易。与此同时,由于政治原因,他们限制了在海湾地区实际实施此禁令的力度。让情况变得更加复杂的是,阿拉伯的谢赫领地是被保护国,所以他们的内部事务不受英国直接控制,而英国也没有兴趣进行干涉。1833年的废奴法案要求在整个英国帝国彻底禁止奴隶制,这条禁令的通过,让情况变得更加微妙。

非洲奴隶一开始并没有忠诚于特定的氏族,成为谢赫的强大代理人。事实上,奴隶常常作为代理统治者、代表和告密者。例如,在一场家族间的冲突过后,"谢赫贾西姆对他的儿子们非常失望,在多哈留下了一个忠诚的黑人来通知自己那里的进展。"[37]回溯到阿拔斯王朝诸哈里发和埃及马穆鲁克(诸苏丹)时期的传统,卡塔尔的谢赫也利用奴隶来提供武力支持,只是规模上可能比巴格达或福斯塔特小得多。远赴国外销售自己的珍珠时,谢赫贾西姆常常吹嘘自己的奴隶部队:"在巴林,他声称自己在卡塔尔有大约400名奴隶,并让他们接受武器训练,以便在需要时为他作战……"[38]在很多情况下,奴隶采纳了他们谢赫的部落的身份,体现并保卫自己主人的荣耀,常常与其他奴隶争斗。即使没有阿拉伯主人在场,争斗也可能发生。例如,1914年,下述事件见诸报端:

……一艘满载山羊的波斯船只到达多哈。谢赫阿卜杜拉的黑人们上船告诉船长把山羊带到市场中,不能直接在船上售卖。艾哈迈德的儿子们的黑人就在这时候上船来买山羊。谢赫的黑人们告诉他们不能在这里买山羊，而要去市场。艾哈迈德的儿子们的黑人并不理睬，于是双方开始争斗。谢赫阿卜杜拉的黑人们打伤了艾哈迈德的黑人们。艾哈迈德的儿子非常愤怒，第三天抓住了谢赫阿卜杜拉的一个黑人并严重抽打……

因为此事件，谢赫阿卜杜拉受到了他的几个兄弟和其他谢赫的申斥，但是他拒绝为此事件道歉。相反，他变得"越来越激动，宣布在当时的状况下，他将离开卡塔尔，放弃统治权……而后，卡塔尔的人民说服阿卜杜拉，让他打消了这个决定"。[39]

外国人员大量流入之前，奴隶在维护卡塔尔的社会阶层中起到了重要作用。奴隶在统治者及其家族之间提供了一个缓冲区，并能够成为忠诚的支持者。这可能解释了阿卜杜拉为什么不愿意为他的奴隶的行为道歉，以及在英国的严正反对下，仍然不愿意彻底放弃奴隶制。即使20世纪50年代，随着石油勘探的发展和聘用国外劳力开始成为主流，[40]奴隶被解放以后，自由的奴隶仍然使用他们原主人的姓氏。这继续成为卡塔尔社会的一个重要部分，尽管可能没有被明确认可。卡塔尔仍然没有开放他们历史上的这个相当难以处理的、容易引起争论的篇章。

来自贫穷国家的国外工作者依赖卡塔尔国民的赞助，各种群体开始将这种情况描述为与奴隶制类似，使得奴隶制问题变得特别敏感。甚至外交部长和首相谢赫哈马德·本·贾西姆·萨尼也将一些国外劳工的情况与"奴隶制"相比较。[41]在很多方面，卡塔尔的国外劳动力确实扮演了与过去的非洲奴隶类似的角色。这些工作者在埃米尔与卡塔尔社会之间，以及卡塔尔社会中的各个群体之间提供了一个缓冲，延缓了必须让卡塔尔人直接参与到政府中，或者参与到技术官僚决策和妥协的时间，而对于现代政治经济来说，这种直接参与不可或缺。

四、军队：政变手段

尽管卡塔尔的谱系群体和部落关系对于理解卡塔尔的文化和社会历史非常重要，但是萨尼家族仍然相对安全地掌握着集中的政治权力，甚至与部落有关的所有政治决策。埃米尔只需要在国家层面上向部落群体做出象征意义的让步。尽管如此，萨尼家族埃米尔用来确保自己安全的一些工具，特别是军队，可能对他的统治也是一种威胁。

在19世纪，周边部落的埃米尔和谢赫可能构成了对统治者最大的威胁，然而如今，军队常常是政变的来源。在专制国家或君主制中保留一个常规军队的风险，历史上有着丰富的先例。埃及总统安瓦尔·萨达特在阅兵时被自己军队中心怀不满的军官暗杀，而不是被埃及的外部敌人或对手。他的前任，著名的迦玛尔·阿卜杜尔·纳赛尔，是军队中的一名军官，带领军队推翻了君主制。类似地，卡扎菲是利比亚的一名上校，罢免了国王伊德里斯。相比其他社会或国家领域，军队似乎最有能力改变现状。然而，卡塔尔的萨尼家族，以及其他海湾国家（如沙特阿拉伯）的统治者，并没有受到自己家族之外的军队军官对自己权力的严重挑战。原因可能是社会条件还没有成熟到能够进行军事政变，尤其是来自中层军官的军事政变。埃及与利比亚的国内选民更庞大，但是在卡塔尔，国内几乎不存在对军事政府的支持。大部分政变在行动之前很早就被扼杀。

对军官和军职的仔细管控，是消除国内军事政变威胁的另一个因素。萨尼家族牢牢控制着军队的高阶职位，并且家族成员分布在这些高阶职位中。军队中的大部分人员都依赖国家发放的工资。反叛者会被轻松罢免。不止如此，军队的许多职位在很大程度上起着象征意义或者礼仪的作用。可能除了为埃米尔提供保镖以外，卡塔尔几乎不需要拥有自己的军队。美国为卡塔尔提供了其所需要的大部分保护。然而，这并不意味着萨尼家族不需要未雨绸缪。在历史上，贝都因人是埃米尔最忠诚的私人保镖，竭力保护他的利益，一直可追溯到瓦吉巴之战。然而，埃米尔仓促拒绝了穆拉贝都因人的卡塔尔公民身份，应该视为对质疑现状，或者想滥用自己作为传统禁卫地位的贝都因群体的警告。萨尼家族最不希望看到的就是禁卫军支配其自身的利益。

然而，如果政变的风险确实存在，那么面临这种风险的是埃米尔自己，而不是萨尼家族君主制。埃米尔最需要担心的是他自己的家族，特别是悄悄地，甚至公开地与沙特阿拉伯人有联系的那些家族成员。阿拉伯媒体（主要是中东新闻网）和斯特拉福新闻机构近来流传的一些报道和流言称，2009年7月30日，一起针对谢赫哈马德的军事政变被挫败。[42]据这些报道称，少将哈马德·本·阿提亚参与了这起政变阴谋。政变并没有完全实行，而且许多相关报道有添油加醋之嫌，但是除此之外，还有其他几起利用军队作为平台，企图改变统治者的尝试。与2002年和1996年的政变企图一样，2009年的政变很可能得到了沙特阿拉伯的支持，作为对卡塔尔的一种警告。卡塔尔日益增长的国家声望，以及埃米尔拒绝与沙特阿拉伯的外交政策保持一致，常常让沙特阿拉伯感到不安。尽管如此，在看待这些报道时必须带有一定的质疑。它们可能只是沙特阿拉伯精心设计的公关诡计，企图将埃米尔在卡塔尔的地位渲染成岌岌可危。正如"中东报道"的编辑迈克尔·邓恩所说，这些流言事实上可能只不过是"咖啡馆八卦新闻"。[43]正如萨尼家族和军队被高度管控，埃米尔承诺的"民主化"进程也是如此。

五、民主？

卡塔尔最近朝向民主化采取了很大程度上象征性的举措，但是这些举措并不新鲜。虽然一些人将民主的宣扬视为解决中东极端主义的一种办法，将卡塔尔的民主化行动描绘为新鲜的、革命性的，但是事实上，早在2001年事件和美国努力"民主化"其阿拉伯盟友之前几十年，卡塔尔人就经历过民主。卡塔尔并非一直是一个沉睡的地方，不受中东地区更广大革命趋势的影响。1960—1969年是一个关键的时段，在此期间，英国在海湾地区的权力达到顶峰，开始衰落。其间发生的一起事件，为卡塔尔此前在很大程度上失败的民主尝试提供了一个重要的轶事。

1963年2月，喧嚷的人群在多哈示威，抗议当年对伊拉克民粹首相阿卜杜·卡里姆·贾西姆的暴力处决。阿卜杜·卡里姆·贾西姆被复兴社会党推翻，后者可能还得到了CIA的帮助。执行死刑的片段被广播出去。示威者大部分是也门和伊拉克工人，举着埃及总统和民粹主义者迦玛尔·阿卜杜尔·纳赛尔的照片。埃及的民粹主义广播电台阿拉伯之声是20世纪60年代的"阿拉伯之声"半岛电视台，示威者们受到了这个广播电台的鼓动。在接下来的几周，示威者再次上街，不过这一次是庆祝叙利亚、埃及和伊拉克在4月18日建立的泛阿拉伯联盟，以及要求结束欧洲殖民和英国支持的君主制，例如约旦国王侯赛因的统治。埃及开始增加对卡塔尔的压力，当卡塔尔的埃米尔拒绝呼应埃及对也门的政策时，埃及广播电台支持攻击埃米尔。4月20日的一次示威抗议变得非常严重，警察杀害了三名示威者。石油工人举行了大罢工。阿美石油公司报告称"常常发生"破坏拉斯坦努拉石油精炼厂的威胁。[44]抗议者呼吁"任命卡塔尔人主管政府部门，让安全部队彻底阿拉伯化，以及法律面前人人平等。"[45]

面对抗议，埃米尔不得不召集忠诚的贝都因部落来重夺控制权，就像几十年前谢赫阿卜杜拉和谢赫贾西姆在与敌对部落斗争时一样。贝都因人乘卡车在街上巡逻。因而，帮助保证埃米尔安全的是萨尼家族外部的部落，而不是难以控制的萨尼家族自身，家族对于埃米尔是帮助的同时，也同样造成了问题。英国人（由政治驻扎官威廉·卢斯爵士代表）支持恢复"法律和秩序"，但是也要求谢赫艾哈迈德改革政府和收入的分配。类似2003年举行的市政议会选举，一场选举被定到了1963年8月4日，并且通过了一部建立"多哈议会"的法律。这次选举主要是为了安抚英国人，就像近来的市政选举是为了取悦西方观察家，所以大部分卡塔尔人"不知道有这次选举。同时，一位胜者宣布，大约在选举前一周，他就被选上了"。议会无法召集起来，因为统治者没有任命他必须选择的3个成员。[46]市政议会并没有成为一个民主的出口，而是一场失败。

当激情平息，安全部队稳定了埃米尔的权力后，暴力推翻埃米尔的威胁以及泛阿拉伯民粹主义狂热消退了。1964年，通过了一部新的法律来建立"咨询委员会"，成员只能是萨尼家族的成员。然而，委员会又一次无法召集起来，多哈的政治驻扎官评论称，这个法律一文不值。[47]然而，一些卡塔尔人"憎恨萨尼家族"，仍然是一个需要担心的问题。虽然这种憎恨是一种小火慢炖，而不是热气蒸腾，但是某种程度上在如今的卡塔尔人之中依然存在，特别是因为萨尼王室家族最亲密的成员显然仍然享有着奢侈的经费。

应该注意到，尽管这些抗议被包装到泛阿拉伯主义和纳赛尔主义的措辞中，其中有两个领导人（哈马德·阿提亚和阿卜杜拉·密斯纳德）是萨尼家族的远亲。他们抱怨的不是没有直接的、自由的民主，而是政府"篡夺"了他们的"历史"角色。谢赫哈马德抗议他的家族没有被授予政府中必不可少的高级职位，阿卜杜拉·密斯纳德抱怨国家实际上夺取了他作为穆汉达部落族长的权力和地位。[48]显然，萨尼家族试图篡夺"传统的"权力主张已经有一段时间了。

卡塔尔在20世纪60年代进行的民主化尝试与近来的民主改革之间有许多相似点，但是也有重要的区别。在这两种情况中，萨尼家族埃米尔要么被强迫，要么被劝诱，建立了某种形式的民主。在20世纪60年代英国人的情况中，国内叛乱是实实在在的威胁。在美国的情况中，需要向"9·11"后的美国公众表明，与阿拉伯国家和专制君主的结盟——对于美国的能源安全大战略非常重要，但是看起来与美国宣称的理念相左——不会导致极端主义，而是会促进民主。与20世纪60年代的另一个相似点是，埃米尔近来采取的民主举措，据一位学者所说，是不那么深刻的："虽然卡塔尔政府采取了引人注目的民主举措，但是很难说它们有助于真正的民主……"[49]不过，在解释卡塔尔近来的民主改革为什么被描述为在很大程度上没有效果或者"不可靠"之前，先来总结1998年到2007年国家控制改革的那段时间，之后改革的势头才缓慢了许多。

1998年，埃米尔举行选举，选出一个中央市政委员会的成员。这是一个由29名成员组成的咨询机构，附属于市政事务和农业部。所有卡塔尔人，无论男女，均可作为参选人。大约280名男性和8名女性候选人参选，可以说参与人数众多，而且卡塔尔人的投票比例也很高。其他部门和政府机构也被鼓励进行选举，包括卡塔尔商会董事会就由埃米尔任命改为由17名成员组成的机构。在学校，鼓励学生在选举中投票，并建立代表机构和学生会。2002—2005年举办了一系列会议，旨在教育卡塔尔人了解女性的权利和政治参与。

多哈民主与自由贸易论坛为埃米尔提供了一个平台，让他能够向世界展示自己宣称的改革的凭证。2003年4月举行的全民公决，让卡塔尔人有机会批准新起草的、包含150条法则的宪法。总共96%的投票者批准了宪法。除了让谢赫拥有更大的权力来控制继承以外，该宪法还为一个任期为4年、包含45个成员的议会建立了法律框架。尽管所有的部门仍将由国家任命，议会能够对任命提出质疑，以及质询他们的预算提案。宪法禁止成立政治党派，但是允许女性进行投票以及担任选举官员。

议会到现在还没有被有效设立。事实上，新宪法中唯一看起来已经真正生效的地方，是让埃米尔拥有更多权力来控制继承。即使议会会被召集，"宪法仍然确保了统治家族的至高无上……"[50]然而，最重要的是，可能卡塔尔人对于民主的要求并不像泛阿拉伯主义和纳赛尔主义的那些冲动的日子那样。体育和俱乐部的投资让卡塔尔的年轻人分心，近社会组织的形成（但是仍然依赖于国家收入），作为一个食利国家的根本问题，以及美国政府不再那么专注地要求正式民主化，导致在卡塔尔建立真正民主的承诺徒有空壳。然而，虽然卡塔尔的改革在很大程度上已经停滞，但是总是有可能出现外部威胁，例如沙特阿拉伯的继承危机、哈萨的什叶派叛乱，或者泛伊斯兰和泛阿拉伯意识形态发生重大的变化或发展，导致卡塔尔对权力分配产生新的要求，就像20世纪60年代那样。然而，在20世纪60年代，埃及电台激起了卡塔尔的叛乱，而如今，卡塔尔和半岛电视台则控制着阿拉伯语世界媒体声音的一大部分。社会组织早就被视为有效民主的前景灿烂的基础，也类似地通过国家支持得到控制。

卡塔尔制作的一个小册子《卡塔尔的民间社会组织》谈到一个"支持社会组织机构的工作的制度框架"。然而，卡塔尔的大部分社会组织不是独立于国家的，而是像小册子承认的那样，必须努力从国家"获得更大的组织和管理独立"。没有被国家或者精英效忠者控制的那些社会组织，例如谢赫艾德·本·莫哈迈德·萨尼的慈善机构，要求变革的能力并不抢眼。在2004年的小册子中列出了25个活跃的社会组织，包括卡塔尔摄影协会、环境友好中心、卡塔尔业余无线电广播协会和卡塔尔集邮俱乐部。虽然卡塔尔是一个相对小的国家，而且2004年以后很可能又出现了更多的组织，但这仍然是开放的社会组织的一个相当不起眼的列表。[51]正如迈赫兰·卡姆拉瓦所阐明的，社会组织在很大程度上已经被国家赞助的和国家控制的近民间组织所垄断，例如"走向亚洲"，以及由埃米尔最亲密的家族成员和效忠者控制和领导的卡塔尔基金会。

与表面宣传民间社会组织一样，相比20世纪60年代，如今卡塔尔的民主更加有组织化，受到国家更加积极的控制。《卡塔尔的第一个民主党派》是一本阿拉伯语著作，面向卡塔尔国民，其作者是中央市政委员会的一位代表易卜拉西姆·阿卜杜勒·拉赫曼·希多斯。该书揭示了卡塔尔目前有限的民主变革。虽然理事会代表选举的一些选区基于地理位置，例如机场或马克希亚，但是大部分选区是基于部落的定居点和建筑群的，例如本奥姆兰和苏卢塔贾迪达，允许根据传统的谱系称号进行代表，而这些称号现在已被官方定义、制图和纳入。市政选区的地图本质上已经变成卡塔尔官方认定的新身份区的地图。[52] 正如卡塔尔学者阿里·沙维所说明的，大部分卡塔尔人几乎完全依照自己承认的"部落"关系进行投票。[53] 市政委员会保持相对没有什么权力的状况，让这些选举能够成为减弱和分割非王室卡塔尔人主张的一种有效方式。正如部落埃米尔被转变为地区的镇长，但是没有真正的权力，部落也将被转变为没有真正权力的地理选区。[54]

然而，有可能在体验了制度代表以后，卡塔尔人会提出更多要求。尽管如此，学者玛丽娜·奥塔维认为，需要在表面改革和实质民主之间做出区分，民主不只包含选举。[55] 在实质民主生根之前，权力结构中必须发生真正的范式转移。需要重新考虑所谓的"过渡范式"，即通过正式结构的简单改革立即发生的民主变化。如今，在卡塔尔的权力范式中发生能够长久维持的变化的可能性不大。[56] 阿卜杜拉·密斯纳德在1963年对政府试图夺取部落的传统权力进行了抗议，在如今的卡塔尔可能仍然有应和，但是除了在政府规定的限制内行动，部落也无能为力。然而，对于卡塔尔这样的食利国家，大部分生存威胁和要求在本质上是外部的，如果没有市场可供出口，食利政府就会变得不起作用。

六、国际市场

很早就有人辩称，萨尼家族的权威在很大程度上不像其他海湾君主制一样，遭受强大商人的挑战。根据吉尔·克里斯特尔在她的著作《海湾地区的石油与政治》中举出的论点，卡塔尔与科威特不同，没有庞大的商人阶级，第二次世界大战期间的"饥荒年份"造成的毁坏过后尤其如此。尽管如此，卡塔尔近来大力涉足国际金融市场和房地产市场，应该让萨尼家族和埃米尔使卡塔尔的政治经济走投无路的说法不攻自破。为了吸引最知名的品牌和金融机构，卡塔尔和萨尼家族被迫放松了该国的一些保护主义法规。例如，卡塔尔金融中心对于卡塔尔人必须拥有公司的比例不再有原来的限制。而且，外国人可以拥有珍珠岛开发资产。债券和货币在国际市场中的大规模转移很大程度上也不在埃米尔的控制内。迪拜世界在2009年11月违约显示，这些市场可能对该地区产生重大影响。迪拜泡沫的破灭，导致海湾市场发生抢购。

卡塔尔与迪拜不同，因为迪拜只剩下很少石油，但是卡塔尔还拥有庞大的天然气储藏可以带来收入，天然气是卡塔尔主要的、也是未来几十年最重要的出口品。但是，天然气的国际供需是不是能够保持在对卡塔尔理想的水平，并不是完全确定的。与石油一样，天然气的价格也会发生剧烈的变化。20世纪前几年的经济扩张期间，天然气价格飞涨，但是在2009年，天然气是"表现最差的商品投资"。[57]一位分析师认为，"我们在美国拥有的天然气多到不知道如何处理，全世界海洋中随海水四处流动的无主的水中天然气也数量巨大。"[58]而且，美国新发现的天然气储藏将与卡塔尔的液化天然气出口相竞争，推动价格下降。虽然不会摧毁卡塔尔的全部潜在利润，但是天然气的这种过度供应可能降低未来的回报。

与沙特阿拉伯的石油一样，卡塔尔的天然气是全世界提取成本最低的，所以即使价格低到4.40美元/百万英热，天然气仍然能够带来利润。天然气的价格最高达到过13.00美元。虽然这在一定程度上抵御了低价格的影响，但是天然气期权的降低必然会妨碍卡塔尔吸收目前的扩张和投资的能力。虽然卡塔尔加入了天然气输出国论坛（一个类似欧佩克的天然气卡特尔），但是这个组织在稳定未来的价格方面有多有效，还是未知的。由于没有沙特阿拉伯那样明确的、居于统治地位的玩家，卡塔尔需要与庞大的天然气出口伙伴（如俄罗斯和伊朗）进行谈判并建立联盟。这种与东方国家增加联系的行为，可能导致与卡塔尔最主要的盟友美国产生裂隙。美国不只在1995年埃米尔发动政变后，为卡塔尔的天然气基础设施扩张提供了资金，也是其主要的安全保护者。阿卜杜拉·阿提亚是2011年以前卡塔尔的能源部长，他宣布，卡塔尔有权利将出口从美国的码头转向中国等国家的新兴市场。很明显，国际天然气市场的变幻莫测和卡塔尔的国际经济联系的扩张，会导致卡塔尔做出一些艰难的决定，可能会限制其在国际问题上保持其声称的中立立场的能力。

依赖一种单一的资源有其天然风险，这种风险既能快速地创造海湾地区的扩张和发展，也可能同样快速地使这种扩张和发展解体。在能源提取方面，或者非石油相关技术的发展方面，卡塔尔也逃脱不了范式转移，随着依赖能源的国家在"可替代"能源和技术方面进行投资，这种范式转移变得越来越有可能发生。虽然看起来能够替代天然气和石油的能源在近期不会出现，但是这种发展的可能性只会与日俱增。尽管市场完全崩溃的情况很不可能出现，但是却几乎也无法防御。然而，如果确实发生这种情况，那么很明显，卡塔尔国内会发生严重的社会、政治和经济崩溃。

七、宗教

卡塔尔宪法保证宗教自由，埃米尔甚至赞助建设了几百年来卡塔尔半岛上的第一个教堂。然而，对于宗教，萨尼家族主要关心的并不是外来劳工的信仰，而是伊斯兰教作为一种宗教-政治意识形态，挑战国家的力量。政治学家普遍认为，卡塔尔的埃米尔权力已经有效地使宗教和宗教机构边缘化。与沙特阿拉伯相比，卡塔尔的宗教机构确实看起来很弱小。但是，这种比较并没有考虑到这样一个事实：沙特阿拉伯在阿拉伯和伊斯兰世界占有一个特殊的位置，不只是圣地麦地那和麦加的守卫者，也是瓦哈比主义诞生的地方。不同于在1745年与穆罕默德·伊本·阿卜杜勒·瓦哈卜（1703—1792）建立协议的伊本·沙特，萨尼家族并没有授权建立一个新的宗教运动作为他们建国意识形态的一部分。

与除沙特阿拉伯外的任何国家或社会相比，卡塔尔和卡塔尔的宗教信仰非常虔诚。不应把宗教考虑以及对埃米尔权力的限制简单地看作是一种象征，尽管卡塔尔的宗教决策者和伊玛目主要来自国外，因而很容易受埃米尔的控制。卡塔尔的宗教员工中，大约73%不是卡塔尔人，这使得埃米尔能够随意驱逐非常不合作的神职人员。不过，卡塔尔的高级宗教神职人员是卡塔尔公民。[59]这并没有阻止神职人员公然反对卡塔尔的自由改革。1998年，一个宗教学者被拘留了3年。[60]而且，一些神职人员（例如尤素夫·卡拉达维，他是埃及人，与其家庭的许多人被授予了卡塔尔公民身份）使用卡塔尔和半岛电视台作为基地，传播对伊斯兰的保守解读，而他们的解读可能并不符合卡塔尔精英的意见，也不符合王室家族在这个动荡地区的主要安全保护者美国的利益。

虽然谢赫卡拉达维谴责在卡塔尔发生的恐怖主义暴力袭击，虽然他主要依赖埃米尔的支持来得到保护和财政支持，但是他传播的信息并不完全由埃米尔的机构决定。他真正效忠的是富裕的卡塔尔精英，还是埃及的穆斯林兄弟会，并不明晰。卡拉达维可能是中东地区最为人熟知、最受尊敬和喜欢的电视神职人员，是电视播送伊斯兰法学中的奥普拉，也是一种国际的社会和政治符号。他肯定不是萨尼家族的奴才。

正如卡拉达维的情况所透露的，在卡塔尔的宗教政治中，谁在利用谁并不总是清楚无疑的。萨尼家族感兴趣的可能是从收留卡拉达维收获的名望中获益，而卡拉达维感兴趣的则是从卡塔尔的热情待客获益，但是几个世纪以来，学者们将宗教作为隐匿但是有效的方式来批评国家权力的行为不应该被忽视。尽管卡拉达维从来没有直接批评卡塔尔，他的新传统主义演讲却暗中企图限制卡塔尔在很大程度上西方化的发展的范围和本质，以及质疑这种发展背后的根本理由，这种新传统主义演讲被全世界的穆斯林（包括卡塔尔人）欣然接纳。

不止如此，卡塔尔社会有时候比萨尼家族更加保守。卡塔尔部落在国际圈子的经验有所欠缺,而且倾向于参加性别隔离的卡塔尔大学,即使没有国家官方的宗教代表的指导,他们仍然遵守并实施伊斯兰法则。关于非正式宗教警察[1](公德的执法者)的报道众多,他们出现在卡塔尔基金会在多哈的园区,反对西式教育的社会自由化效果。用英语取代阿拉伯语(《古兰经》的语言),相应地也引起民众对埃米尔教育改革的速度做出对抗。[61]虽然教育被描述为纯粹地有利于国家和卡塔尔的未来,但是也被用作隐匿的方式来行使和谈判权力。虽然国家赞助的教育常常被联系到民主化和自由化,但是也可能产生集权的作用。事实上,对于以有利于萨尼家族根深蒂固的权力的方式帮助卡塔尔从分裂社会过渡为一个中央集权社会,教育可能是最终应走的道路。

八、教育措施

在卡塔尔的全部人口中,只有极少数卡塔尔人对于专业的经典音乐演出的某些方面真正有兴趣。然而,这个事实并不能阻止莫扎和卡塔尔基金会联系纽约的茱莉亚音乐学院——可能是全世界教授古典音乐最负盛名的学院,鼓励其在多哈建立校区。虽然在多哈建立世界级音乐学院的尝试仍在计划阶段,其他世界级学校在卡塔尔建立分校已经长达十来年,例如乔治城大学外交学院,弗吉尼亚州立邦联大学艺术学院,卡内基梅隆大学和威尔康乃尔医学院。卡塔尔有意选择使教育和思想产业成为其最重要的投资之一,萨尼家族希望这种投资能够使卡塔尔成为海湾地区的卓越教育的领袖。在卡

---

[1] 阿拉伯语的英译为muttawa。

塔尔基金会监督的这个使命中，或者说与教育有关的任何项目中，资金似乎并不是限制。2008年，卡塔尔在教育上投入了197亿卡塔尔里亚尔，大约40亿美元。2005年和2006年加起来的教育投入只有2008年的大约1/4。[62]

伊斯兰艺术博物馆是一个类似的项目，拥有看起来花不完的资金。这是滨海大道上的一个庞大的、壮观的建筑，由著名建筑师贝聿铭设计，他本来已经退休，被吸引过来进行设计。该博物馆希望成为收集各地伊斯兰艺术品、工艺品和视觉遗产的最庞大、最重要的场所。与将来甚至更加巨大的国家博物馆以及教育城类似，博物馆专注于公共教育，旨在使多哈和卡塔尔成为举世认可的文化和知识中心。

近来的这些举措有一个共同点：它们都是由埃米尔或其家族发起的。与每个现代国家一样，现代教育由国家控制，使国家以及埃米尔和萨尼家族能够直接或间接地将意识形态和对国家的忠诚巩固在埃米尔权威的假想"现状"上。然而，作为一项自上而下的、国家控制的事务，教育在卡塔尔只是近期才发生的现象。

卡塔尔的教育历史

教育在卡塔尔的现代历史是逐渐（甚至可能完全成功地）用国家定义的身份取代传统形式的身份的历史。现代教育被视为对"国家"极为有益，隐式地打破了世代传递的流程，将国家摆到了谢赫和长老的位置，这个过程用国家历史代替了地区历史。在20世纪50年代的石油勘探之前，卡塔尔的教育被控制在谱系群体以内。对于有特权的大部分男孩，教育课程包括在非采珠季节学习基本读写，以及背诵和记忆《古兰经》。最好的情况是，男孩在非正式的库塔巴[1]，或者部落定居地的清真寺中接受教育。女孩在家学习读写。只有最富裕的家庭能够把孩子送到海外的私人学校，通常是英国。

在卡塔尔发现石油前，大部分教育在家庭或者谱系群体内进行。采珠人教给自己儿子们如何找到完美的海蚌和驾驶三角帆船。母亲和祖母们教给女孩们必备的生存技能。他们也作为宗教警察，道德秩序的传统教授者和执法者。事实上，对传统教育方法的记忆并没有被完全淡忘。在卡塔尔依然有国家没有认可和控制的男性与女性宗教警察，尽管国家已经承担了大部分正式教育职能。

然而，20世纪50年代的石油勘探快速转变了卡塔尔社会和教育期望。卡塔尔的第一家正式的、国家资助的学校在1952年开始招生。然而，直到20世纪70年代，谢赫哈利法开始统治时，教育改革的速度才开始加快。

谢赫哈利法·本·哈马德·萨尼几乎从头建立了卡塔尔教育系统的根基。尽管如此，在他数十年的集权统治下，教育课程很大程度上保留着传统的对宗教的关注。即便如此，有进取心的改革者开始考虑修改和现代化课程的可能性。对于在卡塔尔种下课程开发早期的种子，两位女性特别重要：谢哈艾哈迈德·马哈茂德和谢哈阿卜杜拉·密斯纳德。谢哈密斯纳德目前是卡塔尔大学的校长，也是对卡塔尔的教育系统所做的重要研究和评估的作者。对于在卡塔尔创建系统的、现代的课程结构的基础，谢哈密斯纳德作出了贡献。谢哈艾哈迈德·马哈茂德是教育部长，创建了评判和评估的基础，

---

[1] 阿拉伯语的英译为kuttab，清真寺直属的宗教学校，为5—15岁的穆斯林儿童提供教育。它是伊斯兰传统教育的代表。

在20世纪90年代初鼓励卡塔尔采纳现代的教育方法。她还是女性担任卡塔尔教育系统最高层职位的先驱者。

虽然新系统为系统评估学生学习情况以及教育监管和评估提供了框架,但是官僚主义障碍常常导致新系统不能完善实施。1995年,谢赫哈利法的儿子谢赫哈马德·萨尼掌权后,教育和社会进入了一个快速现代化的新时代。谢赫哈马德和他的妻子莫扎(她个人对卡塔尔的教育改革很有兴趣)几乎立即建立了卡塔尔基金会,改革卡塔尔的科学、艺术和语言教育计划。卡塔尔基金会从更高等的教育开始入手,包括改革卡塔尔大学,以及在教育城建立美国大学(如康奈尔大学和乔治城大学)的卫星校园。

本章主要关注权力在卡塔尔的正式表达。权力似乎明白无误地集中在埃米尔手中。然而,最后要说的是,对于这个明显的事实,必须考虑一个重要的问题。埃米尔与卡塔尔公民之间存在一个重要的、未表达出来的非正式协定,对于维护卡塔尔的权力,这个协定比任何正式的、干巴巴的、相当任意地宣布的宪法规定更加必要。几个世纪以来,这种协定已经让卡塔尔人与他们的领导者牢固结合在一起。在这个协定中,卡塔尔人们得到国家财富的补偿,换得他们上交传统的、通过部落谢赫和独立家族分配的权力。埃米尔不能简单地放弃这个仍然有意义的非正式协定要求他向卡塔尔人民承担的最终责任。当然,可以辩称,埃米尔通过劳力输入和获得国外强权的保证,已经让自己和国家与卡塔尔人民之间形成了足够的隔离。但是,他也付出了巨大的努力来改写卡塔尔的历史,让萨尼家族谱系成为卡塔尔能够存在的关键。

第九章 结 语
——改变还是延续？

卡塔尔以变换的沙丘闻名，巨大的沙山可能出现在原本平坦的陆地上。然而，信风的风向，以及造成这些变换的盐沼地[1]是不变的，从西北到东南，雕刻着卡塔尔荒凉的大地。从卫星图上看，卡塔尔被一条条巨大的斜线切开。同样地，卡塔尔令人惊叹的经济增长和现代化创造出了"财富山脉"。但是，多少个世纪以来，塑造着卡塔尔及其政治环境的主流影响和社会条件，在许多方面依然留存。一些政治学家称，卡塔尔与其在海湾地区的许多邻国一样，很容易遭受政治变动的影响和扰乱，就像乌达德的沙山，因为不断变换而广为人知。但也有一些政治学家认为，萨尼家族的权力被低估了。在目前的政治体制下，他们仍将掌控权力，在未来几十年内都不会发生变化。顽固的坚守和剧烈的变动，这两种可能性让政治学家和思想家们保持着对海湾地区的酋长国的兴趣。

海湾地区的阿拉伯国家在地理、外交和政治上都沿着一个"海湾"，将伊朗和美国分隔开，而且对美国来说，他们的统治和相对

---

[1] 阿拉伯语的英译为sebkha。

的脆弱性已经成为战略上紧要的课题。政治学家和国际事务学者早就预言了盛产石油的海湾国家及其政府的衰落。在《石油君主制：阿拉伯海湾国家面对的国内挑战和安全挑战》的前言中，政治学家格里高利·高斯描述了海湾地区的总体趋势，并认为君主制将很快消失。[1]学者和评论家肯尼思·波拉克近来断言，海湾地区被近年石油繁荣所带来的财富淹没，而这种不恰当地挥霍石油带来的财富，可能让海湾地区的小酋长国走向灾难，比如卡塔尔、阿联酋和科威特。克里斯托弗·戴维森在近期出版的《迪拜：成功的脆弱》中强调了迪拜近年来令人惊叹的经济增长速度，以及这种经济增长具有的脆弱性。[2]2008—2009年的金融危机以及石油价格崩溃期间，西方的报纸，如《纽约时报》，在描述海湾地区迫近的厄运时，并没有过于掩饰自己的幸灾乐祸。他们大篇幅报道，海湾地区的停车场中塞满了被遗弃的汽车，以及地产价格下跌如同末日来临。[3]在《沙特王室的崛起、腐败和即将发生的衰落》中，赛义德·阿布里什预言了沙特君主制灾难般的崩塌，以及这种崩塌将带来的区域不稳定。[4]问题很容易就看出来了：如果沙特阿拉伯，这个海湾地区的经济、政治和宗教强国都会像纸牌屋一样倒塌，那么它的小邻国卡塔尔的倒下又会多困难呢？虽然现在逐渐形成了一种共识，即海湾国家没有一度认为的那样不稳定，但是在《波斯湾即将到来的危机》中，海湾地区专家加里·西克仍然对这个地区君主制的长期稳定抱有怀疑态度。[5]

虽然学者们准确地描绘了这样一种状态，即海湾地区的脆弱和缺陷是长期存在的，但在分析该地区深层次的历史和社会根源方面，这些主体悲观的研究可信度并不高。关于海湾地区的许多研究侧重金融分析，以及描述谢赫的个性，但是在使用历史和历史方法，或者考虑文化影响方面，则有不足。A. 蒙蒂尼-科兹沃夫斯卡可能是唯一严肃研究卡塔尔社会学的学者，她对卡塔尔近来的工作做出如下评论："他们具有不稳定的特征，不确定性弱点，并且以高度量化的方式极端关注'经济'，使得逻辑综合和社会学解读变得尤为具有挑战性。"[6]虽然卡塔尔的经济发生过剧烈波动，并且劳力、开发、投资和技术转变了卡塔尔的表面，但是根本的社会和政治体制基于卡塔尔国民之间的共识，仍然保持着稳定，仍然以统治部落萨尼家族与其他卡塔尔部落在至少一个世纪之前建立的非正式协定为基础。自从19世纪以来，海湾君主制就面临着相同的经济甚至地理政治挑战，并生存了下来，评论员（如肯尼思·波拉克）将这种挑战称为对今天的海湾国家（如卡塔尔）的致命危险。

卡塔尔的过去，并没有揭示出这是一个脆弱的政治和社会体制，注定在现代的、复杂的环境中失败，而是揭示了一个令人惊讶的强健、长久和具有社会凝聚力的部落社会，统治部落萨尼家族在其中是同等地位部落的优先者。部落共识而不是简单的自上而下的极权主义曾经是、现在也继续是卡塔尔决策制定的某些方面的特征。一些学者惊讶于中东地区强大君主制的"坚持"。世界其他地区逐步抛弃了传统的君主制，但是海湾地区仍然是一个被王室家族统治的地区。哥伦比亚大学的政治学家莉萨·安德森指出："如今世界上仅存的主要统治君主居住在阿拉伯世界。"[7]在《家天下：中东民主国家的专制制度、革命和民主》中，迈克尔·赫布解释了海湾地区的王室家族如何"形成统治制度，控制着石油时代新出现的强大的官僚国家"。[8]虽然他的论题适用于卡塔尔，而且萨尼家族已经将石油国家的官僚体制为己所用，但是仔细管理石油收入并不是他们能够取得成功的全部故事。

其他由个人统治的食利国家，例如卡扎菲的利比亚，几乎完全依赖油井来保持自己的统治力与合法性，但卡塔尔不同。在卡塔尔，萨尼家族能够利用更深邃的"井"，即将卡塔尔人的成功和独立与萨尼家族领导下的历史联系起来的一个历史传说和团结的"井"。罗伯特·维塔利斯在他的著作《美国的王国：沙特石油边境的神话制造》中明确指出，这种操纵国家传说来满足统治家族利益的做法并不是卡塔尔独有的。[9]与沙特人类似，萨尼家族不是通过武力或统治，而是通过在发现石油前的几十年间，作为卡塔尔思想及卡塔尔人独立的领导者和守卫者这种历史合法性来维持自己的权力。虽然他们侵占了石油官僚体制，但是萨尼家族的合法性和权力仍然依赖于石油前时代的历史和部落关系，以及萨尼家族和其他卡塔尔部落的忠诚和团结。在卡塔尔，只有公民的家族在1930年以前就居住在卡塔尔半岛，即在发现和开发石油前就居住在这里，才有权投票。尽管绝大多数卡塔尔居民，包括已经居住在卡塔尔几十年的巴林或什叶派家族，并不满足条件，这个规定依然存在。尽管"民主"在发展，但这是以选定的一群公民精英为基础的民主化，他们的家族大多在第一次世界大战以前就至少公开认可了萨尼家族至高无上的表述。即使在萨尼家族内部，也存在一个共识和讨论的系统。萨尼家族内部对埃米尔宣布的政策提出挑战的人们仍然被任命到高级管理职位，作为一种通过授予正式头衔来使他们保持沉默的方法。埃米尔常常试图以慈善的极权主义和进步为由绕过传统的责任和部落系统。事实上，传统卡塔尔人的社会道德与埃米尔及其近亲稳步的国际主义之间常常发生脱节。

在某种程度上，但是可能还没有到能够显现的程度，卡塔尔人与埃米尔的现代化项目和平共处，似乎只要能够保持自己作为一个高贵的公民精英的地位，享受这种地位带来的所有保证，他们就感到满意。其他更大的中东国家（例如摩洛哥和沙特阿拉伯）的君主必须让自己的家族高于全体公民，但是在卡塔尔，"原"公民的数量非常少，不到总人口的20%，所以卡塔尔人成为一种"公民贵族"，被抬高到移民劳工、欧洲和美国居民甚至其他阿拉伯人之上，这些人是现代卡塔尔的一大部分，但是在很大程度上依然受到他们的雇主和内政部的支配。

卡塔尔人的凝聚力和对萨尼家族的忠诚是目前的体制能够生存的关键，这可以通过卡塔尔的长久历史和卡塔尔公民看待自己独立的历史权利的方式来解释。经济学家强调石油财富和经典的食利模式是卡塔尔取得成功和王室家族保持稳定的根本原因。更专注于具体领域的学者，如奥本大学的吉尔·克里斯特尔，则强调外国（通常是伊朗）商人与卡塔尔的萨尼家族统治者之间有限的相互依赖。即使这种有限的相互依赖关系，也随着石油的到来和珍珠行业的崩溃而被大部分割断。虽然蓬勃发展的经济和与商人阶级的关系是重要的因素，吉尔·克里斯特尔也详细解释了这些因素，但是萨尼家族的合法性和权力至少同样基于萨尼家族与阿拉伯卡塔尔公民之间彼此相互依赖的历史传说，正如其基于石油、官僚主义和制度发展，或者财富的分配。正如本书一开始所讨论的，卡塔尔人似乎受到现代化失范影响的程度不如受到传统继承的影响。这并不意味着作为卡塔尔社会生活的限定符，"传统"保持静态不变。事实远非如此。萨尼家族核心精英，卡塔尔人自己，不断地企图定义和重新定义"遗产"和"传统"来满足自己的目的，以便将神话的历史传统转变成为民族主义象征来合法化萨尼家族的权力。

官僚主义和技术官僚的成就并不容易被神话。关于勇气、荣耀和"独立"的故事最被珍视，提供了形成假想的社区或国家的故事。例如，更多的美国人记得革命战争期间保罗·里维尔夜奔的故事，而不是宪法的具体内容，尽管后者对于他们的个人权益和福利有更加直接的影响。虽然卡塔尔的历史传说在该国以外几乎完全没有人知道，但是卡塔尔并不缺乏这种传说，而它们已被用来合法化目前的政治体制。争夺祖巴拉的战争发生了多次，比如1878年和1937年的战争，最近的一次发生在国际法庭上，正是在这些争斗中，萨尼家族在得到其他卡塔尔部落的关键支持和忠诚后，坚持从巴林独立。关于勇气的故事，有贾西姆·萨尼埃米尔在19世纪后期，同样在卡塔尔部落的支持下，成功地把卡塔尔人集结起来对抗奥斯曼人。在所有这些故事中，都是萨尼家族的领导，加上忠诚部落的支持，建立并保证了卡塔尔的独立。

除了宣传共同拥有的历史传说来肯定萨尼家族的合法性以外，萨尼家族还通过其他更加积极的方式来维护卡塔尔人共同身份的重要性。沙哈尼耶赛道的赛骆驼是一个重要的例子。赛道建在卡塔尔中部，现代摩天大楼看不到的地方。外国员工可能支配着银行和大学，商场中可能满是外国人，但是沙哈尼耶赛道保留着严格的"阿拉伯"传统。哈佛大学的学者苏莱曼·哈拉夫解释了为什么"将骆驼作为一种文化象征予以颂扬，并围绕这种象征举行年度庆祝和活动,对于一个在不断变化的全球背景下将自己重构为一个现代民族国家的社区,这些庆祝活动被赋予了新的意义、表达和方向。"[10]卡塔尔的部落将"传统的"生活方式转变成为文化制品,精英们追逐着它们来证明自己的合法性以及保留自己的身份。

新的地产开发项目卡塔尔文化村将主要由外国人设计,并完全由移民劳工建设,但是该项目同样试图表现一种并不存在的"历史真实"。文化村位于多哈新的西湾地区,总共占地大约245英亩,其"设想是通过传统建筑来反映卡塔尔的遗产,建筑中可容纳大量旨在反映历史主题和文化主题的活动"。[11]通过文化村和众多类似的遗产项目,传统神话在一个彻底现代化的、控制气候的空间中得到了保留。卡塔尔人维护自己身份最明显的方式是其穿着。通过以特殊的方式身穿"舒帛",即男性常穿的白色服装,卡塔尔的男性用身体语言来维护自己作为卡塔尔人的历史身份。随着卡塔尔人在其他方面进入彻底现代或者西方化的物理空间中,这种维护方式仍然令人瞩目。身体穿着保持传统,但是身体移动的环境已被剧烈改变。

对卡塔尔遗产进行精心控制的、净化的维护,起到了支持君主制的"遗产"及其声称的"传统"的作用,尽管那种君主制从来没有以目前的形式真正存在过。君主制利用传统和遗产的做法并不只存在于海湾地区。甚至在英国,现代君主制也善于通过保留和延续"遗产"来合法化自己的存在。关于遗产的国际协定,以及用遗产和君主制之间的联系作为保留君主制的正当理由,有一个有趣的例子:英国的查尔斯王子近来请求卡塔尔的哈马德·本·哈利法·萨尼(也是一位王子)干预伦敦新建的、在查尔斯王子眼中丑陋的地产项目，因为为该项目提供资金的是卡塔尔人。君主制作为保留身份的遗产的堡垒，这种概念实际上已被全球化。这里有一个很大的讽刺：没有实权的英国王室成员请求原英国保护国的统治者帮助保卫他自己定义的"英国风格"。查尔斯王子的干预在英国媒体中遭遇了严重抗议，而卡塔尔埃米尔及其家族做出的决策在根本上重新塑造卡塔尔的特征和发展，大部分却并没有引发公开辩论。[12]虽然卡塔尔也存在这样的批评，但是几乎总是以非正式的方式或者间接的渠道来表达。

萨尼家族和政府不只控制并塑造物理上的建筑风格。卡塔尔的书面历史也如同其建筑遗产项目一样，遵守着同样精心构建的轮廓。庞大的政府项目可以人为创造室内气候，控制沙漠的酷热，而历史的热度也类似地能够被管控，进入精心包装的、降过温的、淡化的国家遗产分类中。统治家族和各个卡塔尔部落的领导者都精心管理着他们的历史和历史传说，这使得撰写本书极具挑战性。卡塔尔国家博物馆近来呼吁卡塔尔人把家庭的和部落的档案交给他们存放，但是得到的回应令人失望，不过一般都知道这些档案和口述历史是存在的，而且它们偶尔也会出现，常常是在与土地主张有关的时候。

关于卡塔尔近期历史，几乎完全没有批判的和独立的历史研究和出版物，一部分可通过卡塔尔巧妙地管理其历史形象来解释，而卡塔尔这么做，既是为了维护其国际地位，也是为了确保卡塔尔社会的内部凝聚力。以英国甚至奥斯曼关于该地区的文件为基础，对卡塔尔进行的研究相对不少，但是对独立后的卡塔尔的批判文献很少，究其原因，一是缺少关于敏感主题的信息来源，再是萨尼家族以及卡塔尔人自己控制信息的努力，他们这么做可能是为了避免必须实施严格的荣誉准则。如果没有写成书面形式，过去的耻辱会更快被修正。如果历史保持惰性，就仍有可能避免过去造成的苦难，在外部威胁面前保持团结。粉饰历史意味着将部落关系转变为净化的"遗产"，便于维护埃米尔和国家的权力。

通过受到监控并依赖政府资金的学术机构，包括教育城中的美国学校，以及主要由没有权力的外国人组成的记者团，卡塔尔的统治家族和政府做到了没有遭受批判性历史审查。

尽管这种历史遗产神话制造存在的讽刺和矛盾，卡塔尔的历史有着真实的影响。历史塑造了卡塔尔人的野心和民族性，正如卡塔尔人和萨尼家族塑造了历史传说来保持现状。从19世纪中期开始，卡塔尔的萨尼家族统治者以及他们从居住在卡塔尔半岛的阿拉伯部落中选出的一群卡塔尔盟友让奥斯曼和英帝国难越雷池。他们防止了波斯人、沙特阿拉伯人和阿曼人的入侵，并在19世纪和20世纪初期，一直从价格波动的单一自然资源（珍珠，不是石油）的贸易中获利。在新的美国帝国主义和伊朗的地区影响之间保持脆弱的平衡，以及处理石油价格的波动，与过去面临的挑战没有太大的不同。然而，对于萨尼家族统治来说，权力过度集中到萨尼家族的一小部分人手中，是一个巨大的风险。

如果说在卡塔尔的历史中，有一点一直没有改变，那就是埃米尔及其近亲不能承担与其余卡塔尔人口保持过远距离的风险。试图这么做，会在一个本质上充满不确定性的地理政治地区增加一个国内风险因素。事实上，选择取悦移民人口，作为对抗卡塔尔公民的非正式权力的手段，最终将会是弄巧成拙。试图隔离、镇压或剥夺有异议的部落（例如穆拉部落的例子）的权利，虽然能够表现埃米尔的权力，但是在一定程度上徒劳无功。在国际社区眼中，这类行动会严重削弱埃米尔的合法性。事实上，可能正是国际审视，迫使谢赫哈马德恢复了5000名穆拉部落成员的卡塔尔公民身份。正是由于这种战略性地计算国内政治的摇摆，而不是父亲责任似的感觉，让埃米尔如此关注提升劳动力的卡塔尔化程度和卡塔尔人的教育程度。尽管萨尼家族仍在继续集中权力，但是只有让卡塔尔人（不管是萨尼家族还是非萨尼家族）在卡塔尔社会中长期承担积极的角色，酋长国才能生存下去。

虽然萨尼家族面对的风险并不如巴林国王面对的风险那样显而易见——在巴林的街头常常爆发抗议，但是，卡塔尔社会结构中有许多潜在的裂隙，如果萨尼家族过快、程度过大地提升自己的利益，而不是卡塔尔社会其余人口的利益，这种潜在的裂隙可能张开大口。虽然卡塔尔的半岛有线电视服务报道了突尼斯总统本·阿里的衰落，相信自己的赞助人萨尼家族肯定不会面对同样的命运，但是如果萨尼家族犯下战略错误，未来有潜在的危险等待着他们。尽管迈赫兰·卡姆拉瓦的评论可能是正确的，萨尼家族精英与其他卡塔尔人之间的差异越来越大，但是国际社区（包括美国）可能最终认为，在卡塔尔这样一个战略盟国中，一个在国内被隔离的卡塔尔埃米尔及其家族可能是一种过于脆弱、无法承受的情形。有可能，很多人也希望，埃米尔及其近亲不会试验他们权力的极限，或者他们能够在多大程度上远离已经只占人口一小部分的卡塔尔人。毕竟，古代水手的叙述告诉了我们，海湾地区平静、温暖的海水带有欺骗性。它们能够让最富裕、最自信、准备最充分的人沉没海底。

大事年表

公元前55000年	石器时代的人们在卡塔尔留下了基础的石器
公元前8000—公元前6000年	阿拉伯半岛和卡塔尔进入了比较湿润的时期。猎捕者-采收者在半岛上储藏野生谷物
公元前2450—公元前1700年	以在巴林的墓地土丘而知名的迪尔蒙贸易文化在卡塔尔附近留下了很有特色的柏柏尔陶器
公元前1700年	在卡塔尔的胡尔沙基克收获骨螺海蜗牛。海蜗牛的提取物用来制作古提尔人王室的紫袍
公元2世纪—3世纪	波斯定居者在卡塔尔乌姆马留下了上釉的器皿
公元627—629年	哈萨的阿拉伯基督教徒总督和巴林的统治者皈依伊斯兰教。在伊斯兰教扩张期间，卡塔尔和巴林的阿拉伯部落派出船只在穆斯林舰队中作战
15世纪	阿拉伯塔米姆部落马阿德希德分支的一部分萨尼家族成员从沙特阿拉伯中部的一个小村落迁徙到卡塔尔
1521年	巴林被葡萄牙人控制
1602年	阿巴斯沙在英国人的帮助下，从葡萄牙人手中取得了巴林

1660年	阿曼占据了巴林,允许迁徙到那里的胡韦拉阿拉伯人在岛上定居
1753年	波斯的纳迪尔沙夺取了巴林,决定控制整个海湾地区
1760年	一群来自科威特的乌图布阿拉伯人迁徙到卡塔尔北海岸的祖巴拉。乌图布阿拉伯人的哈利法和贾拉西马分支将祖巴拉转变成为巨大的贸易和采珠城市
1780年—1826年	科威特乌图布阿拉伯人的贾拉西马分支的拉赫马·本·贾比尔在其位于卡塔尔豪尔哈桑的基地骚扰巴林船运
1783年	一群乌图布和卡塔尔阿拉伯人突袭了巴林,从波斯手中夺取了巴林岛。最强大的哈利法阿拉伯人定居在巴林。艾哈迈德·本·哈利法成为巴林的统治者,建立了哈利法王朝
1792—1813年	阿卜杜·阿齐兹·本·沙特和他的儿子把瓦哈比派伊斯兰教传播到海湾和卡塔尔的东海岸。拉赫马与瓦哈比派建立了临时的利益同盟
1820年	孟买的英国政府与阿拉伯东海岸的部落们签署了一个全面和平条约。卡塔尔并没有被授予一个单独的旗帜,而是被英国人认为是巴林的一部分,一直到19世纪60年代
1821年	英国东印度公司的"维斯坦尔"号军舰轰炸了多哈。阿奈内部落的布胡尔·本·朱班假称不知道英国人的这种行动的原因
1828年	卡塔尔没有一个强大的领袖,被巴林的哈利法家族欺负。卡塔尔最著名的族长之一,阿奈内部落的穆罕默德·本·哈米斯,被囚禁起来。巴林将阿奈内逐出多哈,发往卡塔尔北部的村落富韦里特和鲁维斯。苏丹部落的族长萨利曼·本·纳赛尔填补了多哈的权力真空

1840年	埃及人控制着哈萨,计划派遣一支部队,从贾比尔·本·纳赛尔统治下的纳伊姆部落征收天课税,但是失败了
1841年	由于海盗贾西姆·本·贾比尔·拉克拉齐在卡塔尔避难,英国船只再次轰炸了多哈
1843年	本·阿里部落的伊萨·本·塔里夫(死于1847年)反对巴林的共治者,在卡塔尔领导了叛乱
1850年	沙特阿拉伯的瓦哈比派费萨尔·本·图尔基进入卡塔尔,获得了卡塔尔居民的支持,准备入侵巴林。英国波斯湾中队阻止了他
1867年	由于卡塔尔同情瓦哈比派,巴林和阿布扎比袭击了卡塔尔,让著名的多哈族长穆罕默德·本·萨尼得以成功地反抗巴林总督
1868年9月12日	英国上校刘易斯·佩利强迫巴林统治者向卡塔尔支付损害赔偿金。他会见了谢赫穆罕默德·本·萨尼,并承认后者是卡塔尔人民的代表。卡塔尔与英国在1868年签署的条约生效
1871年	奥斯曼人在占据哈萨以后抵达多哈。穆罕默德·本·萨尼的儿子贾西姆·本·穆罕默德·本·萨尼接受了奥斯曼国旗出现在卡塔尔
1876年	贾西姆被任命为卡塔尔的地区总督。贾西姆维持自己在整个卡塔尔的权威。他巧妙地操纵着陆上的奥斯曼人和海上的英国人
1878年	贾西姆和一支由2000人组成的部队劫掠了祖巴拉,并惩罚了纳伊姆部落的"海盗行径"和效忠巴林的行为

1893年	卡塔尔人在瓦吉巴之战中战胜了奥斯曼人
1913年	谢赫贾西姆去世。谢赫阿卜杜拉掌权。阿卜杜拉的亲属们对他的统治产生争议
1916年	谢赫阿卜杜拉和英国签署了条约，确认了他的权力。阿卜杜拉同意施行法律来打击海盗行为、武器贸易和奴隶贸易。一份单独发出的电报让他能够无视关于奴隶贸易的条款
1921年	阿卜杜拉请求保护，避免沙特阿拉伯人的侵害。阿卜杜拉的兄弟们得到了沙特人的支持。阿卜杜拉向英国人求助
1926年	阿卜杜拉向英伊石油公司授予了勘探权。美国派出了自己的谈判者和石油公司来与英国人竞争。阿卜杜拉利用这种竞争来获得自己的利益
1935年	阿卜杜拉签署授予英伊石油公司的石油特许权，自己一年收入15万印度卢比。英国承认了阿卜杜拉的继承人哈马德
1937年	巴林与卡塔尔争夺祖巴拉的战争导致纳伊姆部落发生分裂，一部分忠诚于萨尼家族，一部分忠诚于巴林。许多纳伊姆被流放，但是第二次世界大战后又回到了自己的土地。卡塔尔夺取了祖巴拉
1939年	发现了石油，但是第二次世界大战阻止了进一步勘探
1942年	所有石油开发被中止。卡塔尔进入了"饥荒年份"。谢赫被迫质押了自己的房屋
1942—1948年	经济困难导致大部分卡塔尔家庭和商人被迫逃离卡塔尔。由于持续收到特许权收入，萨尼家族能够留下来，巩固自己在国内的权力

1949年	石油出口再次开始。阿卜杜拉指定阿里作为自己的继承人（阿卜杜拉选择的继承人哈马德在1948年去世），并指定哈利法继承阿里。几个萨尼家族谢赫举行罢工，并购买武器来威胁谢赫阿卜杜拉，要求从石油合同中收到更高的补贴。阿卜杜拉退位
20世纪50年代	卡塔尔石油开发有限公司扩张了在杜汉的运营。卡塔尔劳动者发动了几次罢工。在20世纪60年代之前，并没有在近海岸发现多少石油。美国公司壳牌石油获得了近海岸的特许权
1956年	泛阿拉伯民粹运动影响了卡塔尔。阿提亚兄弟向英国人要求更多参与到政府中。卡塔尔的谢赫攻击阿卜杜拉·达维什的角色，他是谢赫阿里的主要顾问和英国人的密友
1957年	在谢赫阿里的房间中发现了可能是地雷的东西。不服管束的年轻谢赫们被指责策划这起事件，以求获得更大的权力和收入
1960年	石油收入下降后，阿里将权力交给了他的儿子艾哈迈德
1961年	公民法只将完整的公民身份授予了1930年之前就居住在半岛的卡塔尔人
1964年	新法律规定，所有行业和企业必须至少被卡塔尔人拥有51%
20世纪70年代	谢赫哈利法在基础设施上大量投入。卡塔尔大学建立。石油行业国有化
1971年	卡塔尔成为一个独立的国家
1972年	在得到萨尼家族谢赫们和其他显赫的卡塔尔人的支持后，哈利法在一场政变中推翻了艾哈迈德

20世纪80年代	1986年,石油价格下跌,导致实行紧缩措施,谢赫们的补贴减少
1982年	一次野外考察中,一群巴林人在祖巴拉堡写下了"巴林"。有争议的哈瓦尔群岛让巴林与卡塔尔的关系恶化
1986年	卡塔尔和巴林都声称占有法什特·迪贝尔岛(一个珊瑚礁)。伊朗支持卡塔尔的主张
1991年	在沙特阿拉伯的海夫吉之战中,卡塔尔军队的一个坦克分遣队抵抗萨达姆·侯赛因的入侵
1995年	当谢赫哈利法待在瑞士时,谢赫哈马德·本·哈利法·萨尼控制了卡塔尔。谢赫哈马德建立了卡塔尔教育、科学和社会发展基金会来推进教育,还建立了教育城,并推行了其他社会和国际计划
1996年	埃米尔颁布政令,建立了半岛电视台电视频道
1996年	一起反政变失败。谢赫哈马德·本·贾西姆·本·哈马德·萨尼和其他密谋者被审判
2003年	在第二次海湾战争期间,卡塔尔成为美国攻击伊拉克的基地
2004年	新的宪法推行
2005年	一个自杀式炸弹袭击者袭击了一个多哈剧场。大部分人相信基地组织发动了阿拉伯半岛上的这起袭击
2006年	2005年的公民法第38号扩展了公民身份,对能证明已经在卡塔尔居住了25年以上的居民提供有限的公民身份

2010年	卡塔尔被选为2022年FIFA世界杯的主办国
2011年	卡塔尔积极支持"阿拉伯之春"运动,尽管同时限制本国的政治参与。卡塔尔派遣空军来支持反对卡扎菲的反叛者

注 释

第一章

1 Qtd. in Jill Crystal, *Oil and Politics in the Gulf: Rulers and Merchants in Kuwait and Qatar* (Cambridge, 1990), p. 117.
2 A. Montigny-Kozlowska, 'Histoire et changements sociaux au Qatar', *La Péninsule arabique d'aujourd'hui*, Vol. 2 (1982), p. 483.
3 Qtd. in Miriam Joyce, *Ruling Sheikhs and Her Majesty's Government, 1960–1969* (Portland, OR, 2003), p. 45.
4 Qtd. on homepage of Dohadebates, http://www.thedohadebates.com/, accessed 20 January 2011.
5 Citation CIA World Factbook 'Qatar'. Available https://www.cia.gov/library/publications/the-world-factbook/rankorder/2003rank.html?countryName=Qatar&countryCode=qa&regionCode=mde&rank=1#qa and Theodora.com 'Qatar' http://www.theodora.com/wfbcurrent/qatar/qatar_economy.html, accessed 15 November 2011.
6 On the routes of the Naim see *Bedouins of Qatar* by Klaus Ferdinand and Ida Nicolaisen of the Carlsberg Foundation's Nomad Research Project (New York, 1993).
7 J. C. Wilkenson, 'Nomadic territory as a factor in defining Arabia's boundaries', in M. Mundy and B. Musallam (eds), *The Transformation of Nomadic Society in the Arab East* (Cambridge, 2000), p. 44.
8 Montigny-Kozlowska: 'Histoire et changements sociaux au Qatar', p. 493.
9 In his chapter on Qatar, National Public Radio reporter Eric Weiner

described his immediate impressions of the country as a place without any real culture or history. *The Geography of Bliss: One Grump's Search for the Happiest Places in the World* (London and New York, 2008).

10   Although Qatar is a particular case, a nuanced view of the ways tradition and modernity are viewed *within* the Middle East more broadly can be found in Stephen Humphreys, *Between Memory and Desire: The Middle East in a Troubled Age* (Berkeley, updated edition, 2005).

11   Émile Durkheim, *On Morality and Society: Selected Writings*, ed. R. Bellah (Chicago, 1973), p. 70.

12   G. E. Von Grunebaum, *Modern Islam* (New York, 1964), p. 338.

13   Durkheim: *On Morality*, p. 70.

14   R. Tapper, 'Anthropologists, historians and tribespeople on tribe and state formation in the Middle East', in P. Khoury and J. Kostiner (eds), *Tribes and State Formation in the Middle East* (Berkeley and Los Angeles, 1990), pp. 54–55.

15   *Muqaddimah*, Vol. 1, p. 267.

16   On the history of Qatari labour in the early periods of oil field development see Ragaei Mullakh, *Qatar: Development of an Oil Economy* (London, 1979).

17   'Qatar population put at 1,580,050', *The Penisula*, 2 December 2009.

18   See the President's webpage. 'Biography' http://www.qu.edu.qa/offices/president/biography.php.

19   'Obesity reaches epidemic proportions in the Gulf Region', *AME Info*, http://www.ameinfo.com/123855.html, accessed 18 June 2007.

20   According to Human Rights Watch, authorities are failing to curb sexual abuse of maids, particularly from Sri Lanka. See 'Sri Lanka abuse Rampant in the Gulf', *BBC News*, posted 14 November 2007, http://news.bbc.co.uk/2/hi/south_asia/7093842.stm.

21   'Expatriates – A liability?', *Khaleej Times*, 14 December 2009.

22   In 2008 at the opening of the 37th session of the Advisory Council, a body composed of mainly non-royal Qatari tribal representatives, the Emir remarked, 'A number of bottleneck areas have risen in the economy, caused by the big increase in expatriate labour'. Online. Available http://www.diwan.gov.qa/english/the_Emir/the_Emir_

23 Ibid.
24 Local merchants used these strikes to galvanize Qataris against foreign company interests as well. Crystal, *Oil and Politics*, p. 162.
25 Rosemarie Said Zahlan, *The Creation of Qatar* (London, 1979), p. 99.
26 Emile A. Nakhleh, 'Labor markets and citizenship in Bahrayn and Qatar', *Middle East Journal*, Vol. 31, No. 2 (Spring 1977), pp. 143–156, 144.
27 See homepage of the Qatar National Food Security website. Online. Available http://www.qnfsp.gov.qa/ (23 October 2010).
28 The glacier surfaced in 2009 with one of the most vehemently discussed topics in the active Qatari blogosphere in 2009. Comments criticizing Qataris and their celebration of their national day (the author described reckless driving and somebody apparently in an Osama bin Laden mask) by a Western art history professor who had been teaching in Qatar for several years sparked outrage against expatriates. According to a leader of a Facebook group of Qataris set up to challenge the professor's comments, 'They have called us names such as pigs, uncivilized, racist barbarians ... They say that we cannot survive without them and that we cannot handle or manage our country ...' *All Headline News*. Online. Available http://www.allheadlinenews.com/articles/7017362017 (26 December 2009).
29 'Qatar: Public outrage rises with demand for Saudi Maids', *Los Angeles Times* blog. Online. Available http://latimesblogs.latimes.com/babylonbeyond/2009/08/qatarpublic-outrage-as-demand-for-saudi-maids-rises-amid-fears-of-black-magic.html (12 August 2009).
30 These publications have a long pedigree and are often financed outright by public relations firms. See *This is Qatar*, a quarterly that was distributed by Gulf Public Relations starting in 1978. Also *Spotlight Qatar* (London, 1979). Bernard Gérard's *Qatar* (London, 2000) was published by the Ministry of Information and remains a popular and regularly updated coffee-table book. Although written in an appealing manner with many fine colour photographs, it is perhaps the most notorious example of this glossy form of historical myth-making.
31 London, 1979.
32 *Oil and Politics in the Gulf: Rulers and Merchants in Kuwait and Qatar*

(Cambridge, 1990).
33 'Abu Dhabi and Qatar build museums to recast national identity', *New York Times*. Online. Available http://www.nytimes.com/2010/11/27/arts/design/27museums.html (27 November 2010).
34 Michel Foucault, 'What is enlightenment?', in P. Rabinow (ed.), *The Michel Foucault Reader* (New York, 1984), pp. 39–40.
35 Leonard Binder, *Islamic Liberalism* (Chicago, 1988), p. 293.
36 Qtd. in ibid., p. 294.
37 As Rosemarie S. Zahlan aptly commented, 'The Al Thani are relative newcomers as a ruling family. But then, so too is the establishment of Qatar as an independent state', *The Making of the Modern Gulf States* (London, revised edition, 1998), p. 99.
38 Ibid.
39 J. E. Peterson, 'The Arabian Peninsula in modern times: A historiographical survey', *The American Historical Review*, 96/5 (December 1991), p. 1437.
40 Joseph Kéchichian, *Power and Succession in Arab Monarchies* (London, 2008), pp. 194–198.
41 The *CIA World Factbook* claims that Qataris had the highest per capita GDP in 2008. https://www.cia.gov/library/publications/the-world-factbook/geos/qa.html; Qatar's per capita income has been among the highest in the world for several decades. In 1978 the *Financial Times* reported Qatar's per capita GDP at $11,400, the third highest in the world: 'Qatar', 22 February 1978.
42 Montigny-Kozlowska: 'Histoire et changements sociaux au Qatar', pp. 475–517.
43 Electoral districts fall almost perfectly in line with tribal boundaries. For these maps see Ibrahim al Hidous, *Awal Bait lil-Dimaqratiyya fi Qatar* (Doha, 2001), an officially published book that provides an insider's view of the 'democratization' process.
44 According to one confidential source who was present in the Majlis, the boisterous and informal style of George W. Bush during his visit to the Qatari diwan and the Majlis al-Shura in 2004, the first visit to the country by a sitting US President, created something of a minor diplomatic disaster.

45 'German Federation asks FIFA for inquiry', BBC website http://news.bbc.co.uk/sport2/hi/football/13613314.stm, accessed 31 August 2011.

46 'Move to Gulf by key unit could set staff for Iraq War', *New York Times*, 12 September 2002. Online. Available http://www.nytimes.com/2002/09/12/us/vigilance-memory-military-move-gulf-key-unit-could-set-staff-for-iraq-war.html?scp=7&sq=udeid&st=cse (4 August 2009).

47 In January 2009 Qatar closed the Israeli interest section after bombings and incursions in Gaza. Qatar's alignment with Syria and Hamas as an 'alternative camp' drove policy on the ground. Besides Israel, There have been a few such breaks in Qatar's record of befriending almost all possible positions and parties. Qatar has attempted to position itself as a stalwart against terrorism in the Arabian Peninsula even as some nations have suggested that Qatar has paid off terrorist organizations. Ethiopia recently called the bluff politically and broke off ties with Qatar, accusing it of supporting and financing Islamist groups in Somalia and Eritrea. *The Peninsula*, 24 April 2008. Sheikh Hamad explicitly called for the evacuation of Ethiopian troops from Somalia in his speech to the Advisory council on 6 November 2007: As for the situation in Somalia, we stress the unity of this fraternal country and its independence, as well as bringing about security and stability, one condition of which is the evacuation of foreign troops and sincere endeavour for national reconciliation that includes all categories and sectors of the Somali people. http://www.diwan.gov.qa/english/the_Emir/the_Emir_speeche_77.htm (14 June 2009). See also Gary Sick, 'The coming crisis in the Persian Gulf', in *The Persian Gulf at the Millenium* (Basingstoke, 1997), pp. 12–21.

48 Some of this support seems to have a financial motivation as Qatar seeks to gain access to contracts. See 'Special report – Qatar's big Libya adventure', *Reuters Africa*. Online. Available http://af.reuters.com/article/energyOilNews/idAFLDE7570PX20110609 (9 June 2011).

49 Ahmed Saif, 'Deconstructing before building: Perspectives on democracy in Qatar', in A. Ehteshami and S. Wright (eds) *Reform in the Middle East Oil Monarchies* (Reading, 2008), p. 125; Durkheim: *On*

Morality and Society, p. 70.
50 The influence of Persian merchants such as the Darwish and the Fardan on the ruling families of the Gulf is the central argument of Jill Crystal's book *Oil and Politics in the Gulf: Rulers and Merchants in Kuwait and Qatar* (Cambridge, 1995).
51 http://www.qsa.gov.qa/Eng/News/2008/Articles/13.htm (29 June 2009).
52 This is dramatically demonstrated by the Qatar Statistics Authority population pyramid: http://www.qsa.gov.qa/Eng/populationpyramid/ PopulationPyramid.htm (29 June 2009).
53 Sick, 'The coming crisis'.
54 'Oil plays excessive role in Qatar economy', Gulfnews.com. Online. Available http://gulfnews.com/business/opinion/oil-plays-excessive-role-in-qatar-economy-1.848076 (7 August 2011). For *Quarterly Statistical Bulletins* in 2008 see http://www.qcb.gov.qa/English/ Publications/Statistics/Pages/Statisticalbulletins.aspx.
55 The reasons and motivations for former intelligence officers to make such revelations are often problematic and difficult to ascertain. Robert Baer, *Sleeping with the Devil: How Washington Sold Our Soul for Saudi Crude* (New York, 2003). Melissa Boyle Mahle, *Denial and Deception: An Insider's View of the CIA from Iran-Contra to 9/11* (New York, 2004); Patrick Tyler, 'Intelligence Break Led US to Tie Envoy Killing to Iraqi Qaeda Cell', *New York Times*, 6 February 2003. According to Tyler's unconfirmed information, the CIA discovered that a member of the royal family in Qatar, Abdul Karim Al-Thani, provided shelter to Abu Mussab al-Zarqawi, the former leader of Al-Qaeda in Iraq.
56 Ali al Allawi remarked, In the past, the Shariah [Islamic law] connected Muslims' outer world with their inner realities. The eclipse of the Shariah by secular civil, commercial, and criminal law severed that connection. Some people see a desacralized world as a fertile ground for nurturing the private faith of the individual ... But Islam cannot easily co-exist with a political order that takes no heed of its inner dimensions. The integrity of Islam requires a delicate balance between the individual's spirituality and the demands of the community as a whole. *Chronicle of Higher Education Review*.

Online. Available http://chronicle.com/free/v55/i40/40allawi.htm?utm_source=cr&utm_medium=en (29 June 2009). See also Ali al Allawi's book, *The Crisis of Islamic Civilization* (New Haven, 2009). The theme of Stephen Humphrey's book, *Between Memory and Desire: The Middle East in A Troubled Age* (Berkeley, 2001), is similarly the long struggle between modernity and tradition in Islamic society. Unfortunately, most news reports only reveal the dramatic breaches between cave-dwelling terrorists and mile-high towers, ignoring the more widespread crisis in Islamic civilization as a whole.

57 'Secret US Embassy Cables'. Online. Available http://cablegate.wikileaks.org/cable/2009/12/09DOHA728.html. (28 November 2010).
58 Ibid.
59 Dale Eickelman, *The Past in Search of a Public: Folklore and Heritage in the Emirates and the Arab Gulf* (Zayed Center for Heritage and History, Dubai, 2000).
60 *Sacred Space and Holy War*, p. 189.
61 'Facebook Page calls for removal of Qatar's Emir', Reuters website. Online. Available http://in.reuters.com/ article/2011/02/24/idINIndia-55131320110224 (21 September 2011).
62 See the Facebook page – http://www.facebook.com/the.Qatar.revolution.2011 (21 September 2011).
63 See 'Abortive coup in Qatar', Ennahar Online. Online. Available http://www.ennaharonline.com/en/ international/5904.html (21 September 2011).
64 See her Facebook page, http://www.facebook.com/pages/HH-Sheikha-MozahBint-Nasser-Al-Missned/10208116846 (21 September 2011).
65 Ali al-Shawi, 'Political Influences of Tribes in the State of Qatar: Impact of Tribal Loyalty on Political Participation', PhD dissertation (Mississippi State University, 2002).

第二章

1 Qtd. Rosemarie Said Zahlan, in *The Creation of Qatar* (New York, 1979), p. 64.

The Kingdom of Saudi Arabia did not come into existence until the unification of the kingdoms of the Nejd and the Hijaz in 1932.
2   Lieutenant Kemball notes that 'Qatar ... is so called from the greater fall of rain therein than in the other portions of Bani Khalid territory', *Records of Qatar*, p. 91.
3   United Nations Industrial Development Organization, *Qatar: Towards Industrial Diversification of an Oil-Based Economy*, 1988, p. 33.
4   'Bahrain, UAE launch summer hours work ban'. Online. Available http://www.arabianbusiness.com/560616-bahrain-uae-launch-summer-hours-work-ban (2 August, 2009).
5   Fran Gillespie, a Qatari resident, has popularized the study of Qatar's flora, fauna and geography. See the first chapter of *Qatar*, a book financed by the Qatari Foreign Ministry (London, 2000).
6   'Saudis demand say in Emirates pipeline', *International Herald Tribune*, 12 July 2006. See *New York Times* archive. Online. Available http://www.nytimes.com/2006/07/12/business/worldbusiness/12iht-pipe.2180611.html (31 August 2011).
7   Fortunately the culture and practices of the the Bedouin of Qatar were recorded shortly before the disappearance of their way of life. See the rich and informative *Bedouins of Qatar*, by Klaus Ferdinand and Ida Nicolaisen of the Carlsberg Foundation's Nomad Research Project (Thames and Hudson, 1993).
8   Rosemarie Zahlan remarked in the late 1970s that 'Placed in the context of the Arab shaykhdoms of the Gulf ... Qatar is only strikingly different in one respect: it has never had any permanent inland settlements.' *The Creation of Qatar* (New York, 1979), p. 13.
9   Lorimer's Gazetteer was classified as secret when it was published by the British government in 1915. *Gazetteer of the Persian Gulf, Oman and Central Araiba,* 6 Vols, (London: 1986), Archive Editions. It is interesting to note, as well, that the Naim did not yet convert to Wahhabi Islam until the late twentieth century. Qtd. in Ferdinand and Nicolaisen: *Bedouins of Qatar*, p. 41.
10   Qatar's inland was 'remarkably rich in wells, which was an essential precondition for the existence of the pastoral bedouins': Ferdinand and Nicolaisen: *Bedouins of Qatar*, p. 39. Many of these wells were

masonry-lined.
11 Ferdinand and Nicolaisen: *Bedouins of Qatar*, p. 35.
12 Ibid.
13 Qtd in Ferdinand and Nicolaisen, *Bedouins of Qatar*, p. 49.

第三章

1 Carnegie Mellon University heritage project, 'Zubara Town', *Heritage of Qatar*, http://www.heritageofqatar.org/.
2 Charles Lindholm, *The Islamic Middle East: Tradition and Change*, revised edition (London, 2002), p. 6.
3 James Onley, 'Britain and the Gulf Sheikhdoms, 1820–1971: The politics of protection', *Center for International and Region Studies Occassional Papers* (2009), p. 1.
4 Tixier Jacques and Marie-Louise Inizan (eds), *Mission archéologique française au Qatar*, 2 Vols (Paris, 1980).
5 'Archaeological discovery in Western Qatar sheds new light on early man', *Gulf Times*, 7 September 2008.
6 Beatrice de Cardi, *Qatar Archaeological Report* (Oxford, 1979); Fran Gillespie, 'Steeped in antiquity', *Gulf Times*, Friday, 16 May 2008.
7 Isaac of Qatar should not be confused with the earlier, sixth-century Isaac the Syrian. H. Alfayev, Metropolitan of Kiev et al., *The Spiritual World of Isaac the Syrian* (Collegeville, Minnesota, 2001).
8 'Lost town unearthed by Lampeter archaeologist', *BBC Wales*. Online. Available http://www.bbc.co.uk/news/11032699 (20 August 2010).
9 'Affairs of the Persian Gulf', *Records of Qatar*, Vol. 1 (Oxford, 1991), p. 597.
10 Francis Warden (ed.), 'Uttoobee tribe of Arabs', *Records of Qatar*, pp. 397–398.
11 Francis Warden et al., 'Utub migration to the Qatar Peninsula and Bahrain: Historical sketch of the "Utub, 1716–1853" ', *Records of Qatar*, Vol. 1, p. 403.
12 *Porte* refers to the *Sublime Porte* of the Ottoman Sultan. Ibid, pp. 3–67, 59.
13 Ibid, p. 598.

14 See *Arabian Treaties 1600–1960,* Vol. 2, ed. P. Tuson and E. Quick, Cambridge: Cambridge archive Editions, 1992.
15 Routledge, 1986.
16 Lieutenant Kemball, 'Tribes inhabiting the Arabian shores', *Records of Qatar,* p. 88.
17 *Emergence of Qatar,* p. 10.
18 Kemball, *Records of Qatar,* p. 89.
19 J. G. Lorimer *Gazetteer of the Persian Gulf,* Vol. 1, Part 1B (Dublin, reprinted 1984) p. 832. 'The ability of the Sheikh of Doha to prevent piratical outrages was not entirely clear ...'
20 Kemball, *Records of Qatar,* p. 99.
21 This is according to an analysis of Lorimer's figures: Lorimer, *Gazetteer of the Persian Gulf,* See also Zahlan, *The Creation of Qatar* (New York, 1979), p. 22.
22 Lorimer, *Gazetteer of the Persian Gulf,* Vol. 1B, p. 793.
23 Ibid, p. 802.
24 The Bani Khalid emirate ruled over much of the Persian Gulf and Al-Hasa fell to the Wahhabis in the 1790s. On the prominence of Al-Huwailah see Wilkinson, John, *Arabia's Frontiers: The Story of Britain's Boundary Drawing in the Desert* (London and New York, 1991), p. 42. Al-Musallam became a tributary of the Khalid, Bani. Zahlan, *The Creation of Qatar,* p. 18, describes Al-Musallam in Al-Huwailah, Al-Sudan in Fuwayrat and Al bin Ali in Doha/Bidaa before 1783.
25 According to Colonel Francis Beville Prideaux who visited the Sheikh at Al-Wusail in 1905 to gather information for Lorimer's *Gazetteer:* 'Sheikh Jassim bin Thani gives the pedigree of his grandfather as follows: Thani bin Muhammad bin Thani bin Ali bin Muhammad bin Salim bin Muhammad bin Jassim bin Sa'id bin Ali bin Thamir bin Muhammad bin Ali bin Ma'dhad bin Musharraf. He says that Ma'dhad [sic] governed the Jabrin Oasis, whence the family, at a later date, removed on account of the unhealthiness of the climate; after a sojourn at Kuwait they finally settled in Qatar.' The Ma'adhid did not come from Kuwait until around 1750. *Emergence of Qatar,* p. 17.
26 This was the obvervation of the Bombay Marine Coastal survey, *Emergence of Qatar,* p. 5.

27　Captain Brucks, 'Navigation of the Gulf of Persia', *Records of Qatar*, Vol. 1, p. 109.
28　Lorimer, *Gazetteer of the Persian Gulf*, p. 794.
29　Constable, 'Persian Gulf pilot', *Records of Qatar*, Vol. 2, p. 25.
30　Lorimer, *Gazetteer of the Persian Gulf*, Vol. I, p. 800.
31　This was subsequently ruled an invalid argument, see *Sacred Space and Holy War*, p. 189.
32　Rosemarie S. Zahlan, *The Making of The Gulf States*, p. 100.
33　Reproduced in a letter from Lieutenant-Colonel Lewis Pelly to C. Gonne, Secretary of the Government of Bombay, *Records of Qatar*, Vol. 2, pp. 124–125.
34　United Nations, *International Court of Justice, Reports of Judgments, Advisory Opinions and Orders* (2001), p. 307.
35　*Records of Qatar*, Vol. 2, p. 132.
36　The rather contrived meeting on board the *Vigilant* is described by Colonel Pelly in his letter to the Secretary of the Government of Bombay, *Records of Qatar*, Vol. 2, pp. 124–125.
37　*Records of Qatar*, Vol. 2, p. 131.
38　Ibid, p. 132.
39　Lisa Anderson, 'Absolutism and the resilience of Monarchy in the Middle East', *Political Science Quarterly*, Vol. 106, No. 1 (Spring 1991), p. 7.
40　Frederick Anscombe, *The Ottoman Gulf: The Creation of Kuwait, Saudi Arabia and Qatar* (New York, 1997), p. 2.
41　Qtd. in Rahman, *Emergence of Qatar*, p. 98.
42　Ibid.
43　Ibid, p. 106.
44　Ibid, p. 112.
45　http://www.ndqatar.com/english/index.php?page=about-nd (19 December 2009).

第四章

1　New York, 1999.
2　*Ruling Families of Arabia, Qatar*, p. 272.

3   Ibid, p. 209.
4   From Major Knox, 'Political resident of Persian Gulf to foreign secretary of government of India', *Ruling Families of Arabia, Qatar*, p. 224.
5   Qtd. in Arnold T. Wilson, *The Persian Gulf: An Historical Sketch from the Earliest Times to the Beginning of the Twentieth Century* (London, 1954), p. 192.
6   Clive Leatherdale, *Britain and Saudi Arabia, 1925–1939: The Imperial Oasis* (London, 1983).
7   Shakespear, for instance, played a personal role in the rise of the House of Saud, perishing at a battle of Al Jarrab against the Rashid, the great rivals of the Saud. See Zahra Freeth and H. V. F. Winstone, *Explorers of Arabia: From the Renaissance to the End of the Victorian era* (London, 1978).
8   See Perceval Graves, *The Life of Sir Percy Cox* (London, 1941).
9   *Ruling Families of Arabia, Qatar*, p. 267.
10 Ibid, p. 268.
11 Abdallah refused the offer but it is striking how far the British were willing to go in securing the personal authority of Abdallah, *Ruling Families of Arabia, Qatar*, p. 272.
12 *Ruling Families of Arabia, Qatar*, p. 271.
13 Ibid, p. 266.
14 From a letter from J. H. H. Bill, 'Deputy political resident, Persian Gulf', *Ruling Families of Arabia, Qatar*, p. 279. Allegedly 'A good deal of arms smuggling' still went on in Doha after the agreement, p. 286.
15 *Ruling Families of Arabia, Qatar*, p. 265.
16 Ibid, p. 271.
17 Ibid, p. 272.
18 See, for instance, the incident described in a report in *Ruling Families of Arabia, Qatar*, p. 255.
19 Deputy Secretary to the Government of India to Political Resident in the Persian Gulf, 8 August 1921, qtd. in *Ruling Families of Arabia, Qatar*, p. 296.
20 Qtd. in Michael Herb, *All in the Family: Absolutism, Revolution and Democracy in the Middle Eastern Democracies* (New York, 1999), p. 30.

21 Rosemarie S. Zahlan, *The Making of the Modern Gulf States*, p. 101. The issue of the number of salutes given to a particular Emir in the Gulf led to that particular game of quantifying honour so peculiar to British society and culture. Fewer gun salutes meant that the Empire was somehow displeased with a particular sheikh or held him in lower regard.
22 Zahlan, *The Making of the Modern Gulf States*, p. 27.
23 *Ruling Families of Arabia, Qatar*, p. 302.
24 Ibid, p. 303.
25 From a conversation with Abdallah recorded by Captian Prior, Political Agent, Bahrain, 1930, qtd. in *Ruling Families of Arabia, Qatar*, p. 318.
26 From the Persian Gulf Political Resident Lieutenant-Colonel Haworth's account, *Ruling Families of Arabia, Qatar*, p. 344.
27 Ibid, p. 345.
28 Political Resident, Bahrain, to Resident Bushire, qtd. in *Ruling Families of Arabia, Qatar*, p. 349.
29 R. W. Ferrier, *The History of the British Petroleum Company* (Cambridge, 1982), Vol. 1.
30 Rosemarie Said Zahlan, *Creation of Qatar* (London, 1979), p. 71.
31 Ibid.
32 Ibid, pp. 74–75.
33 Nasser Othman, *With their Bare Hands: The Story of the Oil Industry in Qatar* (London, 1984), pp. 137–46. Petroleum Development Qatar Ltd. was later named Qatar Petroleum Company and then simply Qatar Petroleum.
34 Zahlan, *The Making of the Modern Gulf States*, p. 103.
35 Ibid. 103.

第五章

1 See Joseph Kéchichian, *Power and Succession in Arab Monarchies*, p. 199.
2 Sheikh Khalifa bin Hamad Al-Thani, *Speeches and Statements* (Qatar, 1978), Preface.
3 Economist Intelligence Unit, *The Arabian Peninsula: Sheikhdoms and*

Republics, first quarter 1978, p. 16.
4   Jill Crystal, *Oil and Politics in the Gulf* (Cambridge, 1990), p. 155.
5   Ibid, p. 158.
6   Kéchichian, *Power and Succession in Arab Monarchies*, p. 201.
7   United Nations Development Organization, *Qatar: Towards Industrial Diversification of an Oil-Based Economy*, Industrial Development Review Series (1988), p. 13.
8   United Nations Development Organization: *Qatar*, p. 16.
9   Ibid, p. 19.
10 Ibid, p. 32.
11 Economist Intelligence Unit, 'Country Profile: Bahrain and Qatar, 1995–1996', *Middle East Economic Digest*, 10 May 1996, p. 3.
12 Kéchichian, *Power and Succession in Arab Monarchies*, p. 199.

第六章

1   According to an official announcement to the Advisory Council by Sheikh Hamad, http://www.diwan.gov.qa/english/the_Emir/the_Emir_speeche_83.htm (14 June 2009).
2   This is according to the US Energy Information Administration statistics, http://www.eia.gov/cabs/qatar/Full.html (September, 2011).
3   Ibid.
4   United Nations, *Qatar*, p. 31.
5   'Such biological resources could ultimately be used to develop oil spill remediation', Renee Richer, 'Conservation in Qatar: Impacts of increasing industrialization', *Georgetown Center for International and Regional Studies*, Occassional Paper (Doha, Qatar, 2008), p. 2.
6   http://www.qatarembassy.net/Emir.asp.
7   Although conflicting accounts and rumours abound, one of the best accounts synthesizing news reports of the 1995 coup can be found in Michael Herb, *All in the Family: Absolutism, Revolution and Democracy in the Middle Eastern Democracies* (New York, 1999), pp. 116–119.
8   Kéchichian, *Power and Succession in Arab Monarchies*, p. 213.
9   Ibid, p. 219.
10 A. Guillaume, *The Life of Muhammad* (Oxford, 1955), pp. 84–87.

11 'Qatar, playing all sides, is a nonstop mediator', *New York Times*. Online. Available www.nytimes.com/2008/07/09/world/middleeast/09qatar.html (9 July 2008).
12 'Qatar, playing all sides, is a non-stop negotiator', *New York Times*. Online. Available http://www.nytimes.com/2008/07/09/world/middleeast/09qatar.html?pagewanted=print (9 July 2008).
13 This is the argument of political analyst Dr Fahd bin Abdul Rahman Al-Thani, 'Qatar's foreign policy: Small country, big ambitions'. Online. Available http://www.islamonline.net/servlet/Satellite?c=Article_C&pagename=Zone-English-Muslim_Affairs%2FMAELayout&cid=1213871606942 (8 July 2008).
14 'Qatar discloses mediation in Iraq, Libya and Sudan', Arabicnews.com. Online. Available www.arabicnews.com/ansub/Daily/Day/040101/2004010111.html (1 January 2004).
15 'Qatar extends its influence still further', *Daily Telegraph*. Online. Available http://www.telegraph.co.uk/news/worldnews/middleeast/qatar/7701689/Qatar-extendsits-influence-still-further.html (11 May 2010).
16 For a description of the coup attempt see Joseph Kéchichian, *Power and Succession in Arab Monarchies*, London and Boulder, 2008, p. 200.
17 'Sudan to review chad peace deals in Qatar', Reuters.com. Online. Available http://www.reuters.com/article/homepageCrisis/idUSLU641448._CH_.2400 (30 April 2009).
18 'Qatar discloses mediation in Iraq, Libya and Sudan', Arabicnews.com. Online. Available www.arabicnews.com/ansub/Daily/Day/040101/2004010111.html (1 January 2004).
19 'Qatar emerges as a mediatior between Fatah and Hamas', *New York Times*. Online. Available http://www.nytimes.com/2006/10/10/world/middleeast/10mideast.html (10 October 2006).
20 'Qatar steps into the breach', *International Security Network* (Zurich). Online. Available http://www.isn.ethz.ch/isn/Current-Affairs/Security-Watch/Detail/?ots591=4888CAA0-B3DB-1461-98B9-E20E7B9C13D4&lng=en&id=98148 (24 March 2009).
21 Wikileaks, 'Secret US embassy cables'. Online. Available http://

cablegate.wikileaks. org/cable/2009/02/09CAIRO231.html (28 November 2010).

22 'Qatar steps into the breach', *International Security Network* (Zurich). Online. Available http://www.isn.ethz.ch/isn/Current-Affairs/Security-Watch/Detail/?ots591=4888CAA0-B3DB-1461-98B9-E20E7B9C13D4&lng=en&id=98148 (24 March 2009). The Georgia State University scholar Isa Blumi's account of Al-Houthi rebellion provides new information about the complexities of the conflict and Qatar's involvement in resolving the dispute: *Chaos in Yemen: Societal Collapse and the New Authoritarianism* (New York and London).

23 'Western Sahara: Annan welcomes release of 100 Moroccan prisoners-of-war', *UN News Centre*. Online. Available http://www.un.org/apps/news/story.asp?NewsID=9869&Cr=western&Cr1=sahar (24 February 2004).

24 Political Agent of Kuwait to Political Resident in Bushire, 1934, *Ruling Families of Arabia* (Qatar), p. 399.

25 'Sixty-nine per cent of Qataris felt that the description [cold war] fitted their current relations with Saudi Arabia – with only 40% of Saudis sharing the view, 30% disagreeing and 30% who said they didn't know', See 'This House believes that after Gaza Arab unity is dead and buried', *Doha Debates*. Online. Available http://www.dohadebates.com/debates/debate.asp?d=47&mode=opinions (20 September 2011).

26 'Politics and defense', *Gulf States Newsletter*. Online. Available http://www.gsn-online.com/SSIs/GSNs_WORLD/Saudi_Arabia/documents/Saudi-447.PDF (1992).

27 Ibid.

28 'Thousands in Saudi Arabia After Losing Qatari Citizenship', Gulfnews.com. Online. Available http://gulfnews.com/news/gulf/qatar/thousands-in-saudi-arabiaafter-losing-qatari-citizenship-1.283103 (September 2011).

29 *Bedouin of Qatar*, p. 50. Also, see Cole, Donald, *The Al Murrah Bedouin of the Empty Quarter* (Chicago, 1975), p. 2.

30 Jill Crystal, 'Political reform and the prospects for transition in the Gulf', *FRIDE Working Paper*, No. 11, p. 1.

31 Ahmed Saif, 'Deconstructing before building: Perspectives on democracy in Qatar', in Anoushiravan Ehteshami and Steven Wright (eds), *Reform in the Middle East Oil Monarchies* (London, 2008), p. 104.
32 Juan Cole, *Engaging the Muslim World* (New York, 2009), p. 110.
33 Qtd. in Jill Crystal, *Oil and Politics in the Gulf* (Cambridge, 1990), p. 113.
34 'Al-Jazeera no longer a hammer to the Saudis', *International Herald Tribune*, 12 January 2008.
35 'Persian Gulf states Bahrain and Qatar to be linked via Causeway', *Associated Press*, 11 June 2006.
36 'Qatar-Bahrain causeway to be ready by 2015', http://www.thepeninsulaqatar.com/qatar/150343-qatar-bahrain-causeway-to-be-ready-by-2015.html (20 September 2011).
37 Wikileaks. Online. Available http://cablegate.wikileaks.org/cable/2009/07/09MANAMA442. (28 November 2010).
38 United Nations: *Qatar*, p. 24.
39 'Qatar national bank denies investing in Iran oilfield', http://www.reuters.com/article/GCA-Oil/idUSTRE59318Y20091004 (4 October 2009).
40 Rosemarie Said Zahlan, *The Creation of Qatar* (London, 1979), pp. 28–29.
41 'Envoy calls for "leap forward" in Qatar-Iran ties', *Gulf Times*. Online. Available http://www.gulftimes.com/site/topics/article.asp?cu_no=2&item_no=305738&version=1&template_id=57&parent_id=56 (28 July 2009).
42 Anthony Cordesman, *Bahrain, Oman, Qatar and the UAE: Challenges of Security* (Boulder, Colorado, 1997), p. 213.
43 CNN.com, 'New NATO Chief warns of Afghan Terror Grand Central'. Online. Available http://articles.cnn.com/2009-08-03/world/nato.rasmussen_1_newnato-strategic-concept-international-security-assistance-force?_s=PM:WORLD (September 2011).
44 Wikileaks. Online. Available http://cablegate.wikileaks.org/cable/2009/08/09DOHA502.html (28 November 2010).
45 Wikileaks. Online. Available http://cablegate.wikileaks.org/cable/2010/02/10DOHA70.html (28 November 2010).

46 *Qatar Petoleum Annual Report* (2005), p. 25.
47 Wikileaks. Online. Available http://cablegate.wikileaks.org/cable/2009/12/09DOHA733.html (28 November 2010).
48 Cole, *Engaging the Muslim World*, p. 106.
49 Qtd. in 'Cables obtained by Wikileaks shine light into secret diplomatic channels', *New York Times*. Online. Available http://www.nytimes.com/2010/11/29/world/29cables.html?_r=1&hp (28 November 2010).
50 Raymond Ibrahim (ed.), *Al-Qaeda Reader* (New York, 2002), pp. 101–102.
51 Mehran Kamrava, 'Royal factionalism and political liberalization in Qatar', *The Middle East Journal*, 63/3 (Summer 2009), p. 414.
52 On alleged Qatari contacts with Al-Qaeda, see the controversial 1 May 2005 report in *The Times*, 'Qatar buys off Al-Qaeda attacks with oil millions'. According to the article, senior Qatari officials claimed they had agreed to send Al-Qaeda millions in protection money. One official allegedly said, 'We are a soft target and prefer to pay to secure our national and economical interests. We are not the only ones doing so.' There are several reasons to question the veracity of this article. First, there is the fact that the name of the source is not revealed. There is also the fact that the article was published at a time when the British press were focussed on terrorist threats, and indeed, two months later, on 7/7, the UK was subject to a terrible and unforgiveable attack on its citizens; in a country previously largely considered 'safe' for foreigners, this provoked press outrage. Whether *The Times'* claims are true or not, the lack of transparency in the Qatari government will only invite further speculation about the 'true nature' of Qatar's contacts with international terrorist networks.
53 *New York Times*, 29 October 1993, p. A10.
54 'Israelis may stay home to avoid arrest in Europe', *Washington Post*. Online. Available http://washingtontimes.com/news/2009/oct/13/israelis-may-stay-home-toavoid-arrest/?feat=home_top5_shared (13 October 2009).
55 Uzi Rabi, 'Qatar's relations with Israel: Challenging Arab and Gulf norms', *The Middle East Journal* 63/3 (Summer 2009), pp. 443–460.
56 Uzi Rabi, 'Qatar's relations with Israel', *Telavivnotes: An Update on Middle Eastern Developments by the Moshe Dayan Center*, 7 October

2008, pp. 3–4.
57 Matthew Levitt, *Hamas: Politics, Charity and Terrorism in the Service of Jihad* (New Haven, 2009), p. 198.
58 Simon Smith, *Britain's Revival and Fall in the Gulf* (London and New York, 2004), pp. 138–139. Following the Wikileaks saga, the British Foreign Office, of course, has a reputation for being rather less than diplomatic in much of its offical correspondence!
59 New York, 2004.
60 Jimmy Carter, 'State of the Union Address' (23 January 1980). Online. Available from USA-Presidents.org website. http://www.usa-presidents.info/union/carter-3.html (11 August 2011).
61 'Qatar opens ties to Moscow at times of strains with U.S.', *New York Times*, 2 August 1988.
62 Christopher Blanchard, *CRS Report for Congress: Qatar: Background and U.S. Relations* (Washington, DC, 2008), p. 8.
63 London, 2007.
64 The Israeli interest section would reopen and close (sometimes only partially) again. The presence of the Israeli 'ambassador' (there was no embassy, so technically ambassadorial status was not granted) during the endless circuit of official conferences and conventions in Doha would often lead to a somewhat comical shifting of chairs as foreign diplomats and Qataris moved to avoid the appearance of favouring Israel by sitting next to the Israeli envoy. Adding further irony, the Israeli interest section in Doha practically neighbours the villa of Khaled Mishal, leader of Hamas.
65 Christopher Blanchard *CRS Report for Congress: Qatar: Background and U.S. Relations* (Washington DC, 2008).
66 *9/11 Commission Report*, p. 147.
67 Christopher Blanchard, *CRS Report for Congress*, p. 9.
68 http://www.qatarkatrinafund.org/.
69 'US will move air operations to Qatar base', *New York Times*, 28 April 2003.
70 'US speeding up missle defenses in the Persian Gulf',*New York Times*. Online. Available http://www.nytimes.com/2010/01/31/world/middleeast/31missile.html?hp (30 January 2010).

71 In June 2009 the author failed to access Islamonline.net from several locations in Tunisia. Access to Al-Jazeera.net was not similarly blocked.
72 I participated in a tour of Al-Jazeera headquarters in March 2008. 'Reporters without Borders outraged at bombing of Al-Jazeera offices in Baghdad'. Online. Available http://www.rsf.org/article.php3?id_article=5945 (8 April 2003).
73 Cole, *Engaging the Muslim World*, p. 108. Also, Juan Cole 'Did Bush plan to bomb Al-Jazeera?', Salon.com. Online. Available http://dir.salon.com/story/opinion/feature/2005/11/30/al_jazeera (30 November 2005).

第七章

1 Michael Herb, 'No representation without taxation? Rents, development and democracy', *Comparative Politics*, 37/3 (April 2005), p. 299.
2 'Qatar to impose income tax', Reuters.com. Online. Available http://www.reuters.com/article/hotStocksNews/idUSLH60897120091117 (17 November 2009).
3 M. Herb, 'No representation without taxation?', p. 301.
4 'Oil's drop squeezes producers', *The Wall Street Journal*, 10 October 2008, p. A3. See the chart published with the article.
5 Terry L. Karl, *The Paradox of Plenty: Oil Booms and Petro-States* (Berkeley, 1997).
6 Jill Crystal, *Oil and Politics in the Gulf: Rulers and Merchants in Kuwait and Qatar* (Cambridge, 1990), pp. 6–7.
7 'Does oil hinder democracy?', *World Politics*, Vol. 53 (April 2001), pp. 356–357.
8 M. Herb, 'No representation without taxation?', p. 297.
9 Ibid, p. 299.
10 Crystal, *Oil and Politics in the Gulf*, p. 2.
11 Boston: Houghton Mifflin Co., 1934, p. 46.
12 M. Herb, 'No representation without taxation?', p. 306.
13 William G. Palgrave, *Narrative of a Year's Journey*, Vol. II (England, 1968), p. 232.
14 M. G. Rumaihi, 'The mode of production in the Arab Gulf before

the discovery of oil', in Tim Niblock (ed.), *Social and Economic Development in the Arab Gulf* (London, 1980), p. 57.
15   Crystal, *Oil and Politics in the Gulf*, p. 5.
16   The song and the Asian Games performance on YouTube is extremely popular with Qataris. I was shown it several times by students at Qatar University, who seemed especially proud that it was Qatari women, rather than foreign performers as is usually the case with such cultural performances, who were showing Qatar's traditions to the world.
17   Richard Bowen, 'The pearl fisheries of the Persian Gulf', *Middle East Journal*, Vol. 5, No. 2 (Spring 1951), p. 165.
18   Muhammad Jassim al Khulaifi, *Al Khor Museum* (Doha, Qatar, 1990), p. 15.
19   'Apparently most of the divers from the Jowasim area were slaves. In the boats putting out from the Qatar ports, however, the crews were free tribesmen, often from the interior.' Louise Sweet, 'Pirates or polities? Arab societies of the Persian or Arabian Gulf, 18th century', *Enthnohistory*, 11/3 (Summer 1964), p. 272.
20   J. G. Lorimer, *Gazetteer of the Persian Gulf*, Vol. 1, Part II, p. 2288.
21   Bowen, 'The pearl fisheries of the Persian Gulf', p. 171.
22   The existence of cultured pearls did not initially mean the death of traditional pearling. However, the difficulty of distinguishing cultured pearls and real pearls, and even the preference among some for uniform cultured pearls, cut the value of pearls to about a tenth of what it had been before.
23   Jassim al Kahyat, *Marine Revolution* (Dubai, 2005), p. 89.
24   *Travels in Arabia* (London, 1838), p. 264.
25   Al Kheat, *Marine Resources* (Doha, 2005), pp. 89–102. Lorimer also discusses the extent of pearl-fishing in some detail in in his *Gazetteer of the Persian Gulf*. Only estimates of the number of pearling ships, however, have been made. In 1896 M. Zwemer estimated that Qatar had only some 200 boats: *Cradle of Islam* (New York, 1900), pp. 100–101.
26   Qtd. in Jill Crystal, *Oil and Politics in the Gulf*, p. 117.
27   Ibid.
28   Bowen, 'The pearl fisheries of the Persian Gulf', p. 162.
29   Saleh Hassan Mohammed Abdulla, 'Labor, Nationalism and

Imperialism in Eastern Arabia: Britain, the Sheikhs and the Gulf Oil Workers in Bahrein, Kuwait and Qatar, 1932–1956', PhD dissertation (Michigan, 1991).
30 http://markets.on.nytimes.com/research/markets/commodities/commodities.asp (10 June 2009).
31 'Oversupply in housing likely by next year', *The Peninsula*, 6 September 2009.
32 http://www.marketresearch.com/Business-Monitor-International-v304/QatarReal-Estate-Q3-6459719 (20 September 2011).
33 'Real estate market stabilizing', *The Peninsula*, 6 September 2009.
34 'Summary of landmark advisory report', http://www.landmark-dubai.com/lmp_advisory_press_0608_eng.php (6 October 2009).
35 http://www.onlineqatar.com/jobs/136-High-rate-of-unemployment-amongQatari-women,-reveal-expert.htm (6 October 2009).
36 *The Wall Street Journal.* Online. Available http://online.wsj.com/article/BT-CO-20090922-708315.html (22 September 2009).
37 'Qatar finmin says economy to grow 7%–9% in '09–CNN', Reuters.com. Online. Available http://in.reuters.com/article/oilRpt/idINLQ65481020090726 (1 August 2009).
38 The decline of the car industry, and Porsche in particular, has revealed the perils of such luxury investments. 'Porsche casts Macht in "survival mode" as CEO departs', bloomberg.com. Online. Available http://www.bloomberg.com/apps/news?pid=20601100&sid=aLxPNEKVpQEQ (1 August 2009).

第八章

1 'Ibn Thani is a merchant prince, he derives his power from wealth accumulated by his father and grandfather from pearling and trading.' Dickson, qtd. in Jill Crystal, *Oil and Politics in the Gulf: Rulers and Merchants in Kuwait and Qatar* (Cambridge, 1990), pp. 113–114.
2 Jill Crystal, 'Coalitions in oil monarchies: Kuwait and Qatar', *Comparative Politics* (July 1989), pp. 427–443, 440.
3 Michael Herb, *All in the Family: Absolutism, Revolution and Democracy in the Middle Eastern Democracies* (New York, 1999), p. 31, Table 2.1.

4 'The world's richest royals', Forbes.com, 8 August 2008. Online. Available http://www.forbes.com/2008/08/20/worlds-richest-royals-biz-richroyals08-cz_ts_0820royal_slide_8.html?thisSpeed=15000 (14 June 2009).

5 Transparency International, *Corruption Perceptions Index* (2009). Online. Available http://www.transparency.org/policy_research/surveys_indices/cpi/2009.

6 This was about average for the region according to Vahan Zanoyan, CEO of the Petroleum Finance Company of Washington. See Gary Sick, 'The coming crisis', p. 21, In 2008 at the opening of the 37th session of the Advisory Council, a body composed of mainly non-royal Qatari tribal representatives, the Emir remarked, 'A number of bottleneck areas have risen in the economy, caused by the big increase in expatriate labour'. Online. Available http://www.diwan.gov.qa/english/the_Emir/the_Emir_speeche_83.htm (14 June 2009).

7 'Qatar resolves citizenship issue', *BBC News*, 9 February 2006. Online. Available http://news.bbc.co.uk/2/hi/middle_east/4698152.stm (1 October 2009).

8 Gerd Nonneman, 'Political reform in the Gulf monarchies: From liberalization to democratization? A comparative perspective', in Anoushiravan Ehteshami and Steven Wright (eds), *Reform in the Middle East Oil Monarchies* (London, 2008), pp. 3–47, 34; *CIA Factbook*. Online. Available https://www.cia.gov/library/publications/the-world-factbook/geos/qa.html (30 October 2009).

9 Nathan Brown, *The Rule of Law in the Arab World: Courts in Egypt and the Gulf* (Cambridge, 1997), p. 183, Qtd in *Bedouin of Qatar*, p. 49.

10 Jill Crystal, p. 6.

11 'Qatar's new supreme court has potential to force modernization of legal system', *Jurist*. Online. Available http://jurist.law.pitt.edu/hotline/2009/10/qatars-newsupreme-court-has-potential.php (5 October 2009).

12 Mehran Kamrava, 'Royal factionalism and political liberalization in Qatar', *Middle East Journal*, 63/3 (Summer 2009), p. 401.

13 Douglas North, *Institutions, Institutional Change and Economic Performance* (Cambridge, 1990). There have been some recent

endeavours to understand better the exact role of informal institutions in the state. See Gretchen Helmke and Steven Levitsky, 'Informal institututions and comparative politics: A research agenda', *Perspectives on Politics*, 2/4 (2004), pp. 725–740.
14 Joseph Stigliz, 'Formal and informal institutions', in Ismail Serageldin, and Partha Dasgupta (eds), *Social Capital: A Multifaceted Perspective* (Washington, DC, 2001), pp. 59–71.
15 Daniel Brumberg, 'Democratization in the Arab world? The trap of liberalized autocracy', *Journal of Democracy*, 13/4 (October 2002), p. 59.
16 'The national'. Online. Available http://www.thenational.ae/apps/pbcs.dll/article?AID=/20090620/ FOREIGN/706199868/1408/FORIEGN (21 October 2009).
17 Herb, *All in the Family*, p. 111.
18 Ibid, p. 109.
19 Rosemarie S. Zahlan, *The Making of the Modern Gulf States*, revised edition (London, 1998), p. 104.
20 J. C. Hurewitz, *Middle East Politics: The Military Dimension* (New York, 1974), p. 18.
21 Michael Knights and Anna Soloman-Schwartz, The broader threat from Sunni Islamists in the Gulf', *Policy Watch*, No. 33 (Washington Institute for Near East Policy, 19 July 2004).
22 Mehran Kamrava, 'Royal factionalism and political liberalization in Qatar', p. 401.
23 'Qatar energy Minister replaced', *Wall Street Journal.* Online. Available http://online.wsj.com/article/SB10001424052748703954004576090843270084546.html (Online 20 September 2011).
24 Ali al-Shawi, 'Political Influences of Tribes in the State of Qatar: Impact of Tribal Loyalty on Political Participation', PhD dissertation (Mississippi, 2002).
25 Rosemarie Said Zahlan, *The Creation of Qatar* (London, 1979), p. 115.
26 See the list of Advisory Council members. Online. Available http://www.qatarembassy.net/advisory.asp (30 October 2009).
27 Mehran Kamrava, 'Royal factionalism and political liberalization in Qatar', p. 403.

28 Ibid, p. 413.
29 Crystal, *Oil and Politics in the Gulf*, p. 9.
30 *On Morality and Society*, p. 70.
31 J. G. Lorimer, *Gazetteer of the Persian Gulf, Vol. II: Oman and Central Arabia* (Westmead, UK, 1970), p. 1515.
32 Zahlan, p. 21.
33 Extract from the diary of the Political Agent, Bahrain, 13 December 1907, *Ruling Families of Arabia*, Vol. 1, p. 195.
34 Rosemarie Said Zahlan, *The Creation of Qatar*, p. 17.
35 A. Montigny-Kozlowska, 'Histoire et changements sociaux au Qatar', in P. Bonnenfant (ed.), *La Péninsule arabique d'aujourd'hui*, Vol. 2 (Paris, 1982), p. 501.
36 *Records of Qatar*, p. 603.
37 *Ruling Families of Arabia, Qatar*, p. 236.
38 Ibid, p. 203.
39 Ibid, p. 255.
40 Jill Crystal, *Oil and Politics in the Gulf*, pp. 143–144.
41 'Qatar studies new law to tackle human trafficing', *Gulf News*. Online. Available http://gulfnews.com/news/gulf/qatar/qatar-studies-new-law-to-tackle-human-trafficking-1.183920 (12 June 2007).
42 'Qatar: A possible coup attempt?', www.stratfor.com (3 August 2009).
43 *Middle East Report* blog. Online. Available http://mideasti.blogspot.com/2009/08/ those-qatari-coup-rumors.html (10 November 2010).
44 Miriam Joyce, *Ruling Sheikhs and Her Majesty's Government, 1960–1969* (London, 2002), pp. 40–43.
45 Ibid, p. 41.
46 Ibid, p. 43.
47 Ibid.
48 Jill Crystal, *Oil and Politics in the Gulf*, p. 154.
49 Ahmed Saif, 'Deconstructing before building: Perspectives on democracy in Qatar', in Ehteshami, A. and Wright, S. (eds), *Reform in the Middle East Oil Monarchies* (Reading, UK, 2008), p. 113.
50 Ibid, p. 111.
51 'Secretariat General: The Planning Council', *Civil Society Organizations in Qatar* (Doha, Qatar, 2004).

52 *Awal Bait al Dimaqratiyya fi Qatar* (Doha, Qatar, 2001).
53 Ali al-Shawi, 'Political Influences of Tribes.in the State of Qatar: Impact of Tribal Loyalty on Political Participation', PhD dissertation (Mississippi, 2002).
54 A. Montigny-Kozlowska, 'Histoire et changements sociaux au Qatar', p. 493.
55 Marina Ottaway, 'Evaluating Middle East reform: How do we know when it is significant?', *Carnegie Papers*, *Middle East Series*, No. 56 (February 2005), pp. 3–5.
56 Thomas Carothers, 'The end of the transition paradigm', *Journal of Democracy*, Vol. 13 (January 2002), pp. 4–21.
57 'Natural gas glut overwhelms speculators, defies rally', Bloomburg.com. Online. Available http://www.bloomberg.com/apps/news?pid=20601109&sid=agwUppniRlgE&pos=14 (30 November 2009).
58 Ibid.
59 Ministry of Endowments and Islamic Affairs, *18th Annual Report, 2006–2007* (Doha, Qatar), p. 22.
60 Jill Crystal, *Oil and Politics in the Gulf*, p. 3.
61 'Education: Government struggles to sell school reform', *Financial Times*, 18 November 2009.
62 'Spending on education at all-time high', *The Peninsula*. Online. Available http://www.thepeninsulaqatar.com/Display_news.asp?section=Local_News&subsection=Qatar+News&month=December2009&file=Local_News2009121251732.xml (12 December 2009).

第九章

1 Council on Foreign Relations Press, 1994.
2 New York, 2008.
3 'Laid-off foreigners flee as Dubai spirals down', *The New York Times*. Online. Available http://www.nytimes.com/2009/02/12/world/middleeast/12dubai.html?scp=3&sq=dubai%20&st=cse (1 August 2009).
4 New York, 1995.
5 Gary G. Sick and Lawrence G. Potter (eds), *The Persian Gulf at the*

Millenium: Essays in Politics, Economy, Security and Religion (New York, 1997), pp. 11–31. Gary Sick, however, may prove correct in his statement (p. 12): 'Widespread agreement about the political realities of any set of countries always warrants a measure of skepticism, and that has been particularly true in the turbulent waters of the Persian Gulf, where assuring perceptions of stability have had an unpleasant habit of giving way to unpleasant and unpredictable political surprises.' As Sick notes, the new consensus does seem to support the theory of sustainable monarchy in the Gulf and the 'burden of proof' is now on those who say the 'sky is falling' (p. 13).
6   Montigny-Kozlowska, 'Histoire et changements sociaux au Qatar', pp. 475–517, 476.
7   Lisa Anderson, 'Absolutism and the resilience of monarchy in the Middle East', *Political Science Quarterly*, 106/1 (Spring 1991), pp. 1–15.
8   State University of New York Press, 1999, p. 3.
9   Stanford University Press, 2007. The anecdote of a recent historical re-enactment of the meeting between FDR and the Saudi king is most illuminating.
10 'Poetics and politics of newly invented traditions in the Gulf: Camel racing in the United Arab Emirates', *Ethnology*, 39/5 (Summer 2000), pp. 243–261.
11 http://www.cansultmaunsell.com/MarketsAndServices/52/83/index.html, AECOM, the company developing and designing the Cultural Village, is based in Los Angeles, California.
12 Prince Charles's letters to Sheikh Hamad seem to have had their desired effect, as *Prospect Magazine* reports in 'Paying the price for grand designs', Vol. 161 (August 2009): 'This June [2009], the architects Rogers Stirk Harbour were unceremoniously sacked from a job designing a multi-billion pound housing project on the site of the former Chelsea Barracks. The reasons were not fully explained, and there may have been more than one, but the most obvious was that Prince Charles had written privately to the site's owners, the Qatari Royal Family, urging them to reject the Rogers design.' Online. Available http://www.prospect-magazine.co.uk/ article_details.php?id=1093 (22 July 2009).

图书在版编目(CIP)数据

卡塔尔：一部现代史 /（美）艾伦·J.弗洛姆赫尔兹(Allen J. Fromherz)著；赵利通译 .— 上海：上海社会科学院出版社，2018
书名原文：QATAR：A MODERN HISTORY
ISBN 978-7-5520-2498-2

Ⅰ.①卡… Ⅱ.①艾… ②赵… Ⅲ.①卡塔尔-现代史 Ⅳ.①K385.5

中国版本图书馆CIP数据核字（2018）第248333号
上海市版权局著作权合同登记号：09-2016-749

© 2012, 2019, Allen J. Fromherz Published by arrangement with I. B. Tauris & Co Ltd, London.

《卡塔尔：一部现代史》由I. B. Tauris & Co Ltd, London授权出版。英文原版 Qatar: A Modern History 由I. B. Tauris & Co Ltd. 出版。

卡塔尔：一部现代史
QATAR: A Modern History

著　　者：	[美]艾伦·J.弗洛姆赫尔兹（Allen J. Fromherz）
译　　者：	赵利通
责任编辑：	董汉玲
特约编辑：	潘　炜
封面设计：	周清华
出版发行：	上海社会科学院出版社
	上海顺昌路622号　邮编200025
	电话总机021-63315947　销售热线021-53063735
	http://www.sassp.cn　E-mail: sassp@sassp.cn
排　　版：	南京展望文化发展有限公司
印　　刷：	上海新文印刷厂
开　　本：	890毫米×1240毫米　1/32
印　　张：	8.625
插　　页：	1
字　　数：	192千字
版　　次：	2019年2月第1版　2020年9月第2次印刷

ISBN 978-7-5520-2498-2/K·477　　　定价：59.80元

版权所有　翻印必究